**BEST**SELLER

**Malcolm Gladwell** (Inglaterra, 1963) escribe habitualmente, desde 1996, para la revista *The New Yorker*. Es autor de *La clave del éxito*, 2000, *Blink (Inteligencia intuitiva)* 2005, *Outliers (Fuera de serie)* 2008, *Lo que vio el perro*, 2009 y *David y Goliat*, 2013 que han ocupado, todos ellos, primeros puestos en las listas internacionales de ventas. Antes de unirse a *The New Yorker*, trabajó como reportero para *The Washington Post*, del que cubría las secciones de Negocios y Ciencia y dirigió la oficina de Nueva York.

# MALCOLM GLADWELL

**Outliers
(Fuera de serie)**

**DEBOLS!LLO**

Penguin
Random House
Grupo Editorial

**Outliers (Fuera de serie)**
**Por qué unas personas tienen éxito y otras no**

Título original: *Outliers. The Story of Success*

Primera edición en Debolsillo: febrero de 2017

© 2008, Malcolm Gladwell

El autor agradece el permiso de reproducción del siguiente material: *American Prometheus* de Kai Bird y Martin J. Sherwin, © 2005 de Kai Bird y Martin J. Sherwin, reproducido con el permiso de Alfred A. Knopf, Random House, Inc.; *Unequal Childhoods: Class, Race, and Family Life* de Annette Lareau, © 2003 Universidad de California, publicado por University of California Press; "Intercultural Communication in Cognitive Values: Americans and Koreans" de Ho-min Sohn, University of Hawai Press, 1983; *The Happiest Man: The Life of Louis Borgenicht* (G. P. Putnam's Sons, Nueva York, 1942), reproducido con el permiso de Lindy Friedman Sobel y Alice Friedman Holzman.

© 2016, derechos de edición mundiales en lengua castellana:
Penguin Random House Grupo Editorial, S. A. de C. V.
© 2024, de la presente edición en lengua castellana:
Penguin Random House Grupo Editorial USA, LLC.
8950 SW 74th Court, Suite 2010
Miami, FL 33156

www.megustaleerenespanol.com

© de la traducción: Pedro Cifuentes
© diseño de cubierta: Allison J. Warner
Fotografía de la cubierta: © Andy Crawford / Dorling Kindersley / Getty Images
Cubierta: Hachette Book Group

ISBN: 978-1-945540-33-2

Impreso en Colombia - *Printed in Colombia*

24 25 26   10 9 8 7 6

*Para Daisy*

# ÍNDICE

# El misterio de Roseto

"Aquella gente sólo se moría de vieja".

**fuera de ~.**
**1.** loc. adj. Dicho de un objeto: Cuya construcción esmerada lo distingue de los fabricados en **serie.**
**2.** loc. adj. Sobresaliente en su línea. U. t. c. loc. sust.

## 1.

Roseto Valfortore se encuentra al pie de los Apeninos, en la provincia italiana de la Foggia, a unos 160 kilómetros al sureste de Roma. Como villa medieval que es, está organizada alrededor de su plaza mayor. En plena plaza se encuentra el Palazzo Marchesale o casa de los Saggese, antaño grandes terratenientes de aquellos pagos. Una arcada lateral conduce a una iglesia, la Madonna del Carmine o Virgen del Carmen. Estrechos escalones de piedra ascienden por la ladera, flanqueados por casas de dos pisos estrechamente arracimadas, hechas de piedra y tejas rojizas.

Durante siglos, los *paesani* de Roseto trabajaron en las canteras de mármol de las colinas circundantes, o cultivaron los campos en terraza del valle, caminando unos ocho kilómetros montaña abajo por la mañana y haciendo el viaje de vuelta monte arriba por la tarde. Era una vida dura. La gente era en su mayor parte analfabeta y desesperadamente pobre. Nadie albergó demasiadas esperanzas de mejora económica hasta que a finales del siglo XIX llegaron a Roseto nuevas de una tierra de promisión al otro lado del océano.

En enero de 1882, un grupo de once rosetinos —diez hombres y un muchacho— se embarcaron para Nueva York. En su primera noche en América durmieron sobre el suelo de una taberna de la calle Mulberry, en Little Italy (Manhattan). De allí se aventuraron al oeste, y acabaron por encontrar trabajo en una cantera de pizarra 144 kilómetros al oeste de la ciudad, cerca de la localidad de Bangor (Pensilvania). Al año siguiente, fueron quince los rosetinos que viajaron de Italia a América, y varios miembros de aquel grupo terminaron también en Bangor para unirse a sus compatriotas en la cantera de pizarra. Aquellos inmigrantes, a su vez, propagaron por Roseto la promesa del Nuevo Mundo; y pronto otro grupo hizo las maletas y se dirigió a Pensilvania, hasta que la corriente inicial de inmigrantes se convirtió en inundación. Sólo en 1894, unos mil doscientos rosetinos solicitaron pasaportes para América, y dejaron así abandonadas calles enteras de su pueblo.

Los rosetinos comenzaron a comprar tierra de una ladera rocosa unida a Bangor por un escarpado camino de carretas. Levantaron casas de dos pisos estrechamente arracimadas, hechas de piedra y tejas rojizas, a lo largo de callejas que recorrían la ladera. Construyeron una iglesia y la llamaron Nuestra Señora del Monte Carmelo; y a la calle principal sobre la que se alzaba, avenida de Garibaldi, en honor al gran héroe de la Unificación Italiana. Al principio, bautizaron su pueblo Nueva Italia; pero pronto le cambiaron el nombre por el de Roseto, pues les pareció muy propio, dado que casi todos procedían de aquel pueblo italiano.

En 1896, un cura joven y dinámico, el padre Pasquale de Nisco, se hizo cargo de la parroquia de Nuestra Señora del Monte Carmelo. De Nisco fundó sociedades espirituales y organizó fiestas. Animó a sus conciudadanos a roturar la tierra y plantar cebollas, legumbres, patatas, melones y árboles frutales en los amplios patios traseros de sus casas. Les facilitó semillas y bulbos. El pueblo cobró vida. Los rosetinos comenzaron a criar cerdos en sus patios traseros y a cultivar uvas con que hacer su vino cosechero. Construyeron escuelas, un parque, un convento y un cementerio. Abrieron tiendas, panaderías, restaurantes y bares a lo largo de la avenida de Garibaldi. Aparecieron más de una docena de telares donde se fabricaban blusas para el comercio textil. La vecina Bangor era mayoritariamente galesa e inglesa, y la siguiente ciudad más próxima era abrumadoramente alemana, lo cual —dadas las tormentosas relaciones entre ingleses, alemanes e italianos en aquellos años— significaba que Roseto sería estrictamente para los rosetinos. Quien hubiera recorrido las calles de Roseto (Pensilvania) en los primeros decenios del siglo pasado, no habría oído hablar sino italiano, y no un italiano cualquiera, sino justo el dialecto sureño de la Foggia que se hablaba en el Roseto de Italia. El Roseto de Pensilvania era un mundo propio autosuficiente en su pequeñez, casi desconocido para la sociedad que lo rodeaba; y bien podría haber permanecido así, de no haber sido por un hombre llamado Stewart Wolf.

Wolf era médico. Estudió el aparato digestivo y dio clases en la facultad de Medicina de la Universidad de Oklahoma. Pasaba los veranos en una granja en Pensilvania no muy lejos de Roseto... aunque esto, desde luego, no significaba mucho, ya que Roseto estaba tan aislado en su propio mundo que era posible vivir en la ciudad más próxima sin llegar a saber gran cosa de él. "Uno de los años que veraneamos allí, debió de ser a finales de los cincuenta, me invitaron a pronunciar una conferencia en la sociedad médica del pueblo", diría Wolf años más tarde en una entrevista. "Después de la conferencia, uno de los médicos locales me invitó a tomar una cerveza. Mientras bebíamos, me contó que en sus diecisiete años de ejercicio rara vez había tenido algún paciente de Roseto menor de sesenta y cinco años con problemas cardiacos".

Wolf se quedó muy sorprendido. A finales de la década de 1950, antes de que se conocieran los fármacos para reducir el colesterol y otras medidas agresivas para prevenir afecciones cardiacas, los infartos eran una epidemia en Estados Unidos. Eran la principal causa de muerte entre los varones menores de sesenta y cinco años. El sentido común dictaba que era imposible ser médico y no encontrarse problemas cardiacos.

Wolf decidió investigar. Recabó el apoyo de algunos de sus alumnos y colegas de Oklahoma. Éstos recopilaron los certificados de defunción de los residentes en la ciudad, remontándose tantos años atrás como pudieron. Analizaron los registros hospitalarios, extrajeron historiales médicos y reconstruyeron genealogías familiares.

—No perdimos el tiempo —explicaba Wolf—. Decidimos hacer un estudio preliminar. Comenzamos en 1961. El alcalde me dijo: "Todas mis hermanas les ayudarán". Tenía cuatro; y añadió: "Pueden usar el salón de plenos". Yo le pregunté: "¿Y dónde va a celebrar usted sus plenos?". Él respondió: "Bueno, los pospondremos". Las señoras nos traían el almuerzo. Teníamos hasta cabinas para tomar muestras de sangre y hacer electros. Estuvimos allí cuatro semanas. Entonces hablé con las autoridades. Nos dejaron usar la escuela durante el verano. Invitamos a toda la población de Roseto a que se sometiera a análisis.

Los resultados fueron asombrosos. En Roseto, prácticamente nadie menor de cincuenta y cinco había muerto de infarto ni mostraba síntoma alguno de afecciones cardiacas. Para varones de más de sesenta y cinco, la tasa de mortalidad por enfermedades cardiovasculares era aproximadamente la mitad de la media estadounidense. De hecho, la tasa de mortalidad absoluta en Roseto era entre un 30 y un 35 por ciento más baja de lo esperado.

Wolf llamó a un amigo, un sociólogo de Oklahoma llamado John Bruhn, para que le ayudara.

—Empleé a estudiantes de medicina y sociología como entrevistadores; y en Roseto fuimos casa por casa para entrevistar a toda persona mayor de veinte años —recuerda Bruhn. Esto fue hace cincuenta años, pero Bruhn todavía conserva el tono de asombro en la voz cuando describe lo que se encontraron—: no había suicidio, alcoholismo ni drogadicción, y apenas delincuencia. Nadie percibía subsidios. Entonces buscamos úlceras pépticas. Tampoco tenían. Aquella gente sólo se moría de vieja.

La profesión de Wolf tenía un nombre para un lugar como Roseto, un lugar que queda fuera de la experiencia externa diaria, allí donde las reglas normales no se aplican. Roseto era algo *fuera de serie*.


2.


Lo primero que pensó Wolf fue que los rosetinos debían de haber conservado algunas prácticas dietéticas del Viejo Mundo que les hacían estar más sanos que otros norteamericanos. Pero rápidamente comprendió que no era el caso. Los rosetinos cocinaban con manteca de cerdo en lugar del aceite de oliva, mucho más sano, que usaban en Italia. La pizza en Italia era una corteza delgada con sal, aceite y quizás tomates, anchoas o cebollas. La pizza en Pensilvania era una masa de pan con salchichas, *pepperoni*, salami, jamón y, a veces, huevos. Dulces como los *biscotti* y los *taralli,* que en Italia solían reservarse para Navidad y Semana Santa, en Pensilvania se comían todo el año. Cuando los dietistas de Wolf analizaron las comidas habituales del rosetino típico, encontraron que hasta un 41 por ciento de sus calorías procedían de las grasas. Tampoco era un lugar donde la gente se levantara al amanecer para hacer yoga y correr diez kilómetros a buen paso. Los rosetinos de América fumaban como sus carreteros antepasados; y muchos lidiaban con la obesidad.

Si ni la dieta ni el ejercicio explicaban las conclusiones, ¿se trataba, pues, de genética? Puesto que los rosetinos procedían de una misma región de Italia, el siguiente pensamiento de Wolf fue preguntarse si vendrían de una cepa especialmente recia que los protegiera de la enfermedad. Entonces rastreó a parientes de los rosetinos que vivían en otras partes de Estados Unidos para ver si compartían la misma salud de hierro que sus primos de Pensilvania. No era el caso.

Entonces miró la región donde vivían los rosetinos. ¿Era posible que hubiera algo en las colinas de Pensilvania oriental que fuese benéfico para la salud? Las dos poblaciones más cercanas a Roseto eran Bangor, a escasa distancia colina abajo, y Nazareth, a pocas millas de distancia. Ambas tenían aproximadamente el mismo tamaño que Roseto y se habían poblado con la misma clase de laboriosos inmigrantes europeos. Wolf repasó los registros médicos de ambas localidades. Para varones de más de sesenta y cinco años, los índices de mortalidad por enfermedades cardiovasculares en Nazareth y Bangor triplicaban los de Roseto. Otro callejón sin salida.

Wolf empezó a comprender que el secreto de Roseto no era la dieta, ni el ejercicio, ni los genes, ni la situación geográfica. *Que tenía que ser Roseto mismo.* Caminando por el pueblo, Bruhn y Wolf entendieron por qué. Vieron cómo los rosetinos se visitaban unos a otros, se paraban a charlar en italiano por la calle o cocinaban para sus vecinos en los patios traseros. Aprendieron el ámbito de los clanes familiares que formaban la base de la estructura social. Observaron cuántas casas tenían tres generaciones viviendo bajo el mismo techo, y el respeto que infundían los viejos patriarcas. Oyeron misa en Nuestra Señora del Monte Carmelo, asistieron al efecto unificador y calmante de la liturgia. Contaron veintidós organizaciones cívicas en una localidad que no alcanzaba los dos mil habitantes. Repararon en el rasgo distintivo que era el igualitarismo de la comunidad, que desalentaba a los ricos de hacer alarde de su éxito y ayudaba a los perdedores a disimular su fracaso.

Al trasplantar la cultura campesina de la Italia meridional a las colinas de Pensilvania oriental, los rosetinos habían creado una poderosa estructura social de protección capaz de aislarlos de las presiones del mundo moderno. Estaban sanos por ser de donde eran, por el mundo que habían creado para sí en su pequeña comunidad de las colinas.

—Recuerdo la primera vez que estuve en Roseto y vi las comidas familiares de tres generaciones, todas las panaderías, la gente que paseaba por la calle, que se sentaba a charlar en los pórticos, los telares de blusas donde las mujeres trabajaban durante el día, mientras los hombres sacaban pizarra de las canteras —explica Bruhn—. Era algo mágico.

Cuando Bruhn y Wolf presentaron sus conclusiones ante la comunidad médica, se enfrentaron al escepticismo que cabe imaginar. Escucharon conferencias de colegas suyos que les ofrecían largas columnas de datos organizados en complejos gráficos y se referían a tal gen o cual proceso fisiológico, mientras que ellos hablaban de las ventajas misteriosas y mágicas de pararse en la calle a hablar con la gente o de tener a tres generaciones viviendo bajo un mismo techo. La longevidad, según creencia convencional en aquel tiempo, dependía en mayor grado de quiénes éramos; es decir, de nuestros genes. Dependía de las decisiones que adoptábamos —respecto a lo que decidíamos comer, cuánto ejercicio elegíamos hacer y con qué eficacia nos trataba el sistema de atención sanitaria—. Nadie estaba acostumbrado a pensar en la salud en términos *comunitarios*.

Wolf y Bruhn tuvieron que convencer a la institución médica de que pensara en la salud y los infartos de un modo completamente nuevo: no se podía entender por qué alguien estaba sano si sólo se tenían en cuenta las opciones o acciones personales de un individuo de forma aislada. Era preciso mirar *más allá* del individuo. Había que entender la cultura de la que formaba parte, quiénes eran sus amigos y familias, y de qué ciudad procedían, comprender que los valores del mundo que habitamos y la gente de la que nos rodeamos ejercen un profundo efecto sobre quiénes somos.

En este libro quiero hacer por nuestro entendimiento del éxito lo que Stewart Wolf hizo por nuestro entendimiento de la salud.

# PRIMERA PARTE
## LA OPORTUNIDAD

# Capítulo I

# El efecto Mateo

"Porque al que tiene, le será dado, y tendrá más;
y al que no tiene, aun lo que tiene le será quitado".
(Mateo, 25, 29)

## 1.

Un cálido día de mayo de 2007, los Tigres de Medicine Hat y los Gigantes de Vancouver se enfrentaron para los campeonatos de *hockey* de la Copa Conmemoración en Vancouver (Columbia Británica). Los Tigres y los Gigantes eran los dos mejores equipos de la liga canadiense de *hockey,* que a su vez es la mejor liga de *hockey* juvenil del mundo. Aquí estaban las futuras estrellas de este deporte: jóvenes de diecisiete, dieciocho y diecinueve años que llevaban patinando y golpeando pelotas desde que eran unos mocosos.

La televisión pública canadiense retransmitía el partido. Por las calles del centro de Vancouver, banderines de la Copa Conmemoración colgaban de las farolas. Se vendieron todas las localidades. Una larga alfombra roja se extendió sobre el hielo, mientras el maestro de ceremonias presentaba a los dignatarios del partido. Primero vino el primer ministro de la Columbia Británica, Gordon Campbell. Entonces, entre aplausos tumultuosos, apareció Gordie Howe, una de las leyendas de este deporte.

—Damas y caballeros —aulló el presentador—: ¡el Sr. Hockey!

Durante los siguientes sesenta minutos, ambos equipos jugaron un *hockey* animado, agresivo. Vancouver anotó primero, al comienzo de la segunda parte, aprovechando un rebote de Mario Bliznak. Luego les llegó el turno a los Tigres, cuando su máximo anotador, Darren Helm, disparó un tiro que batió al portero de los Gigantes, Tyson Sexsmith. Vancouver contestó en el tercer periodo al marcar el tanto decisivo. Luego, cuando los de Medicine Hat sacaron el portero a la desesperada, Vancouver anotó por tercera vez.

Terminado el partido, los jugadores y sus familias, junto a redactores deportivos de todo el país, se apretujaron en el vestuario del equipo vencedor. El aire estaba cargado de humo de puro, olor a champán y uniformes empapados de sudor. De la pared colgaba una pancarta pintada a mano: "Abraza la lucha". En el centro de la sala, el entrenador de los Gigantes, Don Hay, luchaba por contener las lágrimas:

—Estoy tan orgulloso de estos tíos —dijo—. No hay más que ver este vestuario. Aquí, quien más quien menos se ha dejado la piel.

El *hockey* canadiense es una meritocracia. Miles de niños de ese país comienzan a practicar este deporte en el nivel de "principiante" incluso antes de ir a la guardería. De ahí en adelante, hay ligas para todos los grupos de edad, y en cada uno de estos niveles, los jugadores son tamizados, clasificados y evaluados, y a los más talentosos que hayan pasado la criba se los pasa al siguiente nivel. Cuando los jugadores llegan a su adolescencia, los mejores de entre los mejores han sido canalizados por una liga de élite conocida como la Major Junior A, que es la cima de la pirámide. Y si tu equipo de esta liga juega por la Copa Conmemoración, eso significa que estás en la cúspide misma de la cima.

Así es como en la mayor parte de los deportes se selecciona a las futuras estrellas. Así está organizado el futbol en Europa y Sudamérica, y así es como se hacen los atletas olímpicos. Tampoco es tan diferente del modo en que el mundo de la música clásica escoge a sus futuros virtuosos, ni del modo en que el mundo de *ballet* clásico escoge a sus futuras bailarinas ni del modo en que nuestras élites educativas escogen a sus futuros científicos e intelectuales.

No se puede comprar un sitio en la liga Major Junior A de *hockey*. No importa quién se tenga por padre o madre, quién fuera el abuelo de uno ni en qué negocio está su familia, como tampoco importa si vive en la esquina más remota de la provincia más septentrional de Canadá. Si es un jugador de *hockey* digno de ese nombre, la enorme red de cazatalentos le encontrará; y si está dispuesto a trabajar para desarrollar esa capacidad, el sistema le recompensará. El éxito en el *hockey* está basado en el *mérito individual*. Se juzga a los jugadores sobre la base de su propio rendimiento, no sobre el de algún otro, y sobre la base de su capacidad, no sobre algún otro hecho arbitrario.

¿... O sí?

2.

Éste es un libro sobre fueras de serie, sobre hombres y mujeres que hacen cosas que están fuera de lo ordinario. A lo largo de los capítulos que seguirán, les presentaré a un tipo de fuera de serie tras otro: genios, magnates de los negocios, estrellas del *rock* y programadores de *software*. Vamos a destapar los secretos de un letrado eminente, mirar qué separa a los mejores pilotos de los que estrellan aviones e intentar entender por qué a los asiáticos se les dan tan bien las matemáticas. Y en el examen de las vidas de los más sobresalientes entre nosotros —los más expertos, más talentosos o más inspirados—, argumentaré que hay algo profundamente erróneo en el valor que otorgamos al éxito.

¿Cuál es la pregunta que siempre nos hacemos sobre los triunfadores? Queremos saber *cómo* son: qué tipo de personalidad tienen, cuán inteligentes son o cuál es su modo de vida o con qué talentos especiales pueden haber nacido. Y suponemos que dichas cualidades personales explican cómo el individuo alcanzó la cima.

En las autobiografías publicadas cada año por el millonario/empresario/estrella del *rock*/famoso de turno, la historia se repite invariablemente: nuestro héroe nace en circunstancias modestas y, en virtud de sus propios empuje y talento, se abre camino a la grandeza. En el Antiguo Testamento, José, extrañado por sus hermanos, que lo venden como esclavo, supera su circunstancia hasta convertirse en el brazo derecho del faraón gracias a su propia brillantez y perspicacia. En las famosas novelas decimonónicas de Horatio Alger, jóvenes nacidos en la pobreza ascienden a la riqueza mediante una combinación de valor e iniciativa. "Creo que en general es una desventaja", dijo en cierta ocasión Jeb Bush de lo que había significado para su carrera empresarial el hecho de ser hijo de un presidente estadounidense, hermano de otro presidente estadounidense y nieto de un senador estadounidense y opulento banquero de Wall Street. Cuando concurrió a las elecciones para gobernador de Florida, se presentaba repetidamente como "un hombre hecho a sí mismo"; y da la medida de cuán profundamente asociamos el éxito con los esfuerzos del individuo, el que pocos pestañearan siquiera ante aquella descripción.

—Levantad las cabezas —dijo Robert Winthrop a la muchedumbre muchos años atrás, en el acto para descubrir un monumento al gran héroe de la Independencia estadounidense Benjamín Franklin—, y contemplad la imagen de un hombre que se elevó de la nada, que nunca debió nada a la familia ni al patrocinio, que no disfrutó de ninguna de las ventajas de una temprana educación que se os ofrecen hoy centuplicadas; que desempeñó los servicios más humildes en los negocios en que empleó su temprana vida; pero que vivió para estar en pie ante reyes y murió para dejar un nombre que el mundo nunca olvidará.

En *Fueras de serie,* pretendo convencer al lector de que estas explicaciones personales del éxito no funcionan. La gente no se eleva de la nada. Sí debemos algo a la familia y al patrocinio. Tal vez parezca que una persona que está de pie ante un rey lo hizo todo por sí misma. Pero, de hecho, es invariablemente un beneficiario de ventajas ocultas, ocasiones extraordinarias y herencias culturales que le permiten, trabajando duro, aprender y comprender algo del mundo que está fuera del alcance de los demás. También marca una diferencia dónde y cuándo nos criamos. La cultura a la que pertenecemos y la herencia de nuestros antepasados conforman el modelo de nuestros logros de maneras que no podemos comenzar a imaginarnos. En otras palabras, no basta con preguntarnos cómo es la gente que tiene éxito. Sólo preguntándonos *de dónde* son podremos desentrañar la lógica que subyace a quién tiene éxito y quién no.

Los biólogos suelen hablar de la "ecología" de un organismo: el roble más alto del bosque es el más alto no sólo por haber nacido de la bellota más resistente, sino también porque ningún otro árbol le bloqueó la luz del sol, porque el subsuelo que rodeaba sus raíces era profundo y rico, porque ningún conejo le mordisqueó la corteza cuando era un tallo joven ni ningún leñador lo taló antes de que madurara. Sabemos que la gente exitosa viene de semillas robustas. Pero ¿sabemos bastante sobre la luz del sol que la calentó, del suelo en el que hundió sus raíces y los conejos y leñadores que tuvo la fortuna de evitar? Éste no es un libro sobre árboles altos; es un libro sobre bosques: y el *hockey* es un buen lugar para comenzar, porque la explicación de quién llega a la cima en el mundo del *hockey* es mucho más interesante y complicada de lo que parece. De hecho, resulta bastante rara.

## 3.

He aquí la plantilla de los Tigres de Medicine Hat para la temporada 2007. Eche un buen vistazo a ver si descubre algo raro en ella.

| N° | Nombre | Puesto | I/D | Estatura | Peso | Fecha de nacimiento | Nacido en |
|----|--------|--------|-----|----------|------|---------------------|-----------|
| 9 | Brennan Bosch | C | D | 1.74 | 78 | 14 de febrero de 1988 | Martensville (Saskatchewan) |
| 11 | Scott Wasden | C | D | 1.85 | 85 | 4 de enero de 1988 | Westbank (Columbia Británica) |
| 12 | Colton Grant | DI | I | 1.75 | 80 | 20 de marzo de 1989 | Standard (Alberta) |
| 14 | Darren Helm | DI | I | 1.84 | 82 | 21 de enero de 1987 | Saint Andrews (Manitoba) |
| 15 | Derek Dorsett | DD | I | 1.80 | 81 | 20 de diciembre de 1986 | Kindersley (Saskatchewan) |
| 16 | Daine Todd | C | D | 1.79 | 78 | 10 de enero de 1987 | Red Deer (Alberta) |
| 17 | Tyler Swystun | DD | D | 1.80 | 84 | 15 de enero de 1988 | Cochrane (Alberta) |
| 19 | Matt Lowry | C | D | 1.84 | 84 | 2 de marzo de 1988 | Neepawa (Manitoba) |
| 20 | Kevin Undershute | DI | I | 1.83 | 81 | 12 de abril de 1987 | Medicine Hat (Alberta) |
| 21 | Jerrid Sauer | DD | D | 1.78 | 89 | 12 de septiembre de 1987 | Medicine Hat (Alberta) |

| N° | Nombre | Puesto | I/D | Estatura | Peso | Fecha de nacimiento | Nacido en |
|---|---|---|---|---|---|---|---|
| 22 | Tyler Ennis | C | I | 1.75 | 72 | 6 de octubre de 1989 | Edmonton (Alberta) |
| 23 | Jordan Hickmott | C | D | 1.84 | 83 | 11 de abril de 1990 | Mission (Columbia Británica) |
| 25 | Jakub Rumpel | DD | D | 1.73 | 75 | 27 de enero de 1987 | Hrnciarovce (Eslovaquia) |
| 28 | Bretton Cameron | C | D | 1.80 | 76 | 26 de enero de 1989 | Didsbury (Alberta) |
| 36 | Chris Stevens | DI | I | 1.78 | 89 | 20 de agosto de 1986 | Dawson Creek (Columbia Británica) |
| 3 | Gord Baldwin | D | I | 1.95 | 93 | 1 de marzo de 1987 | Winnipeg (Manitoba) |
| 4 | David Schlemko | D | I | 1.86 | 88 | 7 de mayo de 1987 | Edmonton (Alberta) |
| 5 | Trever Glass | D | I | 1.83 | 86 | 22 de enero de 1988 | Cochrane (Alberta) |
| 10 | Kris Russell | D | I | 1.78 | 80 | 2 de mayo de 1987 | Caroline (Alberta) |
| 18 | Michael Sauer | D | D | 1.90 | 93 | 7 de agosto de 1987 | Sartell (Minnesota) |
| 24 | Mark Isherwood | D | D | 1.83 | 83 | 31 de enero de 1989 | Abbotsford (Columbia Británica) |
| 27 | Shayne Brown | D | I | 1.86 | 90 | 20 de febrero de 1989 | Stony Plain (Alberta) |
| 29 | Jordan Bendfeld | D | D | 1.91 | 104 | 9 de febrero de 1988 | Leduc (Alberta) |
| 31 | Ryan Holfeld | P | I | 1.80 | 75 | 29 de junio de 1989 | LeRoy (Saskatchewan) |
| 33 | Matt Keetley | P | D | 1.88 | 86 | 27 de abril de 1986 | Medicine Hat (Alberta) |

C=Central; D=Defensa; DI=Delantero izquierdo; DD=Delantero derecho; P=Portero.

¿No lo ve? No se sienta mal: durante muchos años, nadie en el mundo del *hockey* reparó en ello. De hecho, no fue hasta mediados de los años ochenta cuando un psicólogo canadiense, Roger Barnsley, llamó la atención por vez primera sobre el fenómeno de la edad relativa.

Barnsley estaba en el sur de Alberta viendo un partido de *hockey* de los Lethbridge Broncos, un equipo que jugaba en la misma liga Major Junior A que los Gigantes de Vancouver y los Tigres de Medicine Hat. Barnsley estaba allí con su esposa, Paula, y sus dos hijos varones. Cuando Paula hojeaba el programa, se fijó en una lista como la que acabamos de ver.

—Roger —dijo—, ¿sabes cuándo nacieron estos chicos?

—Sí —contestó Barnsley—. Todos tienen entre dieciséis y veinte años, así que habrán nacido a finales de los sesenta.

—No, no —continuó Paula—. En qué *mes.*

"Pensé que estaba loca", recuerda Barnsley. "Pero miré lo que decía y entonces yo también lo vi. Por alguna razón, había un número increíble de nacimientos en enero, febrero y marzo".

Aquella noche, ya en casa, Barnsley consultó las fechas de nacimiento de todos los jugadores de *hockey* profesionales que pudo encontrar. Se repetía el mismo patrón. Barnsley, su esposa, y un colega, A. H. Thompson, recopilaron estadísticas sobre todos los jugadores en la liga juvenil de *hockey* de Ontario. La historia era la misma: en enero habían nacido más jugadores que en cualquier otro mes, y por un margen aplastante. ¿El segundo mes de nacimientos más frecuentes? Febrero. ¿El tercero? Marzo. Barnsley descubrió que por cada jugador de la liga juvenil de *hockey* de Ontario nacido en noviembre había casi 5.5 nacidos en enero. Consultó las selecciones sub-11 y sub-13: la misma historia. Miró la composición de la liga nacional de *hockey*. La misma historia. Cuanto más lo miraba, más se convencía de que lo que estaba viendo no obedecía al azar, sino que era una ley de hierro del *hockey* canadiense; a saber: en cualquier equipo de la élite del *hockey* —la flor y nata—, el 40 por ciento de los jugadores habrá nacido entre enero y marzo; el 30 por ciento, entre abril y junio;

el 20 por ciento, entre julio y septiembre; y el 10 por ciento, entre octubre y diciembre.

—En todos mis años de dedicación a la psicología, nunca he observado un efecto de esta magnitud —asegura Barnsley—. Ni siquiera hay que hacer un análisis estadístico. Basta con mirar.

Volvamos a la plantilla de los de Medicine Hat. ¿Lo ve ahora? Diecisiete de los veinticinco jugadores del equipo han nacido en enero, febrero, marzo o abril.

Aquí está la narración jugada a jugada de los dos primeros goles en la final de la Copa Conmemoración, sólo que esta vez he sustituido los nombres de los jugadores por sus fechas de cumpleaños. Ya no suena como el campeonato de *hockey* canadiense *junior*. Ahora suena como un extraño ritual deportivo para muchachos adolescentes nacidos bajo los signos astrológicos de Capricornio, Acuario y Piscis:

*11 de marzo arranca a un lado de la red de los Tigres, se la deja a su compañero de equipo 4 de enero, que se la pasa a 22 de enero, que la retrasa para 12 de marzo, quien se la tira derecha al meta de los Tigres, 27 de abril. 27 de abril bloca el tiro, pero 6 de marzo de Vancouver recoge el rebote. ¡Y lanza! Los defensas de Medicine Hat 9 de febrero y 14 de febrero se lanzan a blocar la pelota mientras 10 de enero contempla impotente la escena. ¡6 de marzo ha marcado!*

Comienza el segundo tiempo:

*Medicine Hat al ataque. El máximo anotador de los Tigres, 21 de enero, carga por la banda derecha del hielo. Se para y circula, eludiendo al defensa de Vancouver 15 de febrero. Entonces, 21 de enero pasa la pelota hábilmente a su compañero de equipo 20 de diciembre —¿de dónde habrá salido?—, que se quita de encima al defensa 17 de mayo y devuelve un cross-crease a 21 de enero.*

*¡Y dispara! El defensa de Vancouver 12 de marzo se lanza intentando bloquear el tiro. El portero de Vancouver, 19 de marzo, bracea inútilmente. ¡Gol de 21 de enero!, que levanta los brazos en señal de triunfo ante su compañero de equipo 2 de mayo, que no cabe en sí de gozo.*

## 4.

La explicación de todo esto es bastante simple. No tiene nada que ver con la astrología, ni tampoco con ninguna propiedad mágica de los tres primeros meses del año. Es simplemente que en Canadá la fecha de corte para seleccionar jugadores de *hockey* en un grupo de edad es el 1 de enero. Así, un muchacho que cumpla diez años el 2 de enero podría estar jugando con alguien que no cumple los diez hasta finales de año; y a esa edad, en la preadolescencia, doce meses más o menos pueden significar una enorme diferencia de madurez física.

Tratándose de Canadá, el país más enloquecido con el *hockey* que hay sobre la faz de la tierra, los entrenadores comienzan a seleccionar a jugadores para la "rep" (la "sele") a los nueve o diez años; y, desde luego, es más probable que se fijen en los jugadores más grandes y mejor coordinados, que se benefician de unos meses suplementarios cruciales para su madurez.

¿Y qué pasa cuando a un jugador lo eligen para la selección? Que recibe el mejor entrenamiento, que sus compañeros de equipo son los mejores y que juega cincuenta o setenta y cinco partidos por temporada en vez de veinte, como los que deambulan por divisiones de menos brillo, así que practica el doble o hasta el triple que si no hubiera sido seleccionado. Al principio, su ventaja no es tanto el que él sea intrínsecamente mejor, sino sólo que es un poco más viejo. Pero a los trece o catorce años, con la ventaja de un mejor entrenamiento y toda la experiencia adquirida, realmente *es* mejor, lo que le da más probabilidades de llegar a la liga Major Junior A, y de allí a las ligas grandes[*].

Barnsley argumenta que estos sesgos en las distribuciones por edades se producen siempre que concurran tres factores: selección, clasificación y experiencia diferenciada. Si uno toma una decisión sobre quién es bueno y quién no a una edad temprana; si se separa a los "talentosos" de los que no lo son; y si se dota a aquellos "talentosos" de una experiencia superior, lo que se hace es otorgar una enorme ventaja al pequeño grupo de nacidos poco después de la fecha de corte.

En Estados Unidos, el futbol y el baloncesto no seleccionan, clasifican ni establecen distinciones de manera tan dramática. En consecuencia, un niño puede ir un poco por detrás físicamente en estos deportes pero, aun así, jugar tantas horas como sus compañeros de clase algo mayores[**]. Pero el beisbol es otra cosa. La fecha de corte en casi todas las ligas

---

[*] El modo en que los canadienses seleccionan a los jugadores de *hockey* es un hermoso ejemplo de lo que el sociólogo Robert Merton bautizó a las mil maravillas como "profecía autocumplida", o situación en que "una definición falsa empieza [...] por evocar un nuevo comportamiento que vuelve verdadero el falso concepto original". Los canadienses comienzan con una definición falsa de quiénes son los mejores jugadores de *hockey* de nueve y diez años. Se limitan a escoger a los más viejos de cada hornada. Pero el modo en que se tratan a estas "estrellas" termina por corregir su falso juicio original. En palabras de Merton, "esta engañosa validez de la profecía autocumplida perpetúa el imperio del error, ya que el profeta esgrimirá el curso real de los acontecimientos como prueba de que él tenía razón desde el principio".

[**] Un jugador de baloncesto físicamente inmaduro en una ciudad estadounidense es probable que pueda jugar tantas horas de baloncesto en un año dado como un compañero de clase relativamente más viejo, puesto que abundan las canchas de baloncesto y las personas dispuestas a jugar. No es lo que pasa con el *hockey* sobre hielo, donde es necesaria una pista helada. Al baloncesto lo salva su accesibilidad y omnipresencia.

de beisbol no escolares de Estados Unidos es el 31 de julio; y, en consecuencia, agosto alumbra más jugadores de las ligas principales que cualquier otro mes (las cifras son asombrosas: en 2005, entre los jugadores de beisbol estadounidenses que militan en las ligas principales, 505 habían nacido en agosto, en contraste con los 313 nacidos en julio).

Del mismo modo, el futbol europeo está organizado como el *hockey* y el beisbol; y los cortes por fecha de nacimiento en aquel deporte están también profundamente sesgados. En Inglaterra, la fecha de corte es el 1 de septiembre. Pues bien, en un momento dado de los años noventa, había 288 jugadores en Primera División nacidos entre septiembre y noviembre, y sólo 136 nacidos entre junio y agosto. En el futbol internacional, la fecha de corte solía ser el 1 de agosto; así, en un reciente Mundial *junior,* 135 jugadores habían nacido en los tres meses que siguen al 1 de agosto, y solamente 22 en mayo, junio y julio. Hoy la fecha de corte en el futbol *junior* internacional es el 1 de enero. Mire la plantilla de la selección checa de futbol 2007, que alcanzó la final del Mundial *junior.*

Esto ya lo hemos visto, ¿no?

| Nº | Jugador | Fecha de nacimiento | Puesto |
|----|---------|---------------------|--------|
| 1 | Marcel Gecov | 1 de enero de 1988 | Medio |
| 2 | Ludek Frydrych | 3 de enero de 1987 | Portero |
| 3 | Petr Janda | 5 de enero de 1987 | Medio |
| 4 | Jakub Dohnalek | 12 de enero de 1988 | Defensa |
| 5 | Jakub Mares | 26 de enero de 1987 | Medio |
| 6 | Michal Held | 27 de enero de 1987 | Defensa |
| 7 | Marek Strestik | 1 de febrero de 1987 | Delantero |
| 8 | Jiri Valenta | 14 de febrero de 1988 | Medio |
| 9 | Jan Simunek | 20 de febrero de 1987 | Defensa |
| 10 | Tomas Oklestek | 21 de febrero de 1987 | Medio |
| 11 | Lubos Kalouda | 21 de febrero de 1987 | Medio |

| N° | Jugador | Fecha de nacimiento | Puesto |
|---|---|---|---|
| 12 | Radek Petr | 24 de febrero de 1987 | Portero |
| 13 | Ondrej Mazuch | 15 de marzo de 1989 | Defensa |
| 14 | Ondrej Kudela | 26 de marzo de 1987 | Medio |
| 15 | Marek Suchy | 29 de marzo de 1988 | Defensa |
| 16 | Martin Fenin | 16 de abril de 1987 | Delantero |
| 17 | Tomas Pekhart | 26 de mayo de 1989 | Delantero |
| 18 | Lukas Kuban | 22 de junio de 1987 | Defensa |
| 19 | Tomas Cihlar | 24 de junio de 1987 | Defensa |
| 20 | Tomas Frystak | 18 de agosto de 1987 | Portero |
| 21 | Tomas Micola | 26 de septiembre de 1988 | Medio |

Estos ojeadores checos... Lo mismo podían haber dicho a los jóvenes nacidos después de junio que hicieran la maleta y se fueran con su mamá.

El *hockey* y el futbol no son sino juegos, desde luego, y sólo afectan a unos pocos escogidos. Pero exactamente estas mismas tendencias se manifiestan también en áreas cuyas consecuencias son mucho más importantes, como la educación. Muchos padres de un niño nacido al final del año civil suelen considerar la posibilidad de dejar pasar un año antes de que su hijo empiece en el jardín de infancia: un niño de cinco años puede parecer mucho menor a otro nacido meses antes en el mismo año. Pero la mayor parte de los padres, se barrunta uno, piensan que cualquier desventaja que un niño más joven afronte en el jardín de infancia acabará por diluirse, ¿no? *Pues no.* Pasa como con el *hockey,* que persiste la pequeña ventaja inicial que el niño nacido en la primera mitad del año tiene sobre el niño nacido en la segunda. Encierra a los niños en una dinámica de logro contra frustración, de estímulo contra desaliento, que se prolonga sin cesar durante años.

Recientemente, dos economistas —Kelly Bedard y Elizabeth Dhuey— estudiaban la relación entre puntuaciones en lo que se llama Tendencias de Matemática Internacional y Estudios Científicos o TIMSS (un control de matemáticas y ciencias hecho cada cuatro años por niños en muchos países de todo el mundo) y el mes de nacimiento. Encontraron que, entre los alumnos de cuarto grado, los niños obtenían notas entre cuatro y doce puntos porcentuales mejores que los niños más jóvenes. Esto, como explica Dhuey, es "un efecto enorme". Significa que, si se examina a dos alumnos de cuarto intelectualmente equivalentes que cumplan años en fechas mutuamente opuestas respecto de la fecha de corte, el estudiante más viejo podría obtener un 8, mientras el más joven se anotaría un 6.8. La diferencia entre acceder o no a un programa de excelencia.

—Es igual que en los deportes —explica Dhuey—. Discriminamos grupos según su capacidad ya desde la niñez. Tenemos grupos avanzados de lectura y grupos avanzados de matemáticas. Ya en el jardín de infancia se hacen clasificaciones que confunden la madurez con la capacidad. Así, se destina a los niños más viejos a la corriente avanzada, donde mejoran sus habilidades; y al año próximo, como están en los grupos avanzados, sus resultados son aún mejores; y al año próximo vuelve a ocurrir lo mismo, y ellos mejoran su progresión. El único país donde no se reproduce este modelo es Dinamarca. Allí la política nacional no contempla ninguna división en grupos según la capacidad, sino hasta los diez años de edad.

En otras palabras, en Dinamarca se aplaza la selección hasta que se hayan nivelado las diferencias de madurez debidas a la edad relativa.

Dhuey y Bedard procedieron a repetir el mismo análisis, mirando esta vez al ámbito académico. ¿Qué encontraron? En las facultades estadounidenses —el sector más alto de educación postsecundaria— los estudiantes que pertenecen al grupo relativamente más joven de su clase están infrarrepresentados en un 11.6 por ciento. La diferencia de madurez inicial no se diluye con el tiempo. Persiste. Y para miles de estudiantes, aquella desventaja inicial marca la diferencia entre ir a la universidad —y tener una verdadera oportunidad de acceso a la clase media— o no[*].

—Más que extraño —dice Dhuey—, resulta ridículo que la elección arbitraria de una fecha de corte provoque efectos tan importantes y duraderos, sin que nadie parezca preocuparse por ello.

## 5.

Pensemos un momento en lo que la historia del *hockey* y los nacimientos en invierno nos dice sobre el éxito.

Nos dice que nuestra idea de que son mejores y más brillantes quienes se elevan sin esfuerzo a la cima peca de simplista. Sí, los jugadores de *hockey* que alcanzan el nivel profesional tienen más talento que usted o yo. Pero también tuvieron un arranque en cabeza, una oportunidad que no hicieron nada por merecerse, que no se ganaron. Y aquella oportunidad desempeñó un papel crítico en su éxito.

El sociólogo Robert Merton llamó certeramente a este fenómeno "el efecto Mateo", por el versículo del Nuevo Testamento según san Mateo que reza: "Porque al que tie-

---

[*] No acaban ahí los fenómenos sociales que pueden vincularse con la edad relativa. Barnsley y dos de sus colegas, por ejemplo, observaron que entre los estudiantes que intentan suicidarse son también más frecuentes los nacidos en la segunda mitad del año escolar. Su explicación fue que una mayor incidencia de fracaso escolar puede conducir a la depresión. La conexión entre la edad relativa y el suicidio, sin embargo, no es ni de lejos tan pronunciada como la correlación vista entre la fecha de nacimiento y el éxito en los deportes.

ne, le será dado, y tendrá más; y al que no tiene, aun lo que tiene le será quitado". Son los exitosos, en otras palabras, los que tienen más probabilidades de recibir el tipo de oportunidad especial que conduce a ahondar en el éxito. Son los ricos quienes consiguen las mayores ventajas fiscales. Los mejores estudiantes obtienen la mejor enseñanza y la mayor parte de la atención. Y los niños más grandes entre los de nueve y diez años son los que acceden al mejor entrenamiento práctico. El éxito resulta de lo que a los sociólogos les gusta llamar "ventaja acumulativa". El jugador de *hockey* profesional comienza un poquito mejor que sus pares. Y esa poquita diferencia le conduce a una oportunidad que de verdad marca la diferencia; y, a su vez, ello conduce a otra oportunidad, que agranda más aún la que al principio era una diferencia tan pequeña, y así hasta que nuestro jugador de *hockey* se convierte en un verdadero fuera de serie. Pero él no empezó como fuera de serie. Simplemente empezó un poquito mejor.

La segunda enseñanza del ejemplo del *hockey* es que los sistemas que hemos fijado para determinar quién adelanta no son particularmente eficaces. Pensamos que organizar cuanto antes ligas de élite y programas para los más dotados son el mejor modo de garantizar que ningún talento resbale por las grietas. Pero repasemos de nuevo aquella selección checa de futbol. No hay ningún jugador nacido en julio, octubre, noviembre ni diciembre, y sólo uno en agosto y otro en septiembre. Todos los nacidos en la segunda mitad del año cayeron desalentados, pasados por alto, empujados fuera del deporte. *Se ha dilapidado el talento de esencialmente la mitad de la población atlética checa.*

Así que ¿qué hace un atlético joven checo con la desgracia de haber nacido en la segunda mitad del año? Jugar al futbol, no. La bolita de esa ruleta no se para en los últimos meses. Tal vez pueda practicar otro deporte con el que los checos están obsesionados: el *hockey*. Pero espere (¿a que ya lo ve venir?): aquí tiene la lista de la selección checa *junior* de *hockey* 2007, que terminó en quinto lugar los campeonatos mundiales.

| N° | Jugador | Fecha de nacimiento | Puesto |
|---|---|---|---|
| 1 | David Kveton | 3 de enero de 1988 | Delantero |
| 2 | Jiri Suchy | 3 de enero de 1988 | Defensa |
| 3 | Michael Kolarz | 12 de enero de 1987 | Defensa |
| 4 | Jakub Vojta | 8 de febrero de 1987 | Defensa |
| 5 | Jakub Kindl | 10 de febrero de 1987 | Defensa |
| 6 | Michael Frolik | 17 de febrero de 1989 | Delantero |
| 7 | Martin Hanzal | 20 de febrero de 1987 | Delantero |
| 8 | Tomas Svoboda | 24 de febrero de 1987 | Delantero |
| 9 | Jakub Cerny | 5 de marzo de 1987 | Delantero |
| 10 | Tomas Kudelka | 10 de marzo de 1987 | Defensa |
| 11 | Jaroslav Barton | 26 de marzo de 1987 | Defensa |
| 12 | H. O. Pozivil | 22 de abril de 1987 | Defensa |
| 13 | Daniel Rakos | 25 de mayo de 1987 | Delantero |
| 14 | David Kuchejda | 12 de junio de 1987 | Delantero |
| 15 | Vladimir Sobotka | 2 de julio de 1987 | Delantero |
| 16 | Jakub Kovar | 19 de julio de 1988 | Portero |
| 17 | Lukas Vantuch | 20 de julio de 1987 | Delantero |
| 18 | Jakub Voracek | 15 de agosto de 1989 | Delantero |
| 19 | Tomas Pospisil | 25 de agosto de 1987 | Delantero |
| 20 | Ondrej Pavelec | 31 de agosto de 1987 | Portero |
| 21 | Tomas Kana | 29 de noviembre de 1987 | Delantero |
| 22 | Michal Repik | 31 de diciembre de 1988 | Delantero |

Los nacidos en el último trimestre del año podrían igualmente desistir de intentar siquiera jugar al *hockey*.

¿Vemos ahora las consecuencias del modo en que hemos decidido concebir el éxito? Cuando lo personalizamos tan profundamente, omitimos ocasiones de elevar a otros a un peldaño superior. Hacemos las reglas que frustran los logros. Amortizamos a la gente antes de tiempo como fracasados. Sentimos demasiado respeto por los que tienen éxito y demasiado poco por los que no. Por encima de todo, nos hemos vuelto demasiado pasivos. Pasamos por alto el papel tan grande que desempeñamos —y este "nosotros" significa "la sociedad"— a la hora de determinar quién lo consigue y quién no.

Si quisiéramos, podríamos reconocer que las fechas de corte tienen importancia. Podríamos establecer dos o incluso tres ligas de *hockey,* separadas según el mes de nacimiento. Que los jugadores evolucionen en competiciones separadas y que luego las selecciones se hagan de ahí. Si todos los atletas checos y canadienses nacidos a finales de año tuvieran mejores probabilidades, los equipos nacionales checo y canadiense de repente dispondrían del doble de buenos atletas entre los que elegir.

Con la educación podría hacerse lo mismo. La escuela primaria y secundaria podría dividir a los alumnos nacidos entre enero y abril en una clase; a los de mayo a agosto, en otra; y a aquellos nacidos desde septiembre hasta diciembre, en una tercera. Con esto los alumnos aprenderían y competirían con otros estudiantes de su mismo nivel de madurez. Sería un poquito más complicado administrativamente, pero no tendría por qué ser mucho más caro, y nivelaría el campo deportivo para todos aquellos a quienes el sistema educativo ha colocado en situación de gran e inmerecida desventaja. Es decir, que podríamos tomar fácilmente el mando de la maquinaria del éxito, no sólo en materia de deportes, sino, como también veremos, en otras áreas más relevantes. Pero no lo hacemos. ¿Por qué no? Porque abrazamos la idea de que el éxito obedece a una función simple de mérito individual, como si el mundo en que crecemos y las reglas que rigen la sociedad no importasen en absoluto.

# 6.

Antes de la final de la Copa Conmemoración, Gord Wasden, padre de uno de los Tigres de Medicine Hat, hablaba de su hijo Scott al borde de la pista de hielo. Llevaba un gorro y una camiseta del club de sus amores.

—Cuando él tenía cuatro y cinco años —recordaba Wasden—, su hermanito andaba con un tacatá, y él ya llevaba un palo de *hockey* en la mano; jugaba al *hockey* en la cocina, de la mañana a la noche. Lo de Scott era pasión por este deporte. Desde que jugaba en las ligas menores siempre lo seleccionaban para la Triple A. Ha militado en la élite desde que era un alevín —se notaba que a Wasden le ponía nervioso que su hijo estuviera a punto de disputar el partido más importante de su vida—. Ha tenido que trabajar mucho para llegar hasta aquí. Estoy muy orgulloso de él.

He aquí los ingredientes del éxito en todo su esplendor: pasión, talento y esfuerzo. Pero había otro elemento. ¿Cuándo descubrió Wasden que lo de su hijo era especial?

—Siempre fue un chico grande para su edad. Era fuerte, y tenía mucho gol para ser tan joven. Esto le convertía en un líder, un capitán de su equipo...

¿Grande para su edad? Y tanto. Scott Wasden nació el 4 de enero, sólo tres días después de la fecha perfecta para un jugador de *hockey* de élite. Él era uno de los afortunados. Pero si la fecha de corte para el *hockey* canadiense hubiera sido posterior, bien podría haber visto el campeonato de Copa Conmemoración desde la grada en vez de protagonizarlo desde el hielo.

## CAPÍTULO II

# LA REGLA DE LAS 10,000 HORAS

"EN HAMBURGO, TENÍAMOS QUE TOCAR OCHO HORAS".

## 1.

En 1971, la Universidad de Michigan inauguró en la avenida Beal, por Ann Arbor, su nuevo centro informático. Era un flamante edificio con muros de ladrillo beige visto y el clásico vidrio oscuro en la fachada. Las enormes computadoras de unidad central de la universidad se erguían en medio de una enorme sala blanca. Como recordaba un miembro de la facultad, "parecía una de las últimas secuencias de la película *2001: una odisea del espacio*". Completaban la escena docenas de máquinas perforadoras, que en aquella época pasaban por terminales informáticas. Para 1971, era lo último en tecnología. La Universidad de Michigan tenía uno de los programas de informática más avanzados del mundo; y durante la vida útil del centro informático, miles de estudiantes pasaron por aquella sala blanca. El más famoso de ellos sería un adolescente desgarbado llamado Bill Joy.

Joy llegó a la Universidad de Michigan el año en que se abrió el centro informático. Tenía dieciséis años. Era alto y muy delgado, con una fregona rebelde por cabello. Los de su clase de graduación en el instituto de Farmington Norte, en las afueras de Detroit, le habían votado "estudiante más estudioso", lo que, según explicaba él, equivalía a un nombramiento como "matadito vitalicio". Pensó que acabaría de biólogo o matemático. Pero a finales de su primer curso se dio una vuelta por el centro informático. Y se enganchó.

En adelante, el centro informático fue su vida. Programó todo lo que pudo. Consiguió un trabajo como profesor de informática para seguir programando a lo largo del verano. En 1975, se matriculó en la Universidad de Berkeley (California). Allí se zambulló aún más profundamente en el mundo del *software*. Durante la exposición oral de su tesis doctoral, formuló sobre la marcha un algoritmo particularmente complicado que, como escribiría uno de sus muchos admiradores, "abrumó de tal modo a sus examinadores, que uno de ellos más tarde comparó la experiencia con la de los sabios deslumbrados por la primera aparición pública de Jesús en el templo".

Trabajando en colaboración con un pequeño grupo de programadores, Joy se impuso la tarea de volver a escribir UNIX, un *software* desarrollado por AT&T para *mainframes,* las antiguas computadoras de unidad central. La versión de Joy era muy buena. Tan buena, de hecho, que desde entonces este sistema operativo hace funcionar literalmente millones de computadoras del mundo entero.

—Si pongo la Mac en ese modo tan gracioso que permite ver el código fuente —dice Joy—, veo cosas que recuerdo haber tecleado hace veinticinco años.

¿Y quién escribió la mayor parte del *software* que permite acceder a Internet? Bill Joy.

Después de licenciarse por Berkeley, Joy se fue a Silicon Valley, donde cofundó Sun Microsystems, uno de los agentes cruciales de la revolución informática. Allí reescribió otro lenguaje de programación, Java, que acrecentó todavía más su leyenda. En Silicon Valley se habla de Bill Joy tanto como de Bill Gates en Microsoft. A veces lo llaman el Edison de Internet. En palabras del informático de Yale David Gelernter, "Bill Joy ha sido una de las personas más influyentes de la historia de la computación".

Muchas veces se ha contado la historia del genio de Bill Joy, y la lección siempre es la misma: un espejo de la más pura meritocracia. La programación no funcionaba como una red de niños de papá, donde uno medra gracias al dinero o los contactos. Era un campo abierto de par en par, en el que se juzgaba a todos los participantes únicamente por su talento y sus logros; un mundo donde se imponían los mejores, y Joy claramente era uno de ellos.

Claro que sería más fácil aceptar esta versión de los hechos si no acabáramos de ver el ejemplo de los jugadores de futbol y *hockey*. También se suponía que aquello era meritocracia en estado puro. Pero no lo era. Era un ejemplo de cómo los fueras de serie de un campo particular alcanzaban el estatus más alto mediante una combinación de capacidad, oportunidad y ventaja completamente arbitraria.

¿No es posible que ese mismo modelo de ocasiones especiales se reproduzca igualmente en el mundo real? Volvamos a la historia de Bill Joy.

2.

Hace más de un decenio que los psicólogos del mundo entero debaten apasionadamente sobre una cuestión que la mayoría de la gente consideraría zanjada hace muchos años. La pregunta es: ¿existe el talento innato? La respuesta obvia es que sí. No todo jugador de *hockey* nacido en enero termina por jugar en el nivel profesional. Sólo algunos lo consiguen: los naturalmente talentosos. El éxito es talento más preparación. El problema de este punto de vista es que, cuanto más miran los psicólogos las carreras de los mejor dotados, menor les parece el papel del talento innato; y mayor el que desempeña la preparación.

La prueba número uno en el debate sobre el talento es un estudio realizado a principios de los años noventa por el psicólogo K. Anders Ericsson y dos de sus colegas en la elitista Academia de Música de Berlín. Con ayuda de los profesores de la Academia, dividieron a los violinistas en tres grupos. En el primer grupo estaban las estrellas, los estudiantes con potencial para convertirse en solistas de categoría mundial. En el segundo, aquéllos juzgados simplemente "buenos". En el tercero, los estudiantes que tenían pocas probabilidades de llegar a tocar profesionalmente y pretendían hacerse profesores de música en el sistema escolar público. Todos los violinistas respondieron a la siguiente pregunta: en el curso de toda su carrera, desde que tomó por primera vez un violín, ¿cuántas horas ha practicado en total?

En los tres grupos, todo el mundo había empezado a tocar aproximadamente a la misma edad, alrededor de los cinco años. En aquella fase temprana, todos practicaban aproximadamente la misma cantidad de horas, unas dos o tres por semana. Pero cuando los estudiantes rondaban los ocho años, comenzaban a surgir las verdaderas diferencias. Los estudiantes que terminaban como los mejores de su clase empezaban por practicar más que todos los demás: seis horas por semana a los nueve, ocho horas por semana a los doce, dieciséis a los catorce, y así sucesivamente, hasta que a los veinte practicaban bien por encima de las treinta horas semanales. De hecho, a los veinte años, los intérpretes de élite habían acumulado diez mil horas de práctica cada uno. En contraste, los estudiantes buenos a secas habían sumado ocho mil horas; y los futuros profesores de música, poco más de cuatro mil.

A continuación Ericsson y sus colegas compararon a pianistas aficionados con pianistas profesionales. Se repitió el mismo patrón: los aficionados nunca practicaban más de unas tres horas por semana durante su niñez; y a los veinte años, habían sumado dos mil horas de práctica. Los profesionales, por otra parte, habían aumentado su tiempo de práctica año tras año, hasta que a los veinte, como los violinistas, habían alcanzado las diez mil horas.

Lo más llamativo del estudio de Ericsson es que ni él ni sus colegas encontraron músicos "natos" que flotaran sin esfuerzo hasta la cima practicando una fracción del tiempo que necesitaban sus pares. Tampoco encontraron "obreros" romos a los que, trabajando más que nadie, lisa y llanamente les faltara el talento necesario para hacerse un lugar en la cumbre. Sus investigaciones sugieren que una vez que un músico ha demostrado capacidad suficiente para ingresar en una academia superior de música, lo que distingue a un intérprete virtuoso de otro mediocre es el esfuerzo que cada uno dedica a practicar. Y eso no es todo: los que están en la misma cumbre no es que trabajen un poco o bastante más que todos los demás. Trabajan mucho, *mucho* más.

La idea de que la excelencia en la realización de una tarea compleja requiere un mínimo dado de práctica, expresado como valor umbral, se abre paso una y otra vez en los estudios sobre la maestría. De hecho, los investigadores se han decidido por lo que ellos consideran es el número mágico de la verdadera maestría: diez mil horas.

La imagen que surge de tales estudios es que se requieren diez mil horas de práctica para alcanzar el nivel de dominio propio de un experto de categoría mundial, en el campo que fuere —escribe el neurólogo Daniel Levitin—. Estudio tras estudio, trátese de compositores, jugadores de baloncesto, es-

47

critores de ficción, patinadores sobre hielo, concertistas de piano, jugadores de ajedrez, delincuentes de altos vuelos o de lo que sea, este número se repite una y otra vez. Desde luego, esto no explica por qué algunas personas aprovechan mejor sus sesiones prácticas que otras. Pero nadie ha encontrado aún un caso en el que se lograra verdadera maestría de categoría mundial en menos tiempo. Parece que el cerebro necesita todo ese tiempo para asimilar cuanto necesita conocer para alcanzar un dominio verdadero.

Esto se cumple hasta con los casos emblemáticos de prodigio. Mozart, como es bien sabido, empezó a escribir música a los seis años. Pero, según escribe el psicólogo Michael Howe en su libro *Fragmentos de genio:*

> Conforme a los parámetros de los compositores maduros, las primeras obras de Mozart no son excepcionales. Las piezas más tempranas probablemente las escribió su padre, quizás introduciendo mejoras en el proceso. Muchas de las composiciones de niñez de Wolfgang, como los primeros siete de sus conciertos para piano y orquesta, son en gran parte arreglos de obras debidas a otros compositores. Entre aquellos conciertos que sólo contienen música original de Mozart, el más temprano de los que hoy están considerados obras maestras (el nº 9, K. 271) no lo compuso hasta los veintiuno. Para entonces, Mozart ya llevaba diez años componiendo conciertos.

El crítico de música Harold Schonberg va más lejos: Mozart, asegura él, en realidad "se desarrolló tardíamente", puesto que no produjo sus mejores obras hasta que llevaba más de veinte años componiendo.

Llegar a gran maestro del ajedrez también parece ocupar aproximadamente diez años (sólo el legendario Bobby

Fischer alcanzó ese nivel de élite en menos tiempo: a él le costó nueve). Y ¿cuánto son diez años? Bien, es aproximadamente el tiempo que se tarda en completar diez mil horas de ardua práctica. Diez mil horas es el número mágico de la grandeza.

Aquí está la explicación de lo que tanto desconcertaba en las plantillas de las selecciones nacionales checa y canadiense. No había prácticamente nadie en aquellos equipos nacido después del 1 de septiembre, lo que no parece tener ningún sentido. Cabe pensar que debería haber una cifra pasable de prodigios checos del *hockey* o del futbol nacidos a fines de este año con *tanto* talento como para acabar abriéndose paso a la élite de jóvenes, a pesar de su fecha de nacimiento.

Para Ericsson y los que rebaten la primacía del talento, esto no es sorprendente en absoluto. A los prodigios nacidos "tardíamente" no los escogen para la selección cuando tienen ocho años porque son demasiado pequeños para su edad; y así no se consigue práctica suplementaria. Y sin esta práctica suplementaria, no tienen ninguna posibilidad de haber jugado diez mil horas cuando los equipos profesionales de *hockey* comienzan a buscar jugadores. Y sin diez mil horas en su haber, no hay modo de que lleguen a dominar las capacidades necesarias para jugar en el nivel superior. Ni siquiera Mozart —el mayor prodigio musical de todos los tiempos— pilló una racha buena hasta que tuvo diez mil horas en su haber. La práctica no es lo que uno hace cuando es bueno. Es lo que uno hace para volverse bueno.

Otra cosa interesante sobre las dichosas diez mil horas, desde luego, es que las dichosas diez mil horas son una *enorme* cantidad de tiempo. Es casi imposible alcanzar esa cifra por uno mismo cuando se es un adulto joven. Hay que tener padres que le animen y apoyen a uno. No se puede ser pobre, porque si uno tiene que atender un trabajo de jornada reducida aparte para llegar a fin de mes, no le quedará tiempo suficiente para practicar durante el día. De hecho, la mayoría de la gente sólo puede alcanzar esa cifra formando parte de alguna especie de programa especial —como una selección sub-16 de *hockey*— o accediendo a alguna especie de oportunidad extraordinaria que les dé una posibilidad de invertir tantas horas en una misma cosa.

## 3.

Así le pasó a Bill Joy en 1971. Volvamos a este muchacho alto y desgarbado de dieciséis años. Una lumbrera de las matemáticas, el tipo de estudiante que instituciones como el MIT o el Caltech o la Universidad de Waterloo atraen por centenares.

—Cuando Bill era un chiquillo, quería saberlo todo acerca de todo mucho antes de que otros niños sepan siquiera que quieren saber algo —dice su padre, William—. Nosotros le contestábamos como podíamos. Cuando no podíamos, nos limitábamos a darle un libro.

Cuando llegó el momento de matricularse en la universidad, Joy obtuvo una nota perfecta en la sección de matemáticas del examen de ingreso.

—No fue particularmente difícil —dice con naturalidad—. Tuve tiempo de sobra para releerlo.

Tiene muchísimo talento. Pero ésta no es la única consideración. Nunca lo es. La clave de su desarrollo es que un buen día tropezó con aquel indescriptible edificio de la avenida Beal.

A principios de los años setenta, cuando Joy aprendía informática, las computadoras eran del tamaño de una sala. Una máquina sola (tal vez con menos potencia y memoria que su actual horno microondas) podría costar más de un millón de dólares de 1970. Las computadoras eran algo insólito. Caso de dar con una, lo difícil era conseguir acceso a ella; pero aun cuando se lograra acceder a una, su alquiler por horas costaba una fortuna.

Por otra parte, programar era extraordinariamente tedioso. En aquella época se hacía usando tarjetas de cartulina perforadas. Cada línea de código se grababa en una tarjeta mediante una máquina perforadora. Un programa complejo podría incluir cientos, si no miles, de estas tarjetas, apiladas en altos montones. Una vez que un programa estaba listo, el programador se dirigía a la unidad central de proceso y entregaba sus pilas de tarjetas a un operario. Dado que las computadoras sólo podían manejar una tarea a la vez, el operario pedía hora para lanzar el programa y, según cuánta gente estuviera por delante del programador en la cola, bien podía ocurrir que no se recuperasen las tarjetas durante unas horas o en todo un día. Y si se había cometido un solo error, por nimio que pudiera parecer, el programador tenía que volverse con sus tarjetas, detectar el error y comenzar el proceso entero otra vez.

En aquellas circunstancias, era muy difícil convertirse en programador experto. Y, sin duda, ser experto con apenas veinte años era prácticamente imposible. Si uno sólo puede "programar" unos minutos por cada hora que pasa en la sala de la computadora, ¿cómo va a alcanzar alguna vez las diez mil horas de práctica?

—Programando con tarjetas —recuerda un informático de aquella era— no aprendías a programar. Aprendías a corregir y a tener paciencia.

Hasta mediados de los años sesenta no se encontró una solución al problema de la programación. Entonces las computadoras por fin reunían potencia suficiente para gestionar más de una "cita" a la vez. Los informáticos comprendieron que, si reescribían el sistema operativo de la computadora, podía compartirse el tiempo de la máquina, que podían preparar la computadora para atender cientos de operaciones al mismo tiempo. Esto, a su vez, significaba que los programadores ya no tenían que entregar físicamente su montón de tarjetas al operario de la computadora. Podían construirse docenas de terminales, todas vinculadas telefónicamente a la unidad central, lo cual permitía la realización de tareas simultáneas, *online*.

He aquí cómo una narración de la época describe el advenimiento del tiempo compartido:

> Fue algo más que una revolución. Fue una revelación. Olvidar al operario, los montones de tarjetas, las esperas. Compartiendo el tiempo de proceso, uno podía sentarse ante el teletipo, meter un par de comandos y obtener una respuesta al momento. El tiempo compartido era interactivo: un programa podía solicitar una respuesta, esperar a que el usuario la tecleara, realizar la tarea mientras el usuario esperaba y mostrar el resultado; todo "en tiempo real".

Aquí es donde entra Michigan, pues fue una de las primeras universidades del mundo que efectuaron el cambio al régimen de tiempo compartido. Hacia 1967, ya estaba en marcha un prototipo de este sistema. A principios de los años setenta, Michigan tenía suficiente potencia calculadora para que cien personas pudieran programar simultáneamente en el centro informático.

—No creo que a finales de los años sesenta y principios de los setenta hubiera ningún sitio como Michigan —explica Mike Alexander, uno de los pioneros de aquel sistema informático implantado en Michigan—. Tal vez el MIT.

Tal vez Carnegie Mellon. Tal vez Dartmouth. No creo que hubiera ningún otro.

Ésta fue la oportunidad que acogió a Bill Joy a su llegada al campus de Ann Arbor en el otoño de 1971. Joy no había escogido Michigan por sus computadoras. Tampoco había hecho nunca nada con computadoras en el instituto. Sí le interesaban las matemáticas y la ingeniería. Pero cuando le picó el gusanillo de la programación en su primer año de estudiante universitario, se encontraba —gracias a la más feliz de las coincidencias— en uno de los pocos lugares del mundo donde un chico de diecisiete años podía programar cuanto quisiera.

—¿Que qué diferencia hay entre las tarjetas perforadas y el tiempo compartido? —comenta Joy—. Pues la misma que hay entre jugar al ajedrez por correo y echar una partida rápida. De repente, programar dejó de ser un ejercicio frustrante, para convertirse en algo *divertido*.

"Yo vivía en el campus norte —continúa Joy—, que era donde estaba el centro informático. ¿Que cuánto tiempo pasaba allí? Pues una cantidad de tiempo fenomenal. Estaba abierto las veinticuatro horas. Muchas veces pasaba allí toda la noche. Como promedio, en aquellos años pasaba más tiempo en el centro informático que en clase. Todos los que programábamos allí teníamos la misma pesadilla recurrente en la que nos olvidábamos por completo de ir a clase o incluso de que estábamos matriculados en la facultad.

"El reto fue que asignaron una cuenta a cada estudiante con una cantidad de dinero fija, así que el tiempo acababa por agotarse. Cuando te apuntabas, tenías que indicar cuánto tiempo querías pasar con la computadora. Digamos que te daban una hora de tiempo y tenías que arreglarte con eso —Joy se ríe al recordarlo—. Pero alguien se dio cuenta de que indicando "tiempo igual a" seguido de una letra, por ejemplo, *t* igual a *k,* el contador se paraba. Era un fallo del *software.* Uno escribía *t* = *k* y se quedaba allí de por vida.

Hay que ver el torrente de oportunidades que se le presentaron a Bill Joy: primero tuvo la suerte de elegir una institución tan clarividente como la Universidad de Michigan, con lo que pudo beneficiarse de un sistema de tiempo compartido en vez de tirar de tarjetas perforadas; y como resultó que el sistema de Michigan tenía algunas rendijas, pudo programar todo lo que quiso; y como la universidad estaba dispuesta a gastarse el dinero en mantener el centro informático abierto las veinticuatro horas, él podía quedarse toda la noche; y puesto que pudo invertir tantas horas, cuando se le presentó la oportunidad de reescribir UNIX, estaba preparado para la tarea. Bill Joy era brillante. Quería aprender. Todo esto forma gran parte del éxito. Pero antes de poder convertirse en experto, alguien tuvo que darle la oportunidad de *aprender* a ser un experto.

—Si en Michigan programaba unas ocho o diez horas al día —continúa Joy—, cuando llegué a Berkeley empecé a trabajar de día y de noche. Ya tenía una terminal en casa. Me quedaba hasta las dos o las tres de la mañana, viendo películas viejas y programando. A veces me quedaba dormido sobre el teclado y entonces me despertaba el pitido del sistema. Después de que esto te haya pasado tres veces, tienes que acostarte. Yo seguía siendo relativamente incompetente incluso después de haber llegado a Berkeley. Pero para mi segundo año allí, se puede decir que era un experto. Entonces fue cuando escribí programas que todavía se usan hoy, treinta años más tarde —se detuvo un momento para hacer cálculo mental, lo que para alguien como él no lleva mucho tiempo: Michigan en 1971; programación en serio desde el segundo curso;

los veranos, más los días y las noches de su primer año en Berkeley—. Salen..., creo que son ¿diez mil horas? Por ahí andará.

4.

Esta regla de las diez mil horas, ¿es una regla general para el éxito? Si rascamos bajo la superficie de todo gran triunfador, ¿encontramos siempre un equivalente a aquel centro informático de Michigan o aquella selección juvenil de *hockey*, algún tipo de oportunidad especial para la práctica?

Vamos a probar la idea con dos ejemplos; y para simplificar, vamos a elegirlos tan familiares como nos sea posible: los Beatles, uno de los grupos de *rock* más famosos de todos los tiempos; y Bill Gates, uno de los hombres más ricos del mundo.

Los Beatles —John Lennon, Paul McCartney, George Harrison y Ringo Starr— llegaron a Estados Unidos en febrero de 1964, comenzando la llamada invasión británica de la escena musical americana y anotándose una cadena de éxitos con grabaciones que cambiaron la historia de la música popular.

Lo primero que nos interesa de los Beatles para nuestros propósitos es cuánto llevaban juntos cuando llegaron a Estados Unidos. Lennon y McCartney empezaron a tocar juntos en 1957, siete años antes de desembarcar en América (a propósito: el tiempo que transcurrió entre la fundación de la banda y los que posiblemente sean sus mayores logros artísticos, *Sgt. Pepper's Lonely Hearts Club Band* y *The Beatles [White Album]*, es de diez años); y si uno mira con más detenimiento aquellos largos años formativos, encontrará una experiencia que, en el contexto de los jugadores de *hockey* y de Bill Joy, o en el de los violinistas de categoría mundial, resulta tremendamente familiar. En 1960, cuando no eran más que un conjunto *rock* de instituto que luchaba por abrirse camino, les invitaron a tocar en Hamburgo (Alemania).

—En el Hamburgo de entonces no había clubes de música dedicados al *rock and roll*, pero sí barras americanas —explica Philip Norman, biógrafo de los Beatles—. Uno de los dueños de estos clubes de mala nota, llamado Bruno, había empezado como empresario de parque de atracciones. Se le ocurrió la idea de llevar grupos de *rock* a tocar en varios clubes. Tenían esta fórmula. Era un enorme espectáculo ininterrumpido, con mucha gente entrando y saliendo a todas horas. Y las bandas tocaban todo el tiempo para atraer a ese flujo humano. En un barrio rojo de Estados Unidos lo habrían llamado *non-stop strip-tease.*

"Muchos de los grupos que tocaron en Hamburgo eran de Liverpool —continuó Norman—. Esto fue una coincidencia. Bruno fue a buscar grupos a Londres. Y en el Soho se encontró con un empresario de Liverpool que estaba en Londres por pura casualidad. Este promotor envió las primeras bandas a Alemania; y así fue como se estableció la conexión. De esta manera, los Beatles entraron en contacto no sólo con Bruno, sino también con otros dueños de clubes. Siempre volvían, porque allí les daban alcohol y sexo de sobra.

¿Y qué tenía Hamburgo que lo hacía tan especial? No era que pagasen bien. Pagaban mal. O que la acústica fuera increíble. No lo era. Ni que el público fuese sensible y entendido. Todo lo contrario. Fue simplemente la cantidad de tiempo que el grupo tenía que tocar.

Oigamos a John Lennon, entrevistado después de que los Beatles se disolvieran, hablando sobre las actuaciones de la banda en un *strip-club* de Hamburgo, el Indra:

—Íbamos mejorando y ganando en confianza. Era inevitable, con toda la experiencia que daba tocar toda la noche. Y al ser extranjeros, teníamos que trabajar aún más duro, poner todo el corazón y el alma para que nos escucharan.

En Liverpool, las sesiones sólo duraban una hora, así que sólo tocábamos las mejores canciones, siempre las mismas. En Hamburgo teníamos que tocar ocho horas, así que no teníamos más remedio que encontrar otra forma de tocar.

*¿Ocho horas?*

Escuchemos ahora a Pete Best, batería de los Beatles en aquellos tiempos:

—Cuando corrió la voz de las actuaciones que hacíamos, el club comenzó a programar muchas seguidas. Actuábamos siete noches por semana. Al principio tocábamos casi sin parar hasta las 12:30, cuando cerraba el club; pero a medida que fuimos mejorando, la gente se quedaba hasta las dos casi todas las noches.

*¿Siete días por semana?*

Al final, los Beatles viajaron a Hamburgo cinco veces entre 1960 y finales de 1962. En su primer viaje, tocaron 106 noches, a razón de cinco horas o más por noche. En su segundo viaje, actuaron 92 veces; y en el tercero, 48, con un total de 172 horas sobre el escenario. Sus dos últimos pasos por Hamburgo, en noviembre y diciembre de 1962, supusieron otras 90 horas de actuación. En poco más de año y medio habían actuado 270 noches. De hecho, cuando tuvieron su primer éxito en 1964, habían actuado en directo unas mil doscientas veces. Para comprender cuán extraordinario es esto, conviene saber que la mayoría de los grupos de hoy no actúan mil doscientas veces ni en el curso de sus carreras enteras. El crisol de Hamburgo es una de las cosas que hacen especiales a los Beatles.

—Cuando llegaron allí, eran unos inútiles sobre el escenario; pero volvieron siendo muy buenos —sigue Norman—. No sólo ganaron en resistencia. Tuvieron que aprenderse una enorme cantidad de temas y hacer versiones de todo lo imaginable, no sólo de *rock and roll,* también algo de *jazz.* Antes de ir a Alemania, carecían de toda disciplina escénica. Pero cuando volvieron, sonaban como nadie. Eso fue lo que les dio su sello.

## 5.

Pero volvamos a la historia de Bill Gates, casi tan conocida como la de los Beatles: un joven y brillante matemático que descubre la programación. Deja Harvard. Funda con sus amigos una pequeña empresa de informática llamada Microsoft; y a fuerza de pura brillantez, ambición y cuajo, la convierte en un gigante del sector del *software.* Hasta aquí, el perfil en sentido amplio. Pero vamos a cavar un poquito más profundo.

El padre de Gates era un rico abogado de Seattle; y su madre, hija de un banquero acomodado. De niño, Bill se reveló como un talento precoz, fácilmente aburrido por los estudios; así que sus padres lo sacaron de la escuela pública y, cuando iba a empezar el séptimo curso, lo enviaron a Lakeside, una escuela privada a la que las familias de la élite de Seattle enviaban a sus hijos. A mitad del segundo año de Gates en Lakeside, la institución creó un club informático.

—Todos los años, el Club de Madres de la escuela organizaba un mercadillo de artículos usados; y siempre estaba la pregunta de adónde iría el dinero —recuerda Gates—. A veces se destinaba al programa de verano, que permitía a los chicos de ciudad pasarlo en el campus.

También se destinaba a las necesidades de los profesores. Aquel año se invirtieron tres mil dólares en una terminal informática sita en un cuartito del que procedimos a apoderarnos. Nos parecía una cosa asombrosa.

Y tanto, porque era 1968. Y en los años sesenta ni siquiera las universidades tenían clubes informáticos. Pero más asombrosa aún fue la clase de computadora que adquirió Lakeside. Esta escuela no hizo aprender programación a sus estudiantes mediante el laborioso sistema de tarjetas perforadas, como hacían prácticamente todos los demás en los sesenta. Por el contrario, Lakeside instaló el llamado ASR-33 Teletype, una terminal a tiempo compartido con conexión directa a una computadora central en la ciudad de Seattle. Teniendo en cuenta que la idea misma de tiempo de proceso compartido no se concibió hasta 1965, alguien estaba tomando la delantera: si Bill Joy tuvo una oportunidad extraordinariamente temprana de aprender programación con un sistema de tiempo compartido en su primer año universitario, 1971, en 1968, Bill Gates pudo programar en tiempo real mientras cursaba *octavo de educación básica*.

A partir de aquel año, Gates vivió en la sala de la computadora. Él y otros empezaron a enseñarse a sí mismos cómo usar aquel extraño dispositivo nuevo. Ni que decir tiene que alquilar una terminal entonces puntera como la ASR salía caro incluso para una institución tan rica como el Lakeside, así que los 3,000 dólares recaudados por el Club de Madres no tardaron en agotarse. Los padres recaudaron más dinero. Los estudiantes se lo gastaron. Entonces, un grupo de programadores de la Universidad de Washington formó un equipo llamado Computer Center Corporation (o C al Cubo), que arrendaba horas de computadora a empresas locales. Quiso la suerte que una de los fundadores de la firma, Monique Rona, tuviera un hijo en Lakeside, un año por delante de Gates. Y al club informático de Lakeside, se preguntó Rona, ¿no le gustaría probar los programas de *software* de la empresa durante los fines de semana a cambio de tiempo de programación gratuito? ¡Pues no faltaba más! Después de la escuela, Gates tomaba el autobús a las oficinas de C al Cubo y programaba hasta bien entrada la noche.

C al Cubo acabó por quebrar, lo que dejó a Gates y a sus amigos merodeando alrededor del centro informático de la Universidad de Washington. No tardaron en dar con otra empresa, ISI (Information Sciences Inc.), que les cedió horas de computadora gratuitas a cambio de su trabajo en un *software* para automatizar nóminas de empresa. Durante un periodo de siete meses de 1971, Gates y sus cohortes sumaron 1,575 horas de tiempo de programación con la unidad central ISI, lo que hace un promedio de ocho horas al día, siete días por semana.

—Era mi obsesión —cuenta Gates al hablar de sus tempranos años en el instituto—. Me saltaba la educación física. Iba allí por las noches. Programábamos durante los fines de semana. Rara era la semana que no echábamos veinte o treinta horas. Hubo un periodo en que Paul Allen y yo nos metimos en líos por robar un manojo de contraseñas y bloquear el sistema. Nos echaron. Durante todo el verano no pude usar la computadora. Esto fue cuando yo tenía quince o dieciséis años. Entonces averigüé que Paul había encontrado una computadora libre en la Universidad de Washington. Tenían estas máquinas en el centro médico y el departamento de Física. Trabajaban sobre un programa de 24 horas, pero con grandes periodos inactivos, de modo que entre las tres y las seis de la mañana había un hueco de tres horas —ríe Gates—. Salía de noche, pasada mi hora de acostarme. El trecho desde mi casa a la Universidad de Washington podía cubrirse a pie. También tomaba el autobús. Por eso soy siempre tan generoso con la Universidad de Washington, porque me dejó robar tantas horas de computadora.

Años más tarde, la madre de Gates dijo:

—Siempre nos preguntábamos por qué le costaba tanto levantarse por las mañanas.

Entonces, uno de los fundadores de ISI, Bud Pembroke, recibió una llamada de la empresa tecnológica TRW, que acababa de firmar un contrato para informatizar la enorme central eléctrica de Bonneville, al sur del estado de Washington. TRW necesitaba desesperadamente programadores familiarizados con el *software* concreto que usaba la central. En aquellos días tempranos de la revolución informática, era difícil encontrar programadores con esa clase de experiencia especializada. Pero Pembroke sabía exactamente a quién llamar: a aquellos jóvenes de Lakeside que llevaban miles de horas encima de la computadora central de ISI. Gates ya estaba en su último año de instituto; y de algún modo se las arregló para convencer a sus profesores de que le dejaran mudarse a Bonneville, con motivo de un proyecto independiente de estudios. Allí pasó la primavera escribiendo códigos, bajo la supervisión de un hombre llamado John Norton, que al decir de Gates le enseñó más de programación que ninguna otra persona que hubiera conocido antes.

Aquellos cinco años que van desde octavo grado al final del instituto fueron el Hamburgo de Bill Gates, quien, se mire como se mire, supo aprovechar una serie de oportunidades aún más extraordinaria que la que disfrutó Bill Joy.

La oportunidad número uno consistía en que Gates fue enviado a Lakeside. ¿Cuántos institutos en el mundo tenían acceso a una terminal a tiempo compartido en 1968? La oportunidad número dos consistía en que las madres de Lakeside tenían bastante dinero para pagar las tarifas de la computadora escolar. Número tres: cuando aquel dinero se agotó, resultó que una de las madres trabajaba en C al Cubo, que a su vez necesitaba a alguien que comprobase sus códigos de *software* durante los fines de semana, sin importarle que de los fines de semana se pasara a las noches entre semana. Número cuatro: Gates descubrió ISI poco antes de que esta empresa necesitara a alguien que informatizase sus nóminas. Número cinco: Gates vivía a escasa distancia de la Universidad de Washington. Seis: la universidad tenía una computadora libre tres horas al día. Siete: TRW llamó a Bud Pembroke. Ocho: los mejores programadores que Pembroke conocía para una tarea dada resultaron ser dos jóvenes de instituto. Nueve: Lakeside estaba dispuesta a permitir que estos jóvenes pasaran la primavera escribiendo códigos en otro lugar.

¿Y qué tenían en común prácticamente todas aquellas oportunidades? Que le dieron a Bill Gates tiempo suplementario para practicar. Cuando Gates dejó Harvard después de su segundo año de estudiante para probar suerte con su propia empresa de *software,* llevaba siete años consecutivos programando prácticamente sin parar. Había sobrepasado *con creces* las diez mil horas. ¿Cuántos adolescentes del mundo reunían la clase de experiencia que tenía Gates?

—Me sorprendería mucho que hubiera habido cincuenta en todo el mundo —contesta él—. Estaba C al Cubo y aquel *software* para nóminas que hicimos; y luego llegó TRW, todas aquellas cosas llegaron juntas. Creo que tuve mejor acceso al desarrollo de *software* a una edad temprana que ninguna otra persona en aquel periodo de tiempo, y todo debido a una serie increíblemente afortunada de acontecimientos.

# 6.

Si juntamos las historias de los jugadores de *hockey* y los Beatles con las de Bill Joy y Bill Gates, creo que nos haremos una idea más completa del camino al éxito. Tanto Joy como Gates o los Beatles eran sin lugar a dudas gente con talento. Lennon y McCartney compartían un don musical de los que se dan una vez cada generación; y Bill Joy, no lo olvidemos, tenía una mente tan rápida que fue capaz de formular sobre la marcha un complicado algoritmo que dejó apabullados a sus profesores. Todo esto es obvio.

Pero lo que realmente distingue sus historias no es su maravilloso talento, sino las extraordinarias oportunidades que disfrutaron. A los Beatles los invitaron, por el más arbitrario de los motivos, a Hamburgo. Sin Hamburgo, los Beatles bien podrían haber seguido un camino muy diferente. "Tuve mucha suerte", dijo Bill Gates al principio de nuestra entrevista. Esto no significa que no sea brillante o un empresario extraordinario; sólo que comprende lo increíblemente afortunado que fue de estar en Lakeside en 1968.

Todos los fueras de serie que hemos visto hasta ahora son beneficiarios de alguna especie de oportunidad insólita. Las rachas de suerte no parecen ser excepcionales entre los millonarios del *software,* los ídolos del deporte y los conjuntos de *rock.* Parecen ser la norma.

Veamos un último ejemplo de las ocasiones ocultas que disfrutan los fueras de serie. Supongamos que hacemos otra versión del análisis del calendario que hicimos en el capítulo anterior con los jugadores de *hockey,* sólo que esta vez observaremos los años de nacimiento, no los meses. Para empezar, echemos un buen vistazo a la siguiente lista de las setenta y cinco personas más ricas de la historia de la humanidad, compilada recientemente por la revista *Forbes.* El valor neto de cada persona se ha calculado en dólares estadounidenses corrientes. Como puede verse, incluye a reinas, reyes y faraones de siglos pasados, así como a millonarios contemporáneos, como Warren Buffett y Carlos Slim.

| N° | Nombre | Riqueza en miles de millones ($ EE UU) | Origen | Empresa o fuente de riqueza |
|---|---|---|---|---|
| 1 | John D. Rockefeller | 318.3 | Estados Unidos | Standard Oil |
| 2 | Andrew Carnegie | 298.3 | Escocia | Carnegie Steel Co. |
| 3 | Nicolás II de Rusia | 253.5 | Rusia | Dinastía de los Romanov |
| 4 | William Henry Vanderbilt | 231.6 | Estados Unidos | Ferrocarriles de Chicago, Burlington y Quincy |
| 5 | Osman Alí Jan, Asaf Jah VII | 210.8 | Hyderabad | Monarquía |
| 6 | Andrew W. Mellon | 188.8 | Estados Unidos | Gulf Oil |
| 7 | Henry Ford | 188.1 | Estados Unidos | Ford Motor Co. |
| 8 | Marco Licinio Craso | 169.8 | República de Roma | Senado romano |
| 9 | Basilio II | 169.4 | Imperio bizantino | Monarquía |
| 10 | Cornelius Vanderbilt | 167.4 | Estados Unidos | Ferrocarriles de Nueva York y Harlem |
| 11 | Alanus Rufus | 166.9 | Inglaterra | Inversiones |
| 12 | Amenofis III | 155.2 | Antiguo Egipto | Faraón |
| 13 | Guillermo de Warenne, I Conde de Surrey | 153.6 | Inglaterra | Condado de Surrey |
| 14 | Guillermo II de Inglaterra | 151.7 | Inglaterra | Monarquía |
| 15 | Isabel I | 142.9 | Inglaterra | Dinastía Tudor |
| 16 | John D. Rockefeller hijo | 141.4 | Estados Unidos | Standard Oil |
| 17 | Sam Walton | 128.0 | Estados Unidos | Wal-Mart |
| 18 | John Jacob Astor | 115.0 | Alemania | American Fur Company |

| N° | Nombre | Riqueza en miles de millones ($ EE UU) | Origen | Empresa o fuente de riqueza |
|---|---|---|---|---|
| 19 | Odo de Bayeux | 110.2 | Inglaterra | Monarquía |
| 20 | Stephen Girard | 99.5 | Francia | Primer banco de Estados Unidos |
| 21 | Cleopatra | 95.8 | Antiguo Egipto | Legado tolemaico |
| 22 | Stephen Van Rensselaer III | 88.8 | Estados Unidos | Rensselaerswyck Estate |
| 23 | Richard B. Mellon | 86.3 | Estados Unidos | Gulf Oil |
| 24 | Alexander Turney Stewart | 84.7 | Irlanda | Ferrocarril de Long Island |
| 25 | William Backhouse Astor hijo | 84.7 | Estados Unidos | Herencia |
| 26 | Simón Iturbi Patiño | 81.2 | Bolivia | Minas de estaño de Huanuni |
| 27 | Sultán Hassanal Bolkiah | 80.7 | Brunei | Kral |
| 28 | Frederick Weyerhaeuser | 80.4 | Alemania | Weyerhaeuser Corporation |
| 29 | Moses Taylor | 79.3 | Estados Unidos | Citibank |
| 30 | Vincent Astor | 73.9 | Estados Unidos | Herencia |
| 31 | Carlos Slim Helú | 72.4 | México | Telmex |
| 32 | T. V. Soong | 67.8 | China | Banco Central de China |
| 33 | Jay Gould | 67.1 | Estados Unidos | Union Pacific |
| 34 | Marshall Field | 66.3 | Estados Unidos | Marshall Field & Co. |
| 35 | George F. Baker | 63.6 | Estados Unidos | Ferrocarril Central de Nueva Jersey |
| 36 | Hetty Green | 58.8 | Estados Unidos | Banca Nacional Seaboard |
| 37 | Bill Gates | 58.0 | Estados Unidos | Microsoft |
| 38 | Lawrence Joseph Ellison | 58.0 | Estados Unidos | Oracle Corporation |
| 39 | Richard Arkwright | 56.2 | Inglaterra | Fábrica de tejidos de algodón del valle del Derwent |
| 40 | Mukesh Ambani | 55.8 | India | Reliance Industries |

| N° | Nombre | Riqueza en miles de millones ($ EE UU) | Origen | Empresa o fuente de riqueza |
|---|---|---|---|---|
| 41 | Warren Buffett | 52.4 | Estados Unidos | Berkshire Hathaway |
| 42 | Lakshmi Mittal | 51.0 | India | Mittal Steel Company |
| 43 | J. Paul Getty | 50.1 | Estados Unidos | Getty Oil Company |
| 44 | James G. Fair | 47.2 | Estados Unidos | Consolidated Minera de Virginia |
| 45 | William Weightman | 46.1 | Estados Unidos | Merck & Co. |
| 46 | Russell Sage | 45.1 | Estados Unidos | Western Union |
| 47 | John Blair | 45.1 | Estados Unidos | Union Pacific |
| 48 | Anil Ambani | 45.0 | India | Reliance Communications |
| 49 | Leland Stanford | 44.9 | Estados Unidos | Ferrocarril Central Pacific |
| 50 | Howard Hughes hijo | 43.4 | Estados Unidos | Hughes Tool Company, Hughes Aircraft Company, Summa Corporation, TWA |
| 51 | Cyrus Curtis | 43.2 | Estados Unidos | Editorial Curtis |
| 52 | John Insley Blair | 42.4 | Estados Unidos | Ferrocarriles de Delaware, Lackawanna y Western Railroad |
| 53 | Edward Henry Harriman | 40.9 | Estados Unidos | Union Pacific |
| 54 | Henry H. Rogers | 40.9 | Estados Unidos | Standard Oil |
| 55 | Paul Allen | 40.0 | Estados Unidos | Microsoft, Vulcan Inc. |
| 56 | John Kluge | 40.0 | Alemania | Metropolitan Broadcasting Co. |
| 57 | J. P. Morgan | 39.8 | Estados Unidos | General Electric, US Steel |
| 58 | Oliver H. Payne | 38.8 | Estados Unidos | Standard Oil |
| 59 | Yoshiaki Tsutsumi | 38.1 | Japón | Seibu Corporation |
| 60 | Henry Clay Frick | 37.7 | Estados Unidos | Carnegie Steel |

| Nº | Nombre | Riqueza en miles de millones ($ EE UU) | Origen | Empresa o fuente de riqueza |
|---|---|---|---|---|
| 61 | John Jacob Astor IV | 37.0 | Estados Unidos | Herencia |
| 62 | George Pullman | 35.6 | Estados Unidos | Pullman Co. |
| 63 | Collis Potter Huntington | 34.6 | Estados Unidos | Ferrocarril Central Pacific |
| 64 | Peter Arrell Brown Widener | 33.4 | Estados Unidos | American Tobacco Co. |
| 65 | Philip Danforth Armour | 33.4 | Estados Unidos | Armour Línea de Refrigeración |
| 66 | William S. O'Brien | 33.3 | Estados Unidos | Consolidated Minera de Virginia |
| 67 | Ingvar Kamprad | 33.0 | Suecia | Ikea |
| 68 | K. P. Singh | 32.9 | India | DLF Universal Ltd. |
| 69 | James C. Flood | 32.5 | Estados Unidos | Consolidated Minera de Virginia |
| 70 | Li Ka-shing | 32.0 | China | Hutchison Whampoa Ltd. |
| 71 | Anthony N. Brady | 31.7 | Estados Unidos | Brooklyn Rapid Transit |
| 72 | Elias Hasket Derby | 31.4 | Estados Unidos | Transportes |
| 73 | Mark Hopkins | 30.9 | Estados Unidos | Ferrocarril Central Pacific |
| 74 | Edward Clark | 30.2 | Estados Unidos | Singer, máquinas de coser |
| 75 | Príncipe Al-Waleed ben Talal | 29.5 | Arabia Saudí | Holding de la Casa Real |

¿Sabe qué es lo interesante de esta lista? De los setenta y cinco nombres, la asombrosa cifra de catorce corresponde a estadounidenses nacidos en un lapso de nueve años a mediados del siglo XIX. Pensemos un momento en ello. Los historiadores comienzan con los faraones y Cleopatra, repasando cada año de la historia humana desde entonces, en busca de pruebas de riqueza extraordinaria por todos los rincones del mundo. Pues bien, casi el 20 por ciento de los nombres que figuran en la lista proceden de una sola generación de un mismo país.

He aquí la lista de estos estadounidenses, con sus fechas de nacimiento:

1. John D. Rockefeller, 1839
2. Andrew Carnegie, 1835
28. Frederick Weyerhaeuser, 1834
33. Jay Gould, 1836
34. Marshall Field, 1834
35. George F. Baker, 1840
36. Hetty Green, 1834
44. James G. Fair, 1831
54. Henry H. Rogers, 1840
57. J. P. Morgan, 1837
58. Oliver H. Payne, 1839
62. George Pullman, 1831
64. Peter Arrell Brown Widener, 1834
65. Philip Danforth Armour, 1832

¿Qué pasa aquí? La respuesta es obvia si uno piensa en ello: en los años 1860 y 1870, la economía americana experimentó quizás la mayor transformación de su historia. Fue cuando se construyeron los ferrocarriles y surgió Wall Street, cuando la fabricación industrial comenzaba en serio, cuando todas las reglas que habían regido la economía tradicional se rompieron para rehacerse de nuevo. Lo que esta lista dice es que realmente importa cuántos años tiene uno cuando se produce una transformación así.

Los nacidos a finales de la década de 1840 se lo perdieron. Eran demasiado jóvenes para aprovechar aquel momento. Pero los nacidos en la de 1820 eran demasiado viejos: tenían la mentalidad formada por el paradigma de la época anterior a la guerra de Secesión. Sin embargo, había una ventana particularmente estrecha, de nueve años, que era perfecta para ver el potencial que encerraba el futuro. Los catorce de la lista tenían visión y talento. Pero también tuvieron una oportunidad asombrosa, de la misma manera que los jugadores de *hockey* y futbol nacidos en enero, febrero y marzo gozan de una ventaja extraordinaria[*].

Ahora vamos a hacer la misma clase de análisis para gente como Bill Joy y Bill Gates.

Si uno pregunta a los veteranos de Silicon Valley, le dirán que la fecha más importante en la historia de la revolución de las computadoras personales fue enero de 1975, cuando la revista *Popular Electronics* sacó en portada una máquina extraordinaria llamada Altair 8800. El Altair costaba 397 dólares. Era un artefacto del tipo "hágalo usted mismo" que se podía montar en casa. El titular del reportaje rezaba: "¡LO NUNCA VISTO! La primera minicomputadora del mundo en rivalizar con los modelos comerciales".

Para los lectores de *Popular Electronics,* en aquel tiempo la Biblia del incipiente mundo de la informática, aquel titular fue una revelación. Hasta entonces la idea de una computadora la habían encarnado aquellos enormes y carísimos *mainframes* como el que poblaba la blanca exten-

---

[*] El sociólogo C. Wright Mills ha hecho una observación adicional sobre aquella quinta especial de los años 1830, a partir del análisis del contexto de la élite empresarial estadounidense desde la época colonial hasta el siglo XX. En la mayor parte de los casos, encontró que los líderes en los negocios tendían a proceder de entornos privilegiados, lo cual no tiene mucho de sorprendente. ¿Una excepción? El grupo de los años 1830. Esto demuestra la gran ventaja de haber nacido en aquella década. Fue el único momento de la historia americana en que los nacidos en circunstancias modestas tuvieron una oportunidad realista de alcanzar verdadera riqueza. En palabras de Mills, "el mejor momento de la historia de Estados Unidos para nacer pobre pero con ambiciones de alcanzar un gran éxito en los negocios fue alrededor del año 1835".

sión del centro informático de Michigan. Durante años, todos los *hackers* y *zumbados* de la electrónica habían soñado con el día en que una computadora fuera suficientemente pequeña y barata para que una persona ordinaria pudiera usarla y poseerla. Aquel día finalmente había llegado.

Si en enero de 1975 fueron los albores de la era de la computadora personal, entonces ¿quién estaría en la mejor posición para aprovecharlos? Aquí se aplican los mismos principios que aplicábamos a la era de John Rockefeller y Andrew Carnegie.

—Si un informático era demasiado viejo en 1975, entonces ya tendría un trabajo en IBM desde que dejó la universidad; y una vez que se empezaba en IBM, resultaba verdaderamente duro hacer la transición al mundo nuevo —asegura Nathan Myhrvold, durante muchos años alto ejecutivo de Microsoft—. Se estaba en esta empresa multimillonaria que se dedicaba a fabricar enormes *mainframes;* y si uno formaba parte de ella, pensaba: "¿Para qué andar trasteando con esas patéticas computadoras de la Srta. Pepis?". Según aquella gente, la industria informática eran ellos; pero todo eso no tenía mucho que ver con la nueva revolución. Estaban cegados por su visión única de la informática; y así se ganaban bien la vida, aunque no tenían ninguna oportunidad de *forrarse* ni de dejar su impronta sobre la faz de la Tierra.

Quien en 1975 hubiera dejado bien atrás sus años universitarios pertenecía ya al viejo paradigma. Se acababa de comprar una casa. Estaba casado, tal vez con hijos o esperándolos. Ésta no es situación para dejar un buen trabajo con su pensión e irse a juguetear con una fantasiosa computadorcita de 397 dólares. De modo que excluyamos a todos aquellos nacidos antes de, digamos, 1952.

Al mismo tiempo, naturalmente, no conviene ser demasiado joven, pues lo importante es estar bien colocado en la parrilla de salida para 1975, lo cual no es factible si uno está todavía en el instituto, así que excluyamos también a los nacidos después de, digamos, 1958. Es decir, la edad perfecta para estar en 1975 es la suficiente para formar parte de la revolución que viene, pero no tanta como para habérsela perdido. Si se puede elegir, lo mejor es tener veinte o veintiuno, lo que significa haber nacido en 1954 o 1955.

Hay un modo fácil de comprobar esta teoría. ¿Cuándo nació Bill Gates?

*Bill Gates: 28 de octubre de 1955*

¡Es la fecha de nacimiento perfecta! Gates es ese jugador de *hockey* nacido el 1 de enero. El mejor amigo de Gates en Lakeside era Paul Allen, que compartió con él las largas veladas en la sala de la computadora de ISI y C al Cubo. Allen es cofundador de Microsoft junto con Bill Gates. ¿Cuándo nació?

*Paul Allen: 21 de enero de 1953*

El tercer hombre más rico de Microsoft es quien ha dirigido cotidianamente la empresa desde 2000, y es uno de los directivos más respetados en el mundo del *software:* Steve Ballmer. ¿La fecha de nacimiento de Ballmer?

*Steve Ballmer: 24 de marzo de 1956*

Y no olvidemos a un hombre casi tan famoso como Gates: Steve Jobs, cofundador de Apple Computer. A diferencia de Gates, Jobs no provenía de una familia rica, ni fue a Michigan, como Joy. Pero no hace falta investigar mucho de su formación para comprender que él también tuvo su Hamburgo. Jobs se crió en Mountain View (California), justo al sur de San Francisco, que es el epicentro absoluto de Silicon Valley. Su vecindario estaba lleno de ingenieros de la Hewlett-Packard, entonces (como ahora) una de las firmas de electrónica más importantes del mundo. De adolescente merodeó por los mercados de baratillo de Mountain View, donde los aficionados a la electrónica vendían recambios informáticos. Jobs llegó a su mayoría de edad respirando el aire del mismo negocio que más tarde dominaría.

Este párrafo de *Millonario por accidente,* una de las muchas biografías de Jobs, nos da idea de cuán extraordinarias fueron sus experiencias infantiles.

> [Jobs] asistía a charlas vespertinas a cargo de científicos de Hewlett-Packard. Estas charlas versaban sobre los últimos avances en electrónica; y Jobs, ejerciendo un estilo que era una marca registrada de su personalidad, agarraba a los ingenieros de Hewlett-Packard por el cuello de la camisa y les sacaba información adicional. Una vez llegó a llamar a Bill Hewlett, uno de los fundadores de la empresa, para pedirle piezas de recambio. No sólo recibió las piezas que había pedido; además consiguió un empleo con ellos para el verano. Trabajó en una cadena de montaje para construir computadoras y quedó tan fascinado, que intentó diseñar uno propio...

Un momento. *¿Que Bill Hewlett le daba repuestos?* Esto le pone a la par con Bill Gates, que consigue acceso ilimitado a un terminal a tiempo parcial a los trece años. Es como que te interese la moda y tener de vecino a Giorgio Armani. Y a todo esto, ¿cuándo nació Jobs?

*Steve Jobs: 24 de febrero de 1955*

Otro pionero de la revolución del *software* fue Eric Schmidt, que dirigía Novell, una de las firmas de *software* más importantes de Silicon Valley, y en 2001 se convirtió en director gerente de Google. ¿Fecha de nacimiento?

*Eric Schmidt: 27 de abril de 1955*

No pretendo sugerir, por supuesto, que todo magnate del *software* en Silicon Valley haya nacido en 1955. No es así, igual que no todo titán estadounidense de los negocios nació a mediados de la década de 1830. Pero aquí hay muy claramente un patrón; y resulta asombroso lo poco que parecemos querer reconocerlo. Fingimos que el éxito es exclusivamente un asunto de mérito individual. Pero no hay nada en ninguna de las historias que hemos visto hasta ahora que corrobore que las cosas son así de simples. Estas historias, en cambio, hablan de personas que tuvieron una oportunidad especial de trabajar duro y bien y la aprovecharon; y que además llegaron a su mayoría de edad en un buen momento para que su extraordinario esfuerzo fuese recompensado por el resto de la sociedad. Su éxito no fue sólo de fabricación propia: fue un producto del mundo en el que crecieron.

A propósito, no nos olvidemos de Bill Joy. Él mismo dice que, si hubiera sido un poquitín más viejo y tenido que afrontar la servidumbre de programar con tarjetas perforadas, habría estudiado ciencias naturales. Bill Joy, esa leyenda de la informática, bien podría haber sido Bill Joy el biólogo. Y si hubiera nacido unos años más tarde, la pequeña ventana que le dio la posibilidad de escribir el código fuente de Internet se habría cerrado. Otra vez, el legendario Bill Joy de las computadoras bien podría haber sido un biólogo del montón. Por cierto, ¿cuándo nació Bill Joy?

*Bill Joy: 8 de noviembre de 1954*

Tras su paso por Berkeley, Joy se convirtió en uno de los cuatro fundadores de Sun Microsystems, una de las más antiguas e importantes empresas de *software* de Silicon Valley. Y si todavía piensa que la fecha y el lugar de nacimiento son accidentes que tampoco importan tanto, aquí están los cumpleaños de los otros tres fundadores de Sun Microsystems.

*Scott McNealy: 13 de noviembre de 1954*
*Vinod Khosla: 28 de enero de 1955*
*Andy Bechtolsheim: 30 de septiembre de 1955*

## CAPÍTULO III

# EL PROBLEMA DE LOS GENIOS,
# PARTE 1

"CONOCER EL COCIENTE INTELECTUAL DE UN MUCHACHO
SIRVE DE BIEN POCO CUANDO UNO SE ENFRENTA A UN
ELENCO DE MUCHACHOS INTELIGENTES".

## 1.

En el quinto episodio de la temporada 2008, el concurso de la televisión estadounidense *1 contra 100* tenía como invitado especial a un hombre llamado Christopher Langan.

*1 contra 100* es uno de los muchos programas televisivos que aparecieron tras el enorme éxito de *Quién quiere ser millonario*. Por él desfila una galería permanente de cien personas corrientes que hacen de lo que se llama "la masa". Cada semana se ponen a prueba los ingenios de un invitado especial, y un millón de dólares en juego. El invitado tiene que ser lo bastante listo para contestar correctamente más preguntas que sus cien adversarios; y siendo así, pocos han parecido nunca tan cualificados como Christopher Langan.

—Esta noche, la masa afronta una competición más feroz aún —ruge una voz superpuesta—. Les presentamos a Chris Langan: para muchos, el hombre más listo de Estados Unidos —la cámara muestra en primer plano a un hombre achaparrado, fornido, de unos cincuenta años—. Una persona normal tiene un CI (Cociente Intelectual de 100 —continúa la voz superpuesta—. El de Einstein era 150. Chris tiene un CI de 195. En la actualidad, su gran cerebro trabaja en una teoría del universo. Pero este cráneo privilegiado, ¿será bastante para vencer a la masa por un millón de dólares? Bien pronto lo sabremos, en *1 contra 100.*

Langan salta a escena entre nutridos aplausos.

—Usted no cree que tener un intelecto tan alto le ayude mucho a ganar el millón en *1 contra 100,* ¿verdad? —le pregunta el presentador del espectáculo, Robert Saget, mirándole como si fuera un espécimen de laboratorio.

—En realidad, creo que puede ser un obstáculo —contesta Langan con una voz profunda que transmite seguridad—. Para tener un CI alto, uno tiende a especializarse, a tener pensamientos profundos. A evitar toda banalidad. Pero ahora que veo a esta gente —dijo echando un vistazo a la masa con un aire divertido en la mirada que traicionaba lo ridículo que le parecía todo aquello—, creo que lo haré bien.

A lo largo del último decenio, Chris Langan ha alcanzado una extraña fama. Se ha convertido en el rostro público del genio ante la opinión pública estadounidense, una celebridad entre los fuera de serie. Le invitan a los noticiarios y su perfil aparece en las revistas. El cineasta Errol Morris le ha dedicado un documental. Todo debido a un cerebro ante el que palidece cualquier descripción.

El noticiero televisivo *20/20* encargó una vez a un neuropsicólogo que sometiera a Langan a una prueba de CI; y los resultados fueron literalmente demasiado altos para medirse con exactitud. En otra ocasión, Langan se sometió a un test de CI especialmente diseñado para personas demasiado inteligentes para las pruebas de CI ordinarias. Respondió de manera correcta a todas las preguntas excepto a una*. Ya hablaba a los seis meses de edad. Cuando tenía tres años, los domingos escuchaba por la radio cómo un locutor leía historietas en voz alta, lectura que él seguía por sí mismo, hasta que aprendió a leer él solo. A los cinco años, empezó a preguntar a su abuelo por la existencia de Dios; y recuerda haberse sentido decepcionado con las respuestas que obtuvo.

En la escuela, Langan podía presentarse a un examen de lengua extranjera sin haber estudiado en absoluto y, si tenía dos o tres minutos antes de que llegara el profesor, le bastaban para hojear en el libro lo que necesitaba saber y aprobar con nota. En los tempranos años de su adolescencia, mientras trabajaba como jornalero agrícola, comenzó a leer extensamente sobre física teórica. Con dieciséis, leía a Bertrand Russell; e incluso pudo con los *Principia Mathematica*, obra maestra de Alfred North Whitehead famosa por su extrema complejidad. Sacó una nota perfecta en el examen SAT, y eso que llegó a dormirse una vez durante la prueba.

—Estudiaba matemáticas una hora —dice su hermano Mark de la rutina veraniega de Langan en el instituto—. Luego, una hora de francés. Después pasaba al ruso. Más tarde, leía algo de filosofía. Cumplía este programa religiosamente, sin fallar un día.

Cuando Christopher tenía catorce o quince años —añade otro de sus hermanos, Jeff—, hacía dibujos de calidad fotográfica como quien pinta un monigote en broma. A los quince años, tocaba temas de Jimi Hendrix a la guitarra y, si uno cerraba los ojos, sonaba igual que Hendrix. La mi-

---

* Esta superprueba de CI la creó Ronald K. Hoeflin, que también tiene un CI excepcionalmente alto. He aquí una pregunta de la sección analogías verbales: "Dentadura es a gallina como ¿nido es a...?" [trad. literal]. Si quiere saber la respuesta, pregunte a otro. Yo no tengo ni idea.

tad del tiempo, Christopher ni se molestaba en ir a la escuela. Sólo aparecía para los exámenes, y no había nada que hacer al respecto. A nosotros nos hacía mucha gracia. Podía tragarse la materia de un semestre en un par de días, ocuparse de lo que tuviera que hacer, y luego volver a lo que estuviera haciendo antes[*].

En el concurso *1 contra 100,* Langan se mostró equilibrado y seguro. Su voz era firme. En sus pequeños ojos destellaba una feroz inteligencia. Nunca se andaba por las ramas, se demoraba en buscar la palabra adecuada ni volvía sobre sus pasos para reformular lo ya dicho. La verdad es que tampoco decía "Bueno...", "Eh...", "¿No?", ni usaba ninguna otra muletilla conversacional: las frases le fluían una detrás de otra, limpias e impecables, como soldados

---

[*] Para hacerse una idea de lo que debió de ser Chris Langan de chico, considérese la siguiente descripción de un niño llamado "L" que, como Langan, tenía un CI alrededor de 200. Está tomada de un estudio debido a Leta Stetter Hollingworth, que fue una de las primeras psicólogas en estudiar a niños excepcionalmente dotados. Como resulta obvio por la descripción, un CI de 200 es muy, muy alto: "La erudición del joven L era asombrosa. Su pasión por el rigor, la exactitud y la meticulosidad dejaban el listón muy alto. Como era relativamente grande, robusto e imponente, le apodaban con cariño 'el Catedrático'. Sus actitudes y capacidades eran apreciadas tanto por alumnos como por profesores. A menudo le permitían pronunciar una conferencia de una hora sobre algún tema especial, como la historia de la relojería, las teorías antiguas de construcción de motores, las matemáticas o la historia. Con pedazos de otros mecanismos (carretes de cinta para máquina de escribir, por ejemplo) construyó un reloj casero de tipo pendular, que montó en breve tiempo antes de la clase correspondiente para ilustrar algunos principios de cronometría. Sus cuadernos de estudiante eran una maravilla de claridad expositiva.

"Descontento con lo que consideraba un tratamiento inadecuado de los viajes por tierra en una clase sobre los transportes, convino en que el tiempo era demasiado limitado para hacerle justicia a todo. Pero insistió en que 'al menos se cubriera la teoría antigua'. Como proyecto suplementario y voluntario, presentó complicados dibujos y explicaciones de las antiguas teorías sobre motores, locomotoras, etc. En aquel momento tenía 10 años".

desfilando en uniforme de gala. Contestaba a cada pregunta que Saget le lanzaba con indolencia, como si todo aquello fuera una nimiedad. Cuando sus ganancias alcanzaron los 250,000 dólares, pareció calcular mentalmente si llegado hasta aquel punto los riesgos de perderlo todo no superarían las potenciales ventajas de seguir concursando. Bruscamente, se detuvo. "Me planto", dijo; y después de estrecharle la mano a Saget, se retiró en la cima, como nos gusta pensar que hacen siempre los genios.

## 2.

Justo después de la Primera Guerra Mundial, Lewis Terman, un joven profesor de Psicología en la Universidad de Stanford, conoció a un notable muchacho llamado Henry Cowell. Cowell se había criado en la pobreza y el caos. Como no se llevaba bien con los demás niños, estaba sin escolarizar desde los siete años. Trabajó de portero en una escuela unitaria no muy lejos del campus de Stanford. A cualquier hora del día, Cowell abandonaba su puesto para tocar el piano de la escuela. La música que tocaba era muy hermosa.

La especialidad de Terman eran pruebas de inteligencia; el test de CI estándar que millones de personas del mundo entero hicieron durante los siguientes cincuenta años, el Stanford-Binet, era creación de él. Así que decidió calcular el CI de Cowell. Este chico *debe de ser* inteligente, razonó, y estaba en lo cierto. Tenía un CI superior a 140, que es el umbral de la genialidad. Terman quedó fascinado. ¿Cuántos otros diamantes en bruto habría por ahí?, se preguntaba.

Empezó a buscar otros. Encontró a una niña de diecinueve meses que conocía el alfabeto; y a otra que leía a Dickens y a Shakespeare con cuatro años. También encontró a un joven expulsado de la facultad de Derecho porque sus profesores no se creían que fuera posible que un ser humano reprodujera de memoria con tanta precisión larguísimas parrafadas de opiniones jurídicas.

En 1921, Terman decidió consagrar su vida al estudio de los más dotados. Generosamente subvencionado por la Fundación Mancomunidad Británica, reunió un equipo de trabajadores de campo y los envió a las escuelas primarias de California. Éstos pidieron a los profesores que nominaran a los alumnos más brillantes de sus clases, que hicieron una prueba de inteligencia. De estos niños, el 10 por ciento que obtuvo mejores resultados realizó una segunda prueba de CI; y los que puntuaron por encima de 130 en aquel segundo test accedieron a una tercera prueba de CI; y de aquel conjunto de resultados, Terman seleccionó a los mejores y más brillantes. Cuando Terman terminó, había revisado los expedientes de unos 250,000 alumnos de primaria y secundaria, e identificado a 1,470 niños cuyos CI se situaban por encima de 140, incluso algunos llegaban a los 200 puntos. Aquel grupo de genios jóvenes, que dio en conocerse como "los Termitas", protagonizó uno de los estudios psicológicos más famosos de la historia.

Durante el resto de su vida, Terman vigiló a sus protegidos como una gallina clueca, los sometió a todo tipo de rastreos, pruebas, mediciones, análisis. Ordenó anotar sus logros educativos, hacer seguimiento de sus matrimonios, tabular sus enfermedades, clasificar su salud psicológica y registrar con diligencia cada ascenso o cambio de empleo. Les escribió cartas de recomendación para trabajos y estudios. Impartió una corriente constante de asesoramiento y consejo, sin dejar nunca de registrar sus conclusiones en gruesos volúmenes rojos bajo el título *Estudios genéticos del genio*.

—No hay nada tan importante sobre un individuo como su CI, excepto posiblemente su moralidad —dijo Terman en cierta ocasión—. Y entre aquellos con un CI muy alto es donde debemos buscar líderes que hagan avanzar la ciencia, el arte, la política, la educación y la asistencia social en general.

A medida que sus seleccionados iban cumpliendo años, Terman actualizaba la crónica de sus progresos, con especial atención a sus logros extraordinarios. "Es prácticamente imposible", escribe con un punto de frivolidad, cuando sus pupilos estaban en el instituto, "leer en el periódico noticias de cualquier tipo de competición o actividad en la que participen chicos y chicas de California sin encontrarse entre los ganadores los nombres de uno o más miembros [...] de nuestro grupo de superdotados". Tomó muestras de escritos entre los que tenían inclinaciones más artísticas y solicitó de algunos críticos literarios que los compararan con escritos tempranos de autores famosos. No encontraron ninguna diferencia. Para Terman, todas las señales apuntaban a un grupo con potencial para alcanzar una "estatura heroica". Creía firmemente que sus Termitas estaban destinadas a formar las futuras élites de Estados Unidos.

Hoy, muchas de las ideas de Terman siguen vigentes respecto al modo en que concebimos el éxito. Las escuelas tienen programas para "superdotados". Las universidades de élite a menudo exigen que sus estudiantes se sometan a una prueba de inteligencia, a veces como examen de ingreso. Las empresas de alta tecnología como Google o Microsoft miden cuidadosamente las capacidades cognitivas de sus futuros empleados participando de la misma creencia: están convencidos de que aquellos en la cima misma de la escala de CI tienen el mayor potencial. (Microsoft es famosa por hacer a sus aspirantes una batería de preguntas diseñadas para probar su inteligencia, incluyendo un clásico: "Por qué las tapas de las alcantarillas son redondas?". Si no lo sabe, no es lo bastante listo para trabajar en Microsoft*).

Si yo tuviera poderes mágicos y le ofreciera elevar su CI en 30 puntos, usted aceptaría, ¿verdad? Supondría que eso le ayudaría a llegar más lejos en la vida. Y cuando oímos hablar de alguien como Chris Langan, nuestra respuesta instintiva es la misma que la respuesta instintiva de Terman cuando conoció a Henry Cowell hace casi un siglo. Sentimos admiración. Los genios son los fueras de serie definitivos. Sin duda, no hay nada que pueda contener a gente tan brillante.

Pero ¿es así realmente?

Hasta ahora hemos visto que los logros extraordinarios obedecen menos al talento que a la oportunidad. En este capítulo pretendo indagar más profundamente en por qué tal es el caso, observar al fuera de serie en su forma más pura y destilada: el genio. Durante años, hemos dado por buenos los apuntes de gente como Terman cuando se trataba de entender la importancia de una inteligencia alta. Pero, como veremos, Terman cometió un error. Se equivocó con sus "Termitas" y, de haber conocido al joven Chris Langan cuando leía los *Principia Mathematica* a los dieciséis años, se habría equivocado con él por la misma razón: Terman no entendió qué era un verdadero fuera de serie; y éste es un error que seguimos cometiendo a día de hoy.

---

* La respuesta es que una cubierta de boca redonda no puede caerse dentro de la alcantarilla, por mucho que uno lo intente. Una tapa rectangular, en cambio, sí: sólo hay que meterla de canto y en diagonal. Hala, ahora ya puede trabajar en Microsoft.

Una de las pruebas de inteligencia más socorridas consiste en algo llamado matrices progresivas de Raven. No requiere ninguna capacidad lingüística específica ni ningún conjunto de conocimientos adquiridos, sino que mide la capacidad de razonamiento abstracto. Una prueba de Raven típica se compone de cuarenta y ocho artículos, cada uno más difícil que el anterior; y el CI se calcula según cuántos artículos se contestan correctamente.

Aquí vemos una pregunta típica de este test:

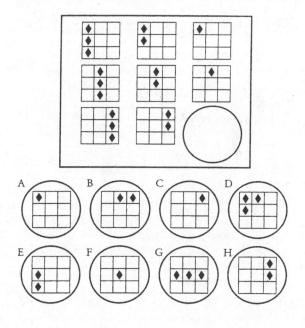

¿Qué tal? Me figuro que casi todo el mundo saca ésta: la respuesta correcta es la C. Pero ahora probemos esta otra pregunta. Es la última y más difícil de la prueba.

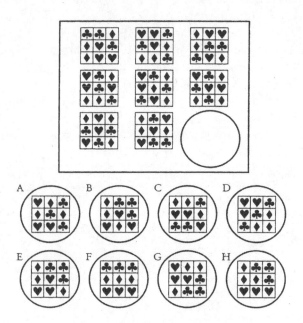

La respuesta correcta es A. He de confesar que ésta no fui capaz de calcularla, y adivino que la mayoría de los lectores tampoco. Pero Chris Langan sí podría, casi con toda seguridad. Cuando decimos que la gente como Langan es realmente brillante, queremos decir que tiene la clase de mente que puede resolver un rompecabezas así en un instante.

Durante años, se han realizado una enorme cantidad de investigaciones en una tentativa de determinar cómo el rendimiento de una persona en una prueba de CI como el test

Raven se traduce en éxito en la vida real. A la gente en la parte baja de la escala —cuyo CI cae por debajo de 70— se la consideraba mentalmente discapacitada. Una puntuación de 100 está en la media; y probablemente haya que puntuar algo por encima de esta marca para poder manejarse en la universidad. Para entrar con éxito en un programa de posgrado razonablemente competitivo, sin embargo, quizás necesite un CI de al menos 115. En general, cuanto más alto puntúe, más educación recibirá, más dinero tendrá, más probabilidades de ganar y —lo crea o no— más años vivirá.

Aunque hay un pero: la relación entre el éxito y el CI funciona sólo hasta cierto punto. Una vez que alguien ha alcanzado un CI en torno a 120, el sumar puntos de CI adicionales no parece traducirse en una ventaja mensurable a la hora de desenvolverse en la vida real[*].

"Se ha demostrado fehacientemente que alguien con un CI de 170 tiene más probabilidades de pensar de mane-

---

[*] El "fundamentalista del CI" Arthur Jensen lo explica así en su libro de 1980 *Bias in Mental Testing* (p. 113): "Los cuatro valores umbrales más importantes de la escala del CI, desde el punto de vista social y personal, son aquellos que distinguen con una probabilidad alta entre las personas que, debido a su nivel general de capacidad mental, pueden o no asistir a una escuela normal (el CI se sitúa en torno a 50), pueden o no dominar las asignaturas tradicionalmente impartidas en la escuela primaria (el CI se sitúa en torno a 75), pueden o no aprobar las materias del bachillerato o el examen de ingreso a la universidad (el CI se sitúa en torno a 105), pueden o no licenciarse con notas que le abran el camino a una profesión intelectualmente cualificada (el CI se sitúa en torno a 115). Más allá, este cociente se vuelve relativamente irrelevante en términos de aspiraciones ordinarias y criterios de éxito. Esto no quiere decir que no haya verdaderas diferencias de capacidad intelectuales entre el valor 115 y el 150 o incluso entre un cociente 150 y otro 180. Pero las diferencias de CI en esta horquilla superior de la escala tienen muchas menos consecuencias personales que los umbrales recién descritos y generalmente tienen menos importancia para el éxito, en el sentido popular de la palabra, que ciertos rasgos de la personalidad y el carácter".

ra eficiente que alguien cuyo CI es 70", ha escrito el psicólogo británico Liam Hudson, "y esto sigue valiendo aunque se trate de una comparación mucho más cercana, digamos entre los cocientes 100 y 130. Pero la relación parece romperse cuando uno establece comparaciones entre dos personas que presenten valores relativamente altos en ambos cocientes [...]. Un científico maduro con un CI adulto de 130 tiene tantas probabilidades de ganar un premio Nobel como otro cuyo CI sea 180".

Lo que Hudson dice del CI se parece mucho a lo que pasa con la altura en el baloncesto. Un varón que mida 1.65, ¿tiene alguna posibilidad realista de jugar al baloncesto profesional? Es muy raro. Para jugar en aquel nivel, hay que medir al menos 1.85; y, si no intervienen otros factores, probablemente sea mejor medir 1.90; y si se mide 1.95, mejor todavía. Pero a partir de cierto valor, la estatura deja de importar tanto. Un jugador que mida 2.05 no es automáticamente mejor que otro cinco centímetros más bajo (después de todo, Michael Jordan, el mejor jugador de todos los tiempos, no llegaba a los dos metros). Un jugador de baloncesto sólo tiene que ser *suficientemente* alto; y lo mismo vale para la inteligencia. La inteligencia también tiene su valor umbral.

Al contar la anécdota de *1 contra 100,* decíamos que Einstein tenía un CI de 150, mientras que Langan alcanza el 195. El CI de Langan es un 30 por ciento más alto que el de Einstein. Pero esto no significa que Langan sea un 30 por ciento *más listo* que Einstein. Eso es ridículo. Todo cuanto podemos decir es que, cuando se trata de pensar en cosas realmente difíciles como la física, ambos son, sin duda, *suficientemente* inteligentes.

La idea de que el CI tiene un umbral es, desde luego, antiintuitiva. Cabría suponer que los galardonados con el premio Nobel de Medicina deben de tener el CI más alto que quepa imaginarse; que sean el tipo de gente que obtiene calificaciones perfectas en el examen de ingreso a la universidad, accede a todas las becas disponibles y destaca académicamente de forma tan estelar ya desde el instituto que se la disputan las mejores universidades del país.

Pero veamos la siguiente lista de las instituciones donde se diplomaron los veinticinco últimos estadounidenses galardonados con el premio Nobel de Medicina, empezando por el de 2007:

Antioch College
Brown University
UC Berkeley
University of Washington
Columbia University
Case Institute of Technology
MIT
Caltech
Harvard University
Hamilton College
Columbia University
University of North Carolina
DePauw University
University of Pennsylvania
University of Minnesota
University of Notre Dame
Johns Hopkins University
Yale University
Union College, Kentucky
University of Illinois
University of Texas
Holy Cross
Amherst College

Gettysburg College
Hunter College

Nadie diría que esta lista representa las opciones universitarias de los mejores estudiantes de instituto de todo el país. Yale, Columbia y el MIT están en la lista, por supuesto, pero también DePauw, Holy Cross y Gettysburg. Es una lista de institutos *buenos*.

En la misma línea, he aquí las instituciones donde se diplomaron los veinticinco últimos estadounidenses laureados con el Nobel de Química:

City College of New York
City College of New York
Stanford University
University of Dayton, Ohio
Rollins College, Florida
MIT
Grinnell College
MIT
McGill University
Georgia Institute of Technology
Ohio Wesleyan University
Rice University
Hope College
Brigham Young University
University of Toronto
University of Nebraska
Dartmouth College
Harvard University
Berea College
Augsburg College
University of Massachusetts
Washington State University

University of Florida
University of California, Riverside
Harvard University

Se diría que para ganar el Nobel hay que ser lo bastante listo para entrar en una facultad al menos tan buena como la de Notre Dame, o en la Universidad de Illinois. Con eso basta*.

Qué idea tan radical, ¿verdad? Supongamos que tiene una hija adolescente que ha sido admitida en dos universidades: Harvard y Georgetown (Washington DC). ¿Adónde le gustaría que fuera? Presumo que a Harvard, porque Harvard es una universidad "mejor". Sus estudiantes tienen calificaciones entre un 10 y un 15 por ciento más altas en sus exámenes de ingreso.

Pero considerando lo que estamos aprendiendo sobre la inteligencia, la idea de que puedan clasificarse las escuelas como a corredores después de una carrera carece de todo sentido. Puede que en una escala absoluta los estudiantes de Georgetown no sean tan listos como los de Harvard. Sin embargo, está claro que son suficientemente listos; y que los ganadores del premio Nobel salen de universidades como Harvard, pero también de otras como Georgetown.

El psicólogo Barry Schwartz propuso recientemente que estas instituciones de élite abandonen su complejo proceso de admisiones y se limiten a rifar sus plazas libres entre todos los candidatos situados por encima del valor umbral.

---

* Es cierto que de Harvard salen más premios Nobel que de cualquier otra institución. No hay más que ver las listas: Harvard aparece en ambas, un total de tres veces. Un centro como Holy Cross aparece solamente una vez. ¿No cabría esperar que centros como Harvard produjeran más premios de los que producen? Harvard es, después de todo, la institución académica más rica y prestigiosa de la historia; y puede elegir entre los diplomados más brillantes del mundo entero.

"Divídanlos en dos categorías", sugiere Schwartz: "los bastante buenos y los que no son bastante buenos. Metan los nombres de los bastante buenos en un sombrero. Y rechacen a los que no sean lo bastante buenos". Schwartz concede que su idea no tiene prácticamente ninguna posibilidad de aceptación. Sin embargo, tiene toda la razón. Como escribe Hudson (y téngase presente que hizo su investigación en internados masculinos ingleses de élite en los años cincuenta y sesenta), "conocer el cociente intelectual de un muchacho sirve de bien poco *cuando uno se enfrenta a un elenco de muchachos inteligentes\**".

Veamos un ejemplo de este efecto umbral en acción. La facultad de Derecho de la Universidad de Michigan, como muchas instituciones educativas estadounidenses de élite, aplica una política de discriminación positiva cuando se trata de aspirantes económicamente débiles. Alrededor del 10 por ciento de los estudiantes que se matriculan cada otoño en Michigan son miembros de minorías raciales; y si la facultad de Derecho no relajara de forma considerable sus condiciones de ingreso para aquellos estudiantes —a los que admite pese a tener calificaciones inferiores, en su expediente y en el examen de ingreso, a las de todos los demás estudiantes—, se calcula que el porcentaje de admi-

---

\* Para hacerse una idea de lo absurdo del proceso de selección en las instituciones de la elitista Ivy League, considérese la siguiente estadística. En 2008, 27,462 de los mejores bachilleres del mundo solicitaron su ingreso en la Universidad de Harvard. De estos estudiantes, 2,500 obtuvieron una puntuación perfecta de 800 en el comentario de texto del SAT y 3,300 obtuvieron una puntuación perfecta en el examen SAT de matemáticas. Más de 3,300 eran los primeros de su clase en el instituto. ¿Cuántos aceptó Harvard? Aproximadamente 1,600, lo que equivale a decir que rechazaron a 93 de cada 100 aspirantes. ¿En verdad es posible decir que este estudiante es carne de Harvard mientras que aquel otro no lo es, cuando ambos poseen expedientes académicos idénticamente perfectos? Es evidente que no. Harvard no actúa de forma honrada. Schwartz tiene razón: es mejor que rifen las plazas.

tidos entre esta franja de población sería inferior al 3 por ciento. Además, si comparamos las calificaciones obtenidas por estos alumnos, vemos que los estudiantes blancos tienen mejores notas. No es sorprendente: si un grupo dado obtiene calificaciones más altas que otro, tanto en su expediente como en el examen de ingreso, es casi seguro que también obtendrá calificaciones más altas una vez esté en la facultad de Derecho. Ésta es la razón de que los programas de acción afirmativa sean tan polémicos. De hecho, una demanda reciente contra el programa de discriminación positiva que aplica la Universidad de Michigan llegó hasta el Tribunal Supremo. A muchas personas les preocupa que una institución educativa de élite permita el ingreso de estudiantes menos cualificados que sus pares.

Hace unos años, sin embargo, la Universidad de Michigan decidió hacer un seguimiento de cómo les había ido a estos estudiantes de Derecho después de terminar la carrera. ¿Cuánto dinero ganaban? ¿Hasta dónde habían llegado en su profesión? ¿Cuán satisfechos estaban con sus carreras? ¿Qué tipo de contribuciones sociales y comunitarias habían hecho? ¿Con qué tipo de honores los habían distinguido? Examinaron todo aquello que pudiera servir como indicativo de éxito en el mundo real. Y lo que encontraron les sorprendió.

—Sabíamos que a nuestros estudiantes procedentes de minorías étnicas, o a muchos de ellos, les iba bien —dice Richard Lempert, coautor del estudio de Michigan—. Creo que nuestra expectativa era encontrar el vaso medio lleno, o lleno hasta dos tercios; que no les iría tan bien como a los estudiantes blancos, pero que a muchos les iría bastante bien. Sin embargo, nos quedamos completamente sorprendidos: encontramos que les iba exactamente igual de bien. En ningún lugar apreciamos diferencias significativas.

91

Lo que dice Lempert es que, según el único criterio que realmente debería preocupar a una facultad de Derecho —el desenvolvimiento de sus licenciados una vez devueltos al mundo real—, estos estudiantes no están menos cualificados. Han tenido tanto éxito como los estudiantes blancos. ¿Y por qué? Porque, aun cuando sus credenciales académicas no sean tan buenas como las de los estudiantes blancos, la calidad general de los estudiantes de Derecho en Michigan sigue siendo suficientemente alta para mantenerlos *por encima del umbral*. Son suficientemente listos. Conocer las notas de un estudiante de Derecho sirve de bien poco cuando uno se enfrenta a un aula llena de estudiantes de Derecho inteligentes.

## 4.

Pero llevemos este concepto de umbral un paso más allá. Si la inteligencia importa sólo hasta cierto punto, entonces, una vez sobrepasado aquel punto, otras cosas —que no tienen nada que ver con la inteligencia— deben empezar a importar más. Volvamos a la analogía del baloncesto: una vez que alguien es bastante alto, empezamos a preocuparnos de otros factores como la velocidad, la visión del juego, la agilidad, el manejo del balón o el acierto en el tiro a canasta.

Así pues, ¿cuáles podrían ser algunas de estas otras cosas? Bien, supongamos que en vez de calcular su CI, le propongo un tipo de test totalmente diferente: escriba todos los usos diferentes que se le ocurran para los siguientes objetos:

1. un ladrillo
2. una manta

Esto es un ejemplo de lo que se llama "prueba de divergencia" (en contraste con un test como el de Raven, que obliga a revisar una lista de posibilidades y *converger* en la respuesta correcta). Aquí es preciso recurrir a la imaginación y dirigir la mente en tantas direcciones diferentes como sea posible. Es obvio que en una prueba de divergencia no hay una sola respuesta correcta. Lo que cuenta aquí es el número y la singularidad de las respuestas. Y lo que la prueba mide no es la inteligencia analítica, sino algo profundamente diferente, algo mucho más cercano a la creatividad. Los test de divergencia son exactamente igual de exigentes que los de convergencia; y si el lector no me cree, le animo a hacer una pausa e intentar la prueba del ladrillo y la manta ahora mismo.

Aquí, por ejemplo, están las respuestas a este test que recabó Liam Hudson de un estudiante llamado Poole en un instituto británico de nivel superior:

(Posibles usos de un ladrillo). Hacer la compra cuando la tienda está cerrada. Ayudar a sostener en pie las casas. Para jugar a la ruleta rusa y mantenerse en forma al mismo tiempo (diez pasos ladrillo en mano, media vuelta y lanzamiento; prohibida toda acción evasiva). Para poner encima de la manta y que ésta no se caiga de la cama. Para romper botellas de Coca-Cola vacías. O llenas.

(Manta). Para tapar una cama. Para practicar sexo ilícito en el campo. Como tienda de campaña. Para hacer señales de humo. Como vela para un barco, carro o trineo. Como sustituto de una toalla. Como blanco de tiro para miopes. Como salvavidas para gente que salta de rascacielos en llamas.

Leyendo las respuestas de Poole, no es difícil hacerse una idea de cómo funciona su mente. Tiene sentido del humor, un poco subversivo y libidinoso. También tiene aptitudes para lo dramático. Su mente salta de las imágenes violentas al sexo; de gente lanzándose desde rascacielos ardiendo a cuestiones más prácticas, como impedir que una manta se caiga de la cama. Da la impresión de que, si le diéramos otros diez minutos, se le habrían ocurrido otros veinte usos[*].

Ahora, por comparar, veamos las respuestas de otra estudiante de la muestra de Hudson. Su nombre es Florence. Hudson nos informa de que Florence es un prodigio, de que tiene uno de los cocientes intelectuales más altos de su escuela.

(Ladrillo). Construcción, lanzamiento.

(Manta). Proteger del frío, sofocar un fuego, como una hamaca o parihuela improvisada.

¿Dónde está la imaginación de Florence? Identificó los empleos más comunes y funcionales de ladrillos y mantas y simplemente se paró ahí. El hecho de que el CI de Florence sea superior al de Poole no nos dice nada, ya que ambos estudiantes están por encima del umbral. Más interesante resulta que la mente de Poole salte de las imá-

---

[*] Éstas son las respuestas de otro alumno. Puede que superen incluso las de Poole: "(Ladrillo). Para romper ventanas en caso de robo, para determinar la profundidad de un pozo, para usar como munición, como péndulo, para tallar, para levantar paredes, para demostrar el principio de Arquímedes, como parte de una escultura abstracta, como lastre, como peso para tirar cosas a un río, etcétera, como martillo, para dejar la puerta abierta, como felpudo, como escombro para rellenar calles, como cuña, como peso en una balanza, para asegurar una mesa coja, como pisapapeles, como chimenea, para tapar la madriguera de un conejo".

genes violentas al sexo sin perder el hilo, y la de Florence, no. ¿Cuál de estos dos estudiantes cree usted que está mejor preparado para hacer el tipo de trabajo brillante e imaginativo que gana premios Nobel?

Ésta es la segunda razón de que los galardonados con el Nobel provengan tanto de Holy Cross como de Harvard, porque Harvard no selecciona a sus estudiantes en función de los resultados que arroja el test del ladrillo y la manta; y, sin embargo, bien pudiera ser más útil para predecir quién tiene lo que hay que tener para ganar el Nobel. También es la segunda razón de que la facultad de Derecho de Michigan no encuentre diferencias entre sus licenciados procedentes de las políticas de discriminación positiva y el resto de sus ex alumnos. Ser un abogado de éxito es mucho más que tener un CI alto; también exige la clase de mente fértil que demostraba Poole. Y el mero hecho de que un grupo de estudiantes de Michigan saque peores notas en las pruebas de convergencia no significa que ellos no tengan otras cualidades cruciales en abundancia.

5.

Éste fue el error de Terman. Se enamoró del hecho de que sus Termitas estuvieran en la cúspide absoluta de la escala intelectual —entre el 1 por ciento del 1 por ciento—, sin comprender lo poco que significaba este hecho aparentemente extraordinario.

Cuando los Termitas alcanzaron la edad adulta, el error de Terman se evidenció. Algunos de sus genios habrían de publicar libros o sesudos artículos. Otros prosperaban en los negocios. Varios se presentaron a un cargo público; y había dos jueces de tribunales superiores, uno de audiencia municipal, dos miembros de la Asamblea Legislativa del estado de California y un prominente funcionario del Estado. Pero pocos de estos genios eran figuras conocidas a escala nacional. Su nivel de vida tendía a ser alto, pero tampoco era *tan* alto. Las carreras profesionales de la mayoría fueron normales y corrientes; y las de un número sorprendente de ellos, ni siquiera Terman tuvo otro remedio que considerarlas fracasadas. Tampoco hubo ningún premio Nobel en su grupo de genios exhaustivamente seleccionado. De hecho, sus colaboradores habían evaluado en su día a dos estudiantes de primaria que con el tiempo merecerían el Nobel —William Shockley y Luis Álvarez—, pero los rechazaron a ambos: sus cocientes intelectuales no eran lo bastante altos.

En una crítica devastadora, el sociólogo Pitirim Sorokin demostró en cierta ocasión que, si Terman se hubiera limitado a elegir al azar un grupo de niños con entornos familiares parecidos a los de los Termitas —absteniéndose por completo de calcular su cociente intelectual—, habría reunido un grupo autor de logros casi equivalentes a los de su grupo minuciosamente seleccionado de genios. "Ni forzando al máximo la imaginación o el concepto mismo de genialidad", concluía Sorokin, "puede deducirse que este grupo de superdotados esté superdotado en tanto que grupo". Cuando Terman acabó su cuarto volumen de sus *Estudios genéticos del genio,* esta última palabra prácticamente había desaparecido de su vocabulario. "Hemos visto", concluía Terman sin disimular su decepción, "que el intelecto y el logro están muy lejos de correlacionarse perfectamente".

En otras palabras, lo que conté al principio de este capítulo sobre la extraordinaria inteligencia de Chris Langan es de poca utilidad si queremos entender sus posibilidades de tener éxito en el mundo. Sí, es un hombre con una mente entre un millón, capaz de entender los *Principia*

*Mathematica* con dieciséis años. Y sí, las frases le fluían una detrás de otra, limpias e impecables, como soldados desfilando en uniforme de gala. ¿Y qué? Si queremos entender sus posibilidades de tener éxito en la vida, necesitamos saber de él mucho más que eso.

## Capítulo IV

# El problema de los genios, Parte 2

"Después de prolongadas negociaciones, se acordó que Robert sería sometido a un periodo de libertad condicional".

## 1.

La madre de Chris Langan era de San Francisco y vivía apartada de su familia. Tuvo cuatro hijos, cada uno de un padre diferente. Chris era el mayor. Su padre desapareció antes de que Chris naciera; se decía que había muerto en México. El segundo marido de su madre fue asesinado. El tercero se suicidó. El cuarto era un periodista fracasado llamado Jack Langan.

—A día de hoy no he conocido a nadie que sufriera en su infancia de una pobreza como la que padecía mi familia —dice Chris Langan—. No teníamos ni un par de calcetines iguales, pero sí agujeros en los zapatos. Y en los pantalones. Siempre llevábamos la misma ropa. Me recuerdo con mis hermanos lavando en la bañera nuestra única ropa: lo hacíamos en pelotas porque no teníamos otra cosa que ponernos.

Las borracheras de Jack Langan duraban días, durante los que desaparecería de casa, no sin antes cerrar bajo llave las alacenas de la cocina para que los muchachos no pudieran acceder a la comida. Usaba un látigo para mantenerlos a raya. No conservaba ningún empleo, y arrastraba a la familia de una ciudad a otra. Pasaron un verano en una reserva india, durmiendo en una tienda y subsistiendo a base de la mantequilla de cacahuete y harina de maíz de que les abastecía el Estado. En otro tiempo vivieron en Virginia City (Nevada).

—En toda la ciudad sólo había un representante de la ley; y cuando venían los Ángeles del Infierno, se agazapaba detrás del escritorio de su oficina —recuerda Mark Langan—. Iban a un *saloon* que..., no se me olvidará en la vida, se llamaba El Cubo de Sangre.

Cuando los chicos estaban en la escuela primaria, la familia se mudó a Bozeman (Montana). A uno de los hermanos de Chris lo tuvieron en una casa de acogida. A otro lo enviaron a un reformatorio.

—No creo que la escuela entendiera nunca lo dotado que estaba Christopher —dice su hermano Jeff—. Tampoco es que él lo fuera pregonando. Estábamos en Bozeman. No era como es hoy. Entonces era una ciudad muy pequeña y provinciana de campesinos. No nos trataban bien allí. Decidieron que éramos una panda de gorrones.

Para poder defenderse a sí mismo y a sus hermanos, Chris empezó a levantar pesas. Un día, cuando Chris tenía catorce años, Jack Langan estaba golpeando a los chicos, como a veces hacía, y el chico le dio su merecido. Jack se marchó, para nunca volver. Cuando se graduó en el instituto, a Chris le ofrecieron dos becas, con todo incluido: una para el Reed College de Oregón y otra para la Universidad de Chicago. Escogió Reed.

—Fue un error enorme —recuerda Chris—. Me provocó un verdadero choque cultural. Yo, un chico con el pelo cortado al rape que había estado trabajando de jornalero en los veranos de Montana, allí, con un manojo entero de niñatos de ciudad con el pelo largo, la mayor parte de ellos de Nueva York. Eran un estilo de persona enteramente distinto del que yo estaba acostumbrado a tratar. En clase no me dejaban participar. Eran muy inquisitivos, me hacían preguntas todo el tiempo. Éramos cuatro viviendo en un dormitorio. Los otros tres tenían un estilo de vida totalmente distinto del mío. Fumaban hierba. Se llevaban a sus novias al cuarto. Yo nunca había fumado hierba antes, así que lo que hacía era huir a la biblioteca.

"Entonces perdí aquella beca. Para que la renovaran, mi madre debía presentar una declaración financiera familiar. El caso es que no lo hizo. Debieron de confundirle los trámites o algo así. Cuando me enteré de que no me habían renovado la beca, fui a la oficina a preguntar por qué. Me dijeron que nadie les había enviado el formulario y ya habían asignado todo el dinero para becas, así que no quedaba nada, de modo que ya no estaba becado allí. Tal era el estilo de aquel lugar, simplemente les daba igual. Les importaban una mierda sus estudiantes. No había tutores ni mentores ni nada.

Chris dejó Reed antes de los exámenes finales, con una ristra de muy deficientes en su expediente. En el primer semestre, aprobaba con sobresaliente. Volvió a Bozeman y trabajó en la construcción y como bombero de servicios forestales durante año y medio. Después se matriculó en la Universidad del Estado de Montana.

—Recibía clases de matemáticas y filosofía —recuerda—. Vivía a 20 kilómetros de la ciudad, en la calle Beach Hill. Un invierno, se me cayó la transmisión del coche. Mis hermanos lo habían usado en verano durante mi ausencia. Trabajaban para el ferrocarril y lo habían metido en las vías. Yo no tenía dinero para repararlo. Entonces me dirigí a mi consejero, que era el vicedecano, y le dije: "Tengo un problema: se me ha caído la transmisión del coche y mañana tengo clase con usted a las 7:30 y a las 8:30. Si fuera tan amable de pasarme estas clases a las sesiones de tarde, se lo agradecería mucho, dado que no tengo forma de ir a esa hora. Pero un vecino que es ranchero puede recogerme a las 11:00". Mi consejero era del tipo vaquero con un bigote como el manillar de una bicicleta. Llevaba una chaqueta de *tweed*. Dijo: "Mira, hijo: después de ver tu expediente en Reed College, veo que aún te falta aprender que todo el mundo tiene que hacer sacrificios para conseguir una educación. Petición denegada". Así que me dirigí al decano, pero recibí el mismo tratamiento.

La voz se le endureció. Estaba describiendo cosas que habían sucedido hacía más de treinta años, pero todavía se enojaba al recordarlo:

—En ese momento comprendí, pasmado en medio del invierno de Montana, que me estaba machacando para sacar dinero que me permitiera ir a la universidad. Estoy dispuesto a hacer dedo todos los días, a hacer lo que haya que hacer, sólo para ir y volver, y ellos no están dispuestos a hacer nada por mí. ¿Estamos todos locos? En este punto decidí que podía pasarme sin un certificado de enseñanza superior. Y aunque no pudiera, el mundo académico había llegado a parecerme demasiado repugnante. De modo que dejé la universidad, así de sencillo.

Las experiencias de Chris Langan en Reed y Montana State representaron un punto decisivo en su vida. De niño, había soñado con doctorarse en alguna universidad. Y *debió* haberse doctorado: las universidades son instituciones estructuradas, en gran parte, para personas con esa clase de profundos intereses intelectuales y curiosidad.

—Una vez que había metido el cuello en el mundo académico, pensé que prosperaría, no me cabía duda —dice su hermano Mark—. Creí que de algún modo se haría un hueco. Cuando lo dejó, no lo entendí en absoluto.

Sin una licenciatura, Langan se empantanó. Trabajó en la construcción. Pasó un frío invierno en un barco marisquero de Long Island. Trabajó de obrero fabril y como administrativo de segunda, para acabar de portero en un bar de Long Island, su principal ocupación durante la mayor parte de sus años adultos. Siguió estudiando profundamente filosofía, matemáticas y física mientras trabajaba en un ambicioso tratado que él llama su "Modelo Teórico Cognoscitivo del Universo" (CTMU en sus siglas en inglés). Pero sin credenciales académicas, desespera incluso de verlo publicado alguna vez en un boletín universitario.

—Soy un tipo que ha estado año y medio en la universidad —dice encogiéndose de hombros—. Y al final el redactor o el director, o quien tome esa decisión, va a enterarse de esto, porque me va a buscar en el mundo académico y no va a encontrarme, así que dirán: "Este tipo tiene un año y medio de universidad. ¿Cómo va a saber de qué habla?".

Es una historia desgarradora. Una vez pregunté a Langan, hipotéticamente, si aceptaría una cátedra en la Universidad de Harvard, si se la ofrecieran.

—Es una pregunta difícil —contestó—. Obviamente, como catedrático de Harvard, mi opinión contaría. Mis ideas tendrían peso y podría usar mi posición, mi pertenencia a Harvard, para promoverlas. Una institución así es una gran fuente de energía intelectual. En un lugar así, podría absorber esa vibración flotante.

De repente se evidenció lo solitaria que había sido su vida. Ahí estaba él, un hombre con un apetito insaciable por el estudio, forzado a vivir en aislamiento intelectual durante la mayor parte de su vida adulta.

—Llegué a notar esa clase de energía intelectual el año y medio que pasé en la universidad —dijo, casi con melancolía—. Las ideas están en el aire constantemente. Es un lugar muy estimulante. Por otra parte —continuó—,

Harvard es sobre todo una corporación pretenciosa, que funciona con el incentivo del beneficio. Eso es lo que la hace rodar. Tiene una dotación de miles de millones de dólares. La gente que la dirige no necesariamente busca la verdad y el conocimiento. Quieren ser peces gordos; y cuando uno acepta un pago de esta gente, al final todo se reduce a contraponer lo que uno quiere hacer, porque siente que es lo correcto, frente a lo que te dicen que has de hacer para recibir el siguiente pago. Cuando estás allí, tienes que pasar por el aro; de eso se encargan ellos.

2.

¿Qué nos cuenta la historia de Chris Langan? Sus explicaciones, además de desgarradoras, son también un poco extrañas. Su madre olvida firmar su formulario de ayuda financiera y —así, sin más— se acaba la beca. Intenta pasar una clase de la mañana a la tarde, algo que los estudiantes hacen habitualmente, y no le dan ni agua. ¿Y por qué eran los profesores de Langan en Reed y Montana State tan indiferentes a su desamparo? Lo normal es que a un catedrático le encanten las mentes tan brillantes como la suya. Langan habla de Reed y Montana State como si fuesen una especie de enorme e inflexible burocracia gubernamental. Pero las universidades, en particular las pequeñas y progresistas facultades de Letras como las de Reed, tienden a no ser burocracias rígidas. Hacer concesiones a un alumno para que no se vaya del centro es algo habitual entre los profesores.

Incluso cuando habla de Harvard, es como si Langan no tuviera ningún concepto de la cultura y los entresijos de la institución de la que habla. *Cuando uno acepta un pago de esta gente, al final todo se reduce a contraponer lo que uno quiere hacer, porque siente que es lo correcto, frente a lo que te dicen que has de hacer para recibir el siguiente pago.* ¿Qué? Uno de los principales motivos por los que un catedrático acepta un sueldo inferior al que podría cobrar en la empresa privada es que la vida universitaria le da la libertad de hacer lo que quiera hacer, lo que considere correcto. Langan ha entendido Harvard al revés.

Cuando Langan me contó la historia de su vida, no pude por menos de pensar en la vida de Robert Oppenheimer, el físico conocido por encabezar el esfuerzo estadounidense por desarrollar la bomba nuclear durante la Segunda Guerra Mundial. Oppenheimer, según todas las informaciones, era un niño con una mente muy parecida a la de Chris Langan. Sus padres lo consideraban un genio. Uno de sus profesores recordó que "recibía cada idea nueva como algo perfectamente hermoso". Hacía experimentos de laboratorio en tercero de básica; y en quinto estudiaba Física y Química. Una vez, a los nueve años, dijo a uno de sus primos:

—Pregúntame en latín y te contesto en griego.

Oppenheimer fue a Harvard y luego a Cambridge para doctorarse en Física. Allí, Oppenheimer, que luchó con la depresión toda su vida, se desanimó. Tenía un don para la Física teórica, y su tutor, Patrick Blackett (premio Nobel en 1948), le obligaba a atender a los más minuciosos detalles de la física experimental, que detestaba. Se volvió cada vez más inestable emocionalmente, y luego, en un acto tan extraño que a día de hoy nadie ha podido explicar de forma convincente, Oppenheimer tomó algunas sustancias químicas del laboratorio e intentó envenenar a su tutor.

Por suerte, Blackett se dio cuenta de que pasaba algo. La universidad fue informada. Oppenheimer pisó la oficina del decano. Y lo que pasó después es tan increíble como el delito mismo. He aquí cómo describen el incidente en *American Prometheus* Kai Bird y Martin Sherwin, biógrafos de Oppenheimer: "Después de prolongadas negociaciones, se acordó que Robert sería sometido a un período de libertad condicional y a sesiones regulares con un eminente psiquiatra de Harley Street, en Londres".

*¿Libertad condicional?*

Aquí tenemos a dos estudiantes jóvenes muy brillantes, cada uno de los cuales se mete en un lío que pone en peligro su carrera académica: la madre de Langan omitió un plazo para recibir su ayuda financiera; Oppenheimer intentó envenenar a su tutor. Para seguir su carrera, se les requiere que aboguen por sí mismos ante la autoridad. ¿Y qué pasa? A Langan le quitan la beca; y a Oppenheimer lo envían a ver a un psiquiatra. Puede que tanto Oppenheimer como Langan fueran igual de geniales, pero en otros aspectos no podían ser más diferentes.

La historia del nombramiento de Oppenheimer como director científico del Proyecto Manhattan veinte años más tarde quizás ejemplifique aún mejor esta diferencia. El responsable general del Proyecto Manhattan era Leslie Groves, quien peinó el país intentando encontrar a la persona adecuada para dirigir los esfuerzos por lograr la bomba atómica. Oppenheimer era, sin duda, una elección arriesgada. Sólo tenía treinta y ocho años, bastantes menos que muchas de las personas que tendría a sus órdenes. Era un teórico, y éste era un trabajo que exigía experimentadores e ingenieros. Su ideología política tampoco le ayudaba: tenía todo tipo de amistades con comunistas. Pero quizás lo más asombroso era que nunca había tenido ninguna experiencia administrativa.

—Era un tipo muy poco práctico —diría más tarde de él uno de los amigos de Oppenheimer—. Calzaba zapatos raídos y un sombrero gracioso; y, lo que es más importante, no sabía nada de equipamientos.

Un científico de Berkeley lo explicaría más sucintamente:

—No era capaz de gestionar ni un puesto de hamburguesas.

Ah, y a propósito: *en la facultad intentó matar a su tutor*. Éste era el currículo del candidato al que podría considerarse, sin exageración, uno de los empleos más importantes del siglo XX. ¿Y qué pasó? Lo mismo que veinte años antes en Cambridge: consiguió que el resto del mundo adoptara su punto de vista.

Aquí tenemos de nuevo a Bird y Sherwin:

> Oppenheimer había entendido que Groves guardaba la puerta al Proyecto Manhattan, así que desplegó todo el esplendor de su encanto y su brillantez. Fue una interpretación irresistible.

Groves quedó deslumbrado.

—Es un genio —le dijo a un reportero—. Un verdadero genio.

Groves era ingeniero de profesión, con una licenciatura por el MIT; y la gran perspicacia de Oppenheimer fue apelar a esta faceta de Groves.

Volvamos a Bird y Sherwin:

> Oppenheimer fue el primer científico de los que Groves había entrevistado en su ronda [de potenciales candidatos] que comprendió que montar una bomba atómica exigía encontrar soluciones prácticas para una gran variedad de problemas de diferentes disciplinas [...]. [Groves] se encontró asintiendo cuando Oppenheimer lanzó la idea de un laboratorio central dedicado a este objetivo, en el que, como más tarde declararía, "podríamos empezar a abordar problemas de química, metalurgia, ingeniería y artillería que hasta ahora no habían recibido ninguna consideración".

¿Habría Oppenheimer perdido su beca en Reed? ¿Habría sido incapaz de convencer a sus profesores de que le cambiaran una clase a la sesión de tarde? Desde luego que no. Y no porque fuera más listo que Chris Langan, sino porque poseía la clase de sentido común que permite a un hombre conseguir lo que desea del mundo.

—Querían que todo el mundo hiciera introducción al cálculo —dijo Langan de su breve permanencia en Montana State—. Y me tocó un tipo que lo enseñaba de un modo muy seco, muy trivial. Yo no entendía por qué tenía que enseñarlo así. Le hice algunas preguntas. En realidad, tuve que perseguirle hasta su despacho. Le pregunté: "¿Por qué enseña de esa manera? ¿Por qué piensa que estas prácticas son relevantes para el cálculo?". Y este tipo alto y desmadejado, que siempre tenía manchas de sudor en los sobacos, se giró, me miró y dijo: "Siento ser yo el que se lo diga, pero hay gente que no tiene el intelecto necesario para dedicarse a las matemáticas".

Aquí los tenemos, al profesor y al prodigio; y lo que el prodigio claramente quiere es relacionarse, por fin, con una mente que gusta de las matemáticas tanto como la suya. Pero fracasa. De hecho —y esto es lo más desgarrador de todo—, logra tener una conversación entera con su profesor de cálculo sin llegar a comunicarle el hecho que tiene más probabilidades de interesar a un profesor de cálculo: el profesor ni se da cuenta de que Chris Langan está extraordinariamente dotado para el cálculo.

3.

La habilidad particular que le permite a uno irse *de rositas* de un intento de asesinato o convencer a su profesor de que le cambie una clase de la mañana a la tarde es lo que el psicólogo Robert Sternberg llama "inteligencia práctica". Para Sternberg, la inteligencia práctica incluye cosas como "saber qué decir a quién, saber cuándo decirlo y saber cómo decirlo para lograr el máximo efecto". Es una cuestión de procedimiento: se trata de saber *cómo* hacer algo, no necesariamente de saber por qué se sabe ni ser capaz de explicarlo. Es algo de naturaleza práctica: no es un conocimiento que se justifique a sí mismo. Es el tipo de conocimiento que ayuda a leer situaciones correctamente y a conseguir lo que uno quiere. Y, lo que resulta más crucial, es una especie de inteligencia separada del tipo de capacidad analítica que arroja un CI. Por usar la terminología técnica, la inteligencia general y la inteligencia práctica son "ortogonales": la presencia de una no implica presencia de la otra. Uno puede tener mucha inteligencia analítica y muy poca inteligencia práctica, o mucha inteligencia práctica y no mucha inteligencia analítica. O, como en el afortunado caso de alguien como Robert Oppenheimer, tener mucha de ambas.

Así pues, ¿de dónde procede la inteligencia práctica? Sabemos de dónde viene la inteligencia analítica. Es algo que, al menos en parte, está en los genes. Chris Langan empezó a hablar a los seis meses. Se enseñó a leer a los tres años. *Nació* inteligente. El CI es, en cierto modo, una medida de capacidad innata[*]. Pero el sentido común social es *conocimiento*. Es un conjunto de habilidades que debe aprenderse, que tiene que proceder de algún sitio; y parece ser que el lugar de donde obtenemos esta clase de aptitudes y habilidades es el entorno familiar.

---

[*] La mayor parte de las estimaciones sitúan la importancia de la herencia genética para el CI en aproximadamente un 50 por ciento.

Quizás la mejor explicación que tenemos de este proceso la ha aportado la socióloga de la Universidad de Maryland Annette Lareau, quien hace unos años dirigió un fascinante estudio sobre un grupo de posgraduados. Escogió tanto a negros como a blancos, y a alumnos de casas ricas como de casas pobres, y redujo en última instancia la muestra a doce familias. Lareau y su equipo visitaron a cada familia al menos veinte veces, y en cada visita invirtieron horas. Tanto ella como sus ayudantes pidieron a los sujetos estudiados que los trataran "como al perro de la familia". Los siguieron a la iglesia, a los partidos de futbol y a la consulta del médico, con una grabadora en una mano y un cuaderno en la otra.

Cabría esperar que, si uno pasa un periodo tan dilatado en doce casas diferentes, recogería doce ideas diferentes sobre cómo criar niños: que habría padres estrictos y padres indulgentes, unos más implicados y otros más distanciados, y así sucesivamente. Lo que Lareau se encontró, sin embargo, fue algo muy diferente: que sólo había dos "filosofías" de educación; y se dividían casi perfectamente a lo largo de líneas clasistas. Los padres más ricos criaban a sus hijos de una manera; y los más pobres, de otra.

Los padres más ricos estaban mucho más dedicados al ocio de sus hijos, los trasladaban de una actividad a la siguiente y se informaban sobre sus profesores, entrenadores y compañeros de equipo. Uno de los niños ricos que siguió Lareau jugaba en un equipo de beisbol, dos de futbol, uno de natación y otro de baloncesto en el verano, además de tocar en una orquesta y recibir lecciones de piano.

Esta clase de planificación intensiva estaba casi completamente ausente de las vidas de los niños pobres. Para ellos, jugar no era practicar futbol europeo dos veces por semana; consistía en inventarse juegos con sus hermanos y otros niños del vecindario. Todo aquello que hacían los niños era considerado por sus padres como algo separado del mundo adulto, sin consecuencias particulares. Una muchacha de una familia de clase obrera —Katie Brindle— cantaba en un coro después de la escuela. Pero se matriculó por sí misma, y también iba andando sola a las prácticas. Escribe Lareau:

> Lo que la Sra. Brindle no hace, siendo lo normal entre las madres de clase media, es contemplar el interés de su hija por el canto como una señal de que debe buscar otros modos de ayudarla a desarrollar este interés como talento formal. De modo similar, la Sra. Brindle no comenta la vena dramática de Katie ni expresa pesar por no poder permitirse cultivar el talento de su hija. Por el contrario, enmarca las habilidades e intereses de Katie como rasgos de carácter: el canto y la interpretación forman parte de lo que hace a Katie ella misma. Las representaciones que improvisa su hija le parecen "una ricura", cuando no algo que Katie hace para "llamar la atención".

Los padres de clase media hablaban las cosas con sus niños, razonaban con ellos. No se limitaban a darles órdenes. Esperaban que sus hijos les contestaran, negociaran, que cuestionaran a adultos en situación de autoridad. Si a sus hijos les iba mal en la escuela, los padres más ricos desafiaban a sus profesores. Abogaban por sus hijos. Uno de los niños observados por Lareau no llega por poco a la calificación que da acceso a un programa para dotados. Su madre solicita que se le permita repetir el examen en privado, presenta una solicitud en la escuela, y acaba por conseguir que admitan a su hija. Los padres pobres, en contraste, se muestran intimidados ante la autoridad. Reaccionan pasivamente y permanecen en un segundo plano. Escribe Lareau sobre un padre con pocos recursos económicos:

> En una reunión de padres con profesores, por ejemplo, la Sra. McAllister (que tiene el título de bachiller) parece sometida. La naturaleza gregaria y sociable que muestra en familia queda ocultada en este entorno. Se encorva sobre la silla y mantiene cerrada la cremallera de su chaqueta. Está muy callada. Cuando la profesora relata que Harold no suele presentar sus tareas, la Sra. McAllister se aturulla visiblemente y sólo acierta a decir: "En casa hace los deberes". No entabla conversación con la profesora ni intenta intervenir en nombre de Harold. Tal como ella lo ve, la educación de su hijo incumbe al profesorado. Es su trabajo, no el de ella.

Al estilo de educación de la clase media Lareau lo llama "cultivo concertado". Es un intento activo de "fomentar y evaluar los talentos de un niño, sus opiniones y capacidades". En contraste, los padres pobres tienden a seguir una estrategia para el logro de un "crecimiento natural". Consideran responsabilidad suya el preocuparse por sus hijos, pero tienden a dejarlos cultivarse y desarrollarse solos.

Lareau subraya que un estilo no es moralmente mejor que el otro. Los niños más pobres a menudo eran, en su opinión, más llevaderos en cuanto a comportamiento, menos quejosos y más creativos a la hora de aprovechar su propio tiempo; y tenían un sentido bien desarrollado de la independencia. Pero en términos prácticos, el cultivo concertado presenta enormes ventajas. El niño de clase media, con su cargada agenda, está expuesto a un conjunto de experiencias en constante cambio. Aprende a trabajar en equipo y a adaptarse a entornos sumamente estructurados. Le enseñan a relacionarse cómodamente con adultos y a expresar su parecer cuando tiene que hacerlo.

En palabras de Lareau, los niños de clase media interiorizan el concepto de "tener derecho".

Ni que decir tiene que esta expresión tiene otras connotaciones, pero Lareau no está pensando en el sentido jurídico del término:

> Estos chicos actúan como si tuvieran derecho a perseguir sus propias preferencias individuales y a relacionarse activamente en entornos institucionales. Se muestran cómodos en tales entornos; están abiertos a compartir la información y a reclamar atención. [...] Entre niños de clase media es práctica común cambiar las interacciones para satisfacer sus preferencias [sirviéndose de su conocimiento de las reglas]. Ya desde el cuarto curso, los niños de clase media demuestran autonomía para actuar en su propio favor y obtener ventajas. Así, hacen peticiones especiales a profesores y médicos para que ajusten los procedimientos al acomodo de sus deseos.

En contraste, los niños pobres y de clase obrera se caracterizaban por "una sensación emergente de distancia, desconfianza y constreñimiento". No sabían cómo conseguir lo que querían ni cómo "personalizar" —por utilizar el certero término de Lareau— su entorno en aras de lograr sus objetivos.

En una reveladora escena, Lareau describe una visita al médico de Alex Williams, un muchacho de nueve años, y su madre, Christina. Los Williams son profesionales acomodados.

—Alex, deberías estar pensando qué preguntas le quieres hacer al doctor —dice Christina en el coche de camino a la consulta—. Puedes preguntarle lo que quieras. No seas tímido. Pregunta lo que quieras.

Alex piensa durante un minuto, luego dice:

—Me he visto unos bultitos en los brazos, por el desodorante.

—¿Ah, sí? —dice Christina—. ¿Y crees que es por tu nuevo desodorante?

—Sí —contesta Alex.

—Bien, pues pregúntale al médico.

La madre de Alex, escribe Lareau, "le enseña que tiene derecho a hablar por sí mismo", que aunque vaya a estar en una sala con una persona mayor y dotada de autoridad, es perfectamente adecuado que se afirme a sí mismo. Ya en la consulta, el médico, un hombre cordial de cuarenta y pocos años, le dice a Alex que está en el porcentaje noventa y cinco de altura. Entonces, Alex interrumpe:

ALEX: Que estoy ¿dónde?

DOCTOR: Quiero decir que eres más alto que noventa y cinco de entre cien chicos de... diez años.

ALEX: Pero si yo no tengo diez años.

DOCTOR: Bueno, pero estás en esa horquilla. Tienes... nueve años y diez meses. En general, se asigna el año más cercano al del gráfico.

Obsérvese la facilidad con que Alex interrumpe al doctor. Eso es conciencia de derecho: su madre le permite alguna descortesía ocasional porque quiere que aprenda a afirmarse ante personas con autoridad.

DOCTOR (*volviéndose hacia Alex*): Bien, ahora la pregunta más importante. ¿Tienes tú alguna pregunta que hacerme antes de pasar el reconocimiento físico?

ALEX: Sí..., sólo una. Me he visto algunos bultos en los brazos, justo aquí debajo [indicando la axila].

DOCTOR: ¿Debajo?

ALEX: Sí.

DOCTOR: Bueno. Les echaré un vistazo cuando te examine para hacer el chequeo. A ver qué son y qué hacemos con ellos. ¿Te duelen, te pican?

ALEX: No, sólo están ahí.

DOCTOR: Bien, te los miraremos bien a ver qué son.

Esta clase de interacción, asegura Lareau, simplemente no se produce con niños de clase inferior, que se mostrarían callados y sumisos, con la vista apartada. En cambio, Alex se hace cargo de su momento con el médico: "Al acordarse de hacerle la pregunta que tenía preparada, se gana la plena atención del doctor, y consigue fijarla en una cuestión de su elección".

Así, consigue alterar el equilibrio de poder entre los adultos y él. La transición es suave. Alex está acostumbrado a que le traten con respeto. No es cualquiera, sino una persona digna de la atención y el interés de un adulto. Ésas son las características clave de la estrategia de cultivo concertado. Alex no se luce durante su chequeo. Se comporta en gran medida como con sus padres: razona, negocia y bromea con la misma facilidad.

Es importante entender de dónde procede su particular dominio de aquel momento. Esto no es genético. Alex Williams no heredó de sus padres y abuelos estas habilidades sociales ante figuras de autoridad, al menos no de la misma la manera que heredó el color de sus ojos. Tampoco es una cuestión racial: no es una práctica específica de culturas negras ni blancas. De hecho, Alex Williams es negro y Katie Brindle es blanca. Se trata de una ventaja cultural. Alex tiene esas habilidades sociales porque en el curso de su corta vida, su madre y su padre —a la manera de las familias cultas— se lo han enseñado minuciosamente, dándole un codazo aquí y pinchándolo allá, animándolo a veces y mostrándole siempre las reglas del juego, por ejemplo, mediante un pequeño ensayo en el coche de camino al médico.

Cuando hablamos de las ventajas de clase, arguye Lareau, nos referimos en gran medida a esto. A Alex Williams le va mejor que a Katie Brindle porque su familia tiene más dinero y porque va a una escuela mejor, pero también porque —y quizás esto es aún más crucial— el sentido de derecho que le han inculcado es una actitud perfectamente adecuada para el éxito en el mundo moderno.

4.

Ésa fue la ventaja que tenía Oppenheimer y de la que Chris Langan carecía. Oppenheimer se crió en uno de los barrios más ricos de Manhattan. Era hijo de una artista y un próspero fabricante de prendas de vestir. Su niñez fue la encarnación del cultivo concertado. Los fines de semana, lo llevaban a pasear por el campo en un Packard conducido por un chófer. Los veranos, a Europa a ver a su abuelo. Estudió en la Ethical Culture School de Central Park West, quizás la escuela más progresista del país, en la que, como escriben sus biógrafos, a los estudiantes "se les inculcaba la noción de que les estaban preparando para reformar el mundo". Cuando su profesora de matemáticas comprendió que el chico se aburría, lo envió a hacer trabajo independiente.

De niño, Oppenheimer era un apasionado recogedor de rocas. A los doce años, empezó a mantener correspondencia con geólogos de Nueva York sobre formaciones rocosas que había visto en Central Park, y los impresionó hasta tal punto que le invitaron a pronunciar una conferencia en el Club Mineralógico de la ciudad. Como escriben Sherwin y Bird, los padres de Oppenheimer respondieron a la afición de su hijo dando un ejemplo de cultivo concertado que casi parece salido de un manual:

> Intimidado ante la perspectiva de dirigirse a un público adulto, Robert pidió a su padre que les explicara que habían invitado a un niño de doce años. Enormemente divertido, Julius animó a su hijo a aceptar el honor. En la tarde designada, Robert se presentó en el club con sus padres, quienes con orgullo presentaron a su hijo como J. Robert Oppenheimer. El asombrado público de geólogos y aficionados se echó a reír cuando el orador desapareció tras la tribuna: hubo de traerse una caja de madera para que se le viera algo más que su fuerte mata de cabello oscuro sobresaliendo por encima del atril. Tímido y torpe, Robert leyó no obstante su conferencia, que levantó una cálida ronda de aplausos.

¿A que ya no sorprende tanto que Oppenheimer manejara con tanta brillantez los desafíos que le planteó la vida? Si alguien tiene un padre que ha hecho fortuna en el mundo de los negocios, conocerá de primera mano lo que significa negociar la salida de un lugar comprometido. Si de niño ya pasó por la Ethical Culture School, no le apabullará un tribunal disciplinario de rectores, por muy de Cambridge que sea. Si estudió física en Harvard, sabe cómo dirigirse a un general del Ejército que estudió ingeniería en el vecino MIT.

Chris Langan, en cambio, sólo tuvo la desolación de Bozeman y una casa dominada por un padrastro colérico y borracho. Jack Langan, nos asegura Mark, provocó en todos los hermanos un auténtico resentimiento hacia la autoridad. Tal fue la lección que Langan extrajo de su niñez: desconfía de la autoridad y sé independiente. Nunca tuvo un padre que le enseñara de camino al médico cómo hacerse valer con suavidad, cómo razonar y negociar con aquellos en posesión de autoridad. No aprendió que tenía derecho. Aprendió a recelar. Puede que no parezca tan importante, pero esta deficiencia lo mutiló para abrirse camino en el mundo más allá de Bozeman.

—Yo tampoco pude conseguir ayuda financiera —dice Mark—. Teníamos cero conocimientos, menos que cero conocimientos, del proceso. Hacer la solicitud. Rellenar los formularios, los talonarios. No era nuestro ambiente.

—Si Christopher hubiera nacido en una familia rica, si hubiera sido hijo de un médico bien relacionado en algún mercado principal, te garantizo que habría sido uno de esos tíos que salen en el periódico porque coleccionan carreras con diecisiete años —dice su hermano Jeff—. Estas cosas las determina la cultura en que se encuentra uno. Lo que le pasaba a Chris era que le aburría demasiado estar ahí sentado escuchando a los profesores. Si alguien hubiera reconocido su inteligencia, y si él hubiera procedido de una familia que valorase la educación, ellos se habrían asegurado de que no se aburriera.

5.

Cuando los Termitas alcanzaron la edad adulta, Terman consultó los registros de 730 de los varones y los dividió en tres grupos. Ciento cincuenta —el 20 por ciento mejor— entraban en lo que Terman llamó grupo A. Representaban las historias de verdadero éxito, las estrellas: abogados, médicos, ingenieros, académicos. El 90 por ciento de éstos se licenciaron en la universidad y entre todos reunían 98 licenciaturas. El 60 por ciento del medio era el grupo B, a los que les iba "satisfactoriamente". El 20 por ciento con resultados inferiores era el grupo C, que a juicio de Terman había dilapidado su superior capacidad mental. Eran empleados de correos o contables de oficina u hombres que yacían en el sofá de su casa sin hacer ningún trabajo en absoluto.

Un tercio del grupo C había dejado la universidad. Un cuarto sólo tenía el bachillerato; y entre los 150 miembros de este grupo, en principio tan genial como los demás, sumaban un total de ocho licenciaturas.

¿Cuál era la diferencia entre los A y los C? Terman cribó cada explicación concebible: examinó su salud mental y física, sus "puntuaciones en masculinidad-feminidad" y sus aficiones e intereses profesionales. Comparó los años en que empezaron a andar y hablar y sus CI exactos en el instituto y en la primaria. Al final, sólo una cosa importaba: el entorno familiar.

Los A procedían abrumadoramente de las clases media y superior. Sus casas estaban llenas de libros. La mitad de los padres tenía una licenciatura o un doctorado; y ello en un tiempo en que la educación universitaria era una rareza. Los C, por otra parte, estaban en la parte baja de la pirámide. Casi un tercio de ellos tenía un padre que había dejado los estudios sin acabar la educación básica.

Terman pidió a sus colaboradores que fueran a visitar a todos los miembros de los grupos A y C, con el fin de evaluar su personalidad y su don de gentes. Encontraron todo lo que cabría esperar si se comparara a niños criados en un ambiente de cultivo concertado con niños crecidos en una atmósfera de crecimiento natural. Resultó que los A estaban mucho más alerta de lo que sucedía a su alrededor, eran más tranquilos y resultaban más atractivos. También vestían mejor. De hecho, su puntuación en estas cuatro dimensiones era tan diferente que inducía a pensar que uno miraba a dos especies humanas distintas.

No era así, desde luego. Simplemente se evidenciaba la diferencia entre aquellos a los que sus familias habían enseñado a presentar su mejor cara ante el mundo y aquellos a quienes se les había denegado la experiencia.

Los resultados de Terman apenan profundamente. No debemos olvidar cuán sumamente dotado estaba el grupo C. Quien los hubiera conocido a los cinco o seis años, habría quedado deslumbrado por su curiosidad, su agilidad mental, su brillantez. Eran fueras de serie de los pies a la cabeza. La verdad llana y simple del estudio de Terman, sin embargo, es que al final casi ninguno de los niños geniales de la clase socioeconómica más baja terminó por hacerse a sí mismo.

¿De qué carecían los C, entonces? De nada caro ni imposible de encontrar; nada codificado en el ADN ni grabado en sus circuitos mentales. Carecían de algo que podría habérseles dado sólo con que hubiésemos sabido que lo necesitaban: una comunidad alrededor de ellos que los preparara correctamente para el mundo. Los C fueron talentos echados a perder. Pero eso podía haberse evitado.

6.

Hoy, Chris Langan vive en la Missouri rural, en una granja de cría caballar. Se mudó allí hace unos años, después de casarse. Está bien entrado en la cincuentena, pero parece muchos años más joven. Tiene la constitución de un defensa central, fornido de pecho, con enormes bíceps. Se peina el pelo directamente hacia atrás desde la frente. Lleva un bigote aseado y cano y gafas de estilo aviador. Si uno le mira a los ojos, ve la inteligencia brillar tras ellos.

—Un día típico me levanto y hago café. Entro en mi oficina, me siento delante de la computadora y comienzo a trabajar en lo que estuviera haciendo la noche anterior —me dijo, hace poco—. Si me acuesto con una pregunta rondándome la mente, todo lo que tengo que hacer es concentrarme en la pregunta antes de quedarme dormido y prácticamente siempre tengo la respuesta por la mañana. A veces me doy cuenta de que sé la respuesta porque soñé con ella y luego la recuerdo. Otras veces simplemente intuyo la respuesta. Me pongo a escribir y la respuesta surge en la pantalla.

Acababa de leerse unos trabajos del lingüista Noam Chomsky. Tenía montones de libros en su estudio. Se pasaba la vida sacándolos de la biblioteca.

—Siempre me parece que, cuanto más cerca de la fuente original, mejor —dijo.

Langan parecía satisfecho. Tenía ganado que cuidar, libros para leer y una esposa a la que amaba. Era una vida mucho mejor que la de un portero de bar nocturno.

—No creo que haya nadie por ahí más inteligente que yo —continuó—. Nunca he conocido a nadie como yo ni he visto nunca una indicación siquiera de que haya alguien que de hecho tenga mejor capacidad de comprensión. Ni lo he visto ni creo que vaya a verlo. Aunque podría ser, mi mente está abierta a esa posibilidad. Creo que si alguien me desafiara diciendo: "Ah, pues yo me veo más listo que tú", perdería el pulso.

Esto suena presuntuoso, pero en realidad no lo era. Era lo contrario, una reserva defensiva. Llevaba decenios trabajando en un proyecto de enorme sofisticación; pero casi nada de lo que había escrito en su vida había sido publicado ni mucho menos leído por los físicos, filósofos y matemáticos capaces de juzgar su valor. Ahí estaba él, un hombre con una mente entre un millón, y el mundo seguía sin enterarse. No disertaba en conferencias académicas. No dirigía ningún seminario de graduados en alguna universidad prestigiosa. Vivía en un rancho de caballos ligeramente ruinoso al norte de Missouri, meciéndose en el pórtico trasero con vaqueros y una camiseta rasgada. Era consciente de lo que todo aquello parecía: la gran paradoja del genio Chris Langan.

—Nunca perseguí a los editores consagrados con el empeño que debía haber puesto —reconoció—. Moverme un poco, sondear a algún editor, buscarme un agente. Es algo que no he hecho, y tampoco es que me interese.

Era una admisión de la derrota. Todas las experiencias que había tenido fuera de su propia mente se habían frustrado. Sabía que tenía mucho que mejorar en su forma de tratar con el mundo, pero no sabía cómo hacerlo. ¡Si ni siquiera sabía hablar con su profesor de cálculo! Pero ésas eran habilidades que otros mucho menos inteligentes dominaban sin esfuerzo. Porque a ellos les habían ayudado por el camino, y a Chris Langan no. Esto no es una excusa. Es un hecho. Había tenido que hacer su camino solo, y nadie —ni las estrellas del *rock,* ni los atletas profesionales, ni los millonarios del *software,* ni siquiera los genios— ha alcanzado nunca el éxito por sí solo.

## CAPÍTULO V

# LAS TRES LECCIONES DE JOE FLOM

"CON 25 CENTAVOS PARA MARY".

## 1.

Joe Flom es el último socio fundador vivo del bufete de abogados Skadden, Arps, Slate, Meagher y Flom. Tiene su despacho en una esquina de los pisos más altos de la torre Condé Nast de Manhattan. Es bajo y ligeramente encorvado. Tiene la cabeza grande, enmarcada por unas orejas largas y prominentes, y unos ojos pequeños y azules ocultos tras unas gafas grandes de estilo aviador. Ahora está delgado, pero durante sus años de mayor auge, Flom estaba obeso. Anda como un pato. Garabatea mientras piensa. Masculla cuando habla, y cuando baja a las oficinas donde trabajan sus subordinados del bufete, las conversaciones se reducen a un susurro.

Flom se crió durante la Depresión en el barrio de Borough Park, en Brooklyn. Sus padres eran inmigrantes judíos de Europa Oriental. Su padre, Isadore, era un líder sindical textil que más tarde trabajaría cosiendo hombreras para vestidos de señora. Su madre trabajaba a destajo haciendo bordados en casa. Eran pobres de solemnidad. Mientras él crecía, su familia se mudaba casi todos los años, porque en aquel tiempo era costumbre que los propietarios dieran a los nuevos inquilinos un mes de alquiler gratis. Sólo siendo nuevos inquilinos con frecuencia podía ir tirando la familia.

En la escuela secundaria inferior, Flom hizo el examen de ingreso para el elitista instituto público Townsend Harris de la avenida Lexington, en Manhattan, una escuela de la que en sólo cuarenta años de existencia salieron tres premios Nobel, seis premios Pulitzer y un juez del Tribunal Supremo, por no mencionar a George Gershwin y Jonas Salk, descubridor de la vacuna contra la polio. Fue admitido. Por la mañana, su madre le daba una moneda de diez centavos para el desayuno: tres rosquillas, un zumo de naranja y un café en Nedick. Después de la escuela, empujaba un carretón de trapero. Asistió dos años a la escuela nocturna en el City College de Manhattan norte —trabajando durante el día para que le salieran los números— y, tras servir en el Ejército, solicitó el ingreso en la facultad de Derecho de Harvard.

—Ya desde que tenía seis años quería ser abogado —dice Flom; y aunque no tenía la titulación necesaria, Harvard le admitió de todos modos—. ¿Que por qué? Porque les escribí una carta contándoles que era mejor abogado que el que logró que absolvieran al diablo —remacha con la brevedad que le caracteriza. En Harvard, a finales de los años cuarenta, nunca tomaba apuntes—. Todos teníamos esa estúpida fiebre de primer año de tomar apuntes de todo aquello que pasaba en el aula: que si hacer un esquema de esto, que si un resumen de aquello, y que si una presentación en papel cebolla de lo de más allá —recuerda Charles Haar, compañero de clase de Flom—. Era nuestra rutina de aprendizaje. Pero Joe, no. Aquello no tenía nada que ver con él. En cambio, tenía esa cualidad que siempre subsumimos vagamente bajo la expresión "pensar como un abogado": poseía una gran capacidad de juicio.

Flom fue nombrado para la *Law Review*, honor reservado a los mejores estudiantes de la institución. Durante "la temporada de contrataciones", en las vacaciones navideñas de su segundo año, bajó a Nueva York para entrevistarse con los grandes bufetes corporativos de entonces.

—Yo era desgarbado, torpe, un niño gordo. No me sentía cómodo —recuerda Flom—. Era uno de los dos que quedaban sin trabajo en mi clase al final de la temporada de contrataciones. Un día, uno de mis profesores me habló de unos tipos que estaban creando una empresa. Les hice una visita. En ningún momento me ocultaron los riesgos que implicaba unirse a una firma que no tenía ni un cliente. Cuanto más hablaban, más me gustaban. "Qué diablos", me dije. "Me arriesgaré". Tuvieron que reunir a duras penas los tres mil seiscientos al año que fijamos como mi sueldo de partida.

Al principio, eran sólo Marshall Skadden, Leslie Arps —ambos habían sido rechazados como socios de un importante despacho de abogados de Wall Street— y John Slate, que había trabajado para las líneas aéreas Pan Am. Flom era su socio. Tenían una diminuta sala de oficinas en el piso superior del edificio Lehman Brothers, en Wall Street.

—¿Que en qué rama del derecho nos especializábamos? —dice Flom entre risas—. ¡En la que llamara a la puerta!

En 1954, Flom asumió funciones de directivo asociado a Skadden, y la firma empezó a crecer a pasos agigantados. Pronto tendría cien abogados. Después, doscientos. Cuando llegó a trescientos, uno de los compañeros de Flom, Morris Kramer, fue a verle y le dijo que se sentía culpable por incorporar a licenciados en Derecho tan jóvenes. Skadden era tan grande, decía Kramer, que era difícil imaginar que la firma creciese más aún y pudiera ofrecer oportunidades de ascenso a ninguno de los recién contratados. Flom le contestó:

—Qué va: llegaremos a mil.

Flom nunca careció de ambición. Hoy la firma tiene casi dos mil abogados en veintitrés oficinas del mundo entero y gana muy por encima de mil millones de dólares al año, con lo que es uno de los despachos de abogados más grandes y poderosos del mundo. En su oficina, Flom tiene fotografías de él con George Bush padre y con Bill Clinton. Vive en un espacioso y lujoso apartamento del Upper East Side de Manhattan. Durante un periodo de casi treinta años, si se era una empresa incluida en la lista Fortune 500 a punto de ser absorbida o intentando absorber a otra, o simplemente un pez gordo en algún tipo de lío, se tenía a Joseph Flom como abogado y a Skadden, Arps como bufete; y de no ser así, probablemente se deseaba que así hubiera sido.

2.

Espero que a estas alturas el lector haya desarrollado cierto escepticismo ante historias así: niño prodigio inmigrante vence la pobreza y la Depresión, no puede conseguir un trabajo en los pretenciosos bufetes del centro, pero se hace a sí mismo a fuerza de tesón y capacidad. Es una historia de enriquecimiento prodigioso; y todo lo que hemos aprendido hasta ahora de los jugadores de *hockey*, los millonarios del *software* y los Termitas sugiere que el éxito no se produce así. La gente nunca lo consigue sola. De dónde vienen es una cuestión importante. Son producto de lugares y entornos particulares.

Tal como hicimos entonces con Bill Joy y Chris Langan, volvamos a empezar con Joseph Flom, esta vez echando mano de todo lo que hemos aprendido en los cuatro primeros capítulos de este libro. Dejemos de lado por el momento la inteligencia de Joe Flom, su personalidad y su ambición, aunque obviamente no le falta ninguna de estas tres cosas. No más citas arrobadas de sus clientes elogiando su genio. No más cuentos ilustrados de la meteórica ascensión de Skadden, Arps, Slate, Meagher y Flom.

En cambio, voy a contar una serie de historias del mundo de los inmigrantes en el Nueva York en que se crió Joe Flom —de otro estudiante de Derecho, de un padre y un hijo llamados Maurice y Mort Janklow, y de una pareja extraordinaria con el nombre de Louis y Regina Borgenicht—, con la esperanza de contestar a una pregunta crítica. ¿Cuáles fueron las oportunidades de Joe Flom? Puesto que sabemos que un fuera de serie siempre recibe ayuda a lo largo del camino, ¿podemos repasar el hábitat de Joe Flom e identificar las condiciones que ayudaron a crearlo?

Contamos historias del tipo hecho a sí mismo porque encontramos algo encantador en la idea de una heroica lucha solitaria contra probabilidades abrumadoras. Pero la verdadera historia de la vida de Joe Flom resulta ser mucho más intrigante que su versión mitológica, porque todas las cosas de su vida que parecen haber sido desventajas —ser hijo de obreros textiles pobres; ser judío en un tiempo en que los judíos estaban ásperamente discriminados; criarse en los años de la Depresión— resultan, de improviso, haber sido ventajas. Joe Flom es un fuera de serie. Pero no es un fuera de serie por los motivos que podríamos pensar. Hacia el final del capítulo, veremos que es posible extraer las lecciones de Joe Flom, aplicarlas al mundillo legal de la ciudad de Nueva York y predecir el entorno familiar, la edad y el origen de los abogados más poderosos de la ciudad, *sin saber un solo hecho más sobre ellos*. Pero nos estamos adelantando.

# Lección número uno: la importancia de ser judío

## 3.

Uno de los compañeros de clase de Joe Flom en la facultad de Derecho de Harvard era un hombre llamado Alexander Bickel. Como Flom, Bickel era hijo de inmigrantes judíos de Europa Oriental que vivían en Brooklyn. Como Flom, Bickel había ido a la escuela pública en Nueva York y luego a la universidad. Como Flom, Bickel era una estrella en su clase de la facultad de Derecho. En realidad, antes de que el cáncer truncara su carrera, Bickel era para muchos el mejor constitucionalista de su generación. Y como Flom y el resto de sus compañeros de clase, Bickel fue a Manhattan durante la temporada de contrataciones, en la Navidad de 1947, para buscarse un trabajo.

Su primera parada fue en Mudge Rose, en Wall Street, una firma tan tradicional y pretenciosa como la que más en aquella época. Mudge Rose se había fundado en 1869. Allí fue donde Richard Nixon practicó durante los años que precedieron a su acceso a la presidencia en 1968.

—Somos como esa señora que sólo quiere ver su nombre en el periódico dos veces: cuando nace y cuando se muere —solía decir uno de los socios veteranos.

Condujeron a Bickel por las dependencias de la casa y un compañero tras otro lo fueron entrevistando, hasta que lo dejaron en la biblioteca con el socio fundador de la firma. Puede imaginarse la escena: una oscura sala artesonada, una alfombra persa tejida con elegancia, fila sobre fila de volúmenes jurídicos encuadernados en cuero, retratos al óleo del Sr. Mudge y el Sr. Rose en las paredes.

—Después de pasar por la entrevista entera y todo aquello —diría Bickel muchos años más tarde—, se toman la molestia de llevarme ante el mandamás para que éste me suelte que, para ser un muchacho con aquellos *antecedentes* —aquí cabe imaginar a Bickel haciendo una pausa antes de repetir aquel eufemismo de su origen inmigrante—, sin duda había llegado bastante lejos. Pero que tenía que entender cuán limitadas eran las posibilidades de que una firma como la suya contratara a un muchacho con mis *antecedentes*. Y aunque él me felicitaba por mis progresos, yo tenía que entender que no podía ofrecerme un trabajo, lo que no quitaba para que fuera un placer haber charlado conmigo y todo eso.

Queda claro por la transcripción de las reminiscencias de Bickel que su entrevistador no sabe exactamente qué hacer con esa información. Cuando le hicieron esta entrevista, Bickel estaba en la cima de su reputación. Había llevado casos ante el Tribunal Supremo. Había escrito libros brillantes. Que Mudge Rose rechazara a Bickel por sus *antecedentes* era como que los Chicago Bulls rechazaran a Michael Jordan en su equipo de baloncesto porque se sentían incómodos ante un chico negro de Carolina del Norte. No tenía ningún sentido.

—Pero ante una estrella... —siguió el entrevistador, como diciendo: "¿No podían haber hecho una excepción con alguien como usted?".

—Qué estrellas ni qué barras... —respondió Bickel.

En las décadas de 1940 y 1950, los bufetes neoyorquinos de la vieja escuela funcionaban como un club privado. Todos tenían sede en el centro de Manhattan, en Wall Street y alrededores, en edificios sombríos con fachadas de granito. Los socios de las firmas superiores se graduaban en las mismas escuelas de la Ivy League, asistían a las mismas iglesias y veraneaban en las mismas ciudades costeras de Long Island. Vestían trajes grises de corte conservador. Sus sociedades se conocían como firmas "de zapato blanco", en evidente referencia a los atuendos bienvenidos en el club de campo o los cócteles de postín, y eran muy particulares a la hora de contratar a alguien. Como escribió Erwin Smigel en *The Wall Street Lawyer*, su estudio del mundillo jurídico neoyorquino de aquella época, buscaban:

> [...] abogados de facciones nórdicas, personalidad agradable y aspecto pulcro, licenciados por las universidades "que Dios manda", con un "adecuado" entorno social, experiencia en asuntos mundanos y enorme capacidad de trabajo. Un antiguo decano de la facultad de Derecho, al comentar las cualidades que debe reunir un estudiante para obtener un trabajo, ofrece una imagen algo más realista: "para conseguir un trabajo, [un estudiante] debe estar sobrado de conexiones familiares, o bien de capacidad, o bien de personalidad; presentar, en suma, una buena combinación de estos factores. Algo llamado aceptabilidad, compuesto de la suma de ellos. Si un hombre tiene cualquiera de estas cosas, podría conseguir un trabajo. Si tiene dos, podrá elegir entre varios empleos; si tiene las tres, podrá ir casi a donde quiera".

Bickel no era rubio. No tenía los ojos azules. Hablaba inglés con acento, y sus conexiones familiares consistían, principalmente, en ser hijo de Solomon y Yetta Bickel, de Bucarest (Rumanía), últimamente más vistos por Brooklyn (Nueva York). Las credenciales de Flom no eran mejores. Dice que se sintió "incómodo" cuando tuvo que pasar por sus entrevistas, y no es de extrañar: era bajo, desgarbado y judío; y hablaba con los cerrados tonos nasales de su Brooklyn natal; y puede imaginarse cómo lo habría percibido algún patricio de cabellos plateados en la biblioteca. En aquellos años, un licenciado en Derecho que no perteneciera al entorno, a la religión y a la clase social correctas desembocaba en algún bufete pequeño, de segunda categoría, de advenedizos, un peldaño por debajo de los grandes nombres de Wall Street, o simplemente se establecía por su cuenta y aceptaba "todo lo que llamara a la puerta", es decir, todo el trabajo legal que las grandes firmas del centro no quisieran llevar ellas mismas. Esto parece horriblemente injusto, y lo era. Pero como ocurre a menudo en las historias de fueras de serie, enterrada bajo aquel revés yacía una oportunidad dorada.

## 4.

Los anticuados despachos de abogados de Wall Street tenían una idea muy específica sobre lo que hacían. Ellos eran abogados corporativos. Representaban a las empresas más grandes y prestigiosas del país; y "representar" significaba que ellos gestionaban el pago de los impuestos y todas las tareas jurídicas que implica la emisión de acciones y obligaciones, asegurándose de que sus clientes no dejaran de observar lo dispuesto por las normativas federales. Rara vez pleiteaban; muy pocos de ellos tenían un departamento dedicado a la interposición de demandas o a la defensa contra ellas. Como dijo en cierta ocasión Paul Cravath, uno de los fundadores de Cravath, Swaine y Moore, una de las más blancas entre las firmas de zapato blanco, el trabajo del abogado consistía en resolver los conflictos en una reunión privada entre las partes, no ante un tribunal.

—Entre mis compañeros de clase en Harvard, los jóvenes brillantes se dedicaban a valores o a impuestos —recuerda otro socio de zapato blanco—. Aquéllos eran los campos distinguidos. Los pleitos eran para gañanes, no para la gente seria. Las empresas sencillamente no se demandaban unas a otras en aquel tiempo.

Otra cosa que estas anticuadas firmas tampoco hacían era implicarse en adquisiciones corporativas hostiles. Es difícil imaginárselo hoy, cuando los asaltantes de capital público y privado constantemente se tragan una empresa después de otra, pero hasta los años setenta se consideraba escandaloso que una empresa comprara otra sin su consentimiento. Los sitios como Mudge Rose y otras firmas establecidas en Wall Street no tocaban aquella clase de tratos y repartos.

—El problema de las opas hostiles era su hostilidad —dice Steven Brill, fundador del boletín *American Lawyer*—. No es forma de comportarse entre caballeros. Si tu mejor compinche de Princeton es el presidente de la Empresa X y ya lleva mucho tiempo de cabotaje y en ese momento aparece algún tiburón y dice que esa empresa es una mierda, te hace sentir incómodo. Lo que piensas es que, si él cae, tal vez tú también caigas con él. Predomina la tendencia a no alterar en lo básico el orden tranquilo y estable de las cosas*.

---

* El abogado y novelista Louis Auchincloss, quien conoce de primerísima mano esta sociedad anglosajona y protestante del zapato blanco que encarnaba la casta jurídica de Nueva York, incluye un pasaje en su libro *Las cartas escarlatas* que capta perfectamente la antipatía que las firmas de Wall Street profesaban a las leyes de absorciones y adquisiciones forzosas.

—Afróntalo, querida, tu marido y yo llevamos un bufete de picapleitos —le explica un abogado de esta especialidad a la esposa de su socio—. Hoy día, cuando un cliente desea adquirir una empresa que no desea ser adquirida, nuestro trabajo es promover toda clase de fastidiosos pleitos para inducirles a cambiar de parecer. Demandamos por mala gestión de la dirección, por impago de dividendos, por violación de reglamentos, por emisión impropia de acciones. Alegamos mala conducta criminal; gritamos ¡antimonopolio!; demandamos por responsabilidades antiguas y dudosas. Y la parte demandada contestará a su vez con demandas excesivas de inspeccionar todos nuestros archivos, y pretenderá realizar infinitos interrogatorios para enredar a nuestro cliente en una desesperante maraña de papeleo. [...] Es simplemente la guerra; y ya sabes lo que se dice de ella como del amor.

El trabajo que "llamó a la puerta" de la generación de abogados judíos del Bronx y Brooklyn en las décadas de 1950 y 1960, pues, fue el que las firmas de zapato blanco desdeñaron: los pleitos y, lo que es más importante, las "batallas por poderes", las maniobras legales en el centro de cualquier adquisición hostil. Cuando un inversor se interesaba por una empresa, denunciaba a la dirección por incompetente y enviaba cartas a los accionistas, para intentar convencerlos de que le otorgaran su "poder" de votar contra la junta directiva. Y para librar esta batalla por poderes, el único abogado a quien el inversor podía recurrir era alguien como Joe Flom.

En *Skadden,* el historiador del derecho Lincoln Caplan describe los albores de aquel mundo de adquisiciones no amistosas:

> El ganador de una competición por poderes se determinaba en el foso de las serpientes (oficialmente llamado sala de escrutinios). Los abogados de cada parte se reunían con los interventores electorales, cuyo trabajo consistía en aprobar o eliminar poderes cuestionables. A menudo era un proceso informal, discutible e irregular. A veces los adversarios confraternizaban en camiseta, compartiendo una sandía o una botella de whisky. En casos raros, los resultados del foso de las serpientes podían dar un vuelco al resultado de una competición por diferencia de una sola papeleta.
>
> De vez en cuando los abogados intentaban amañar una elección tramando el nombramiento de interventores que les debían gratitud. Todos los interventores solían fumar puros que les regalaban las partes. El abogado de la dirección recurría los poderes de los insurrectos ("¡Recuso éste!") y viceversa. [...] Los abogados que prevalecían en el foso de las serpientes eran aquellos que sabían mejor que nadie cómo darle la vuelta a la tortilla. Habría abogados que sabían más

sobre las reglas de la competición por poderes; pero cuando había pelea, nadie era mejor que Joe Flom. [...]

Flom estaba gordo (entonces pesaba cincuenta kilos de más, según decía un abogado...), era físicamente poco atractivo (uno de sus socios lo comparaba con una rana) e indiferente a los detalles sociales (se tiraba pedos en público o mordisqueaba un puro cerca de la cara de alguien con quien estaba hablando sin disculparse). Pero a juicio de sus colegas de profesión, incluidos muchos adversarios, su voluntad de vencer era incomparable y a menudo estaba magistral.

Los bufetes de zapato blanco también llamaban a Flom siempre que algún asaltante corporativo asediaba a alguno de sus clientes. Ellos no querían ni tocar el caso, pero les parecía muy bien delegarlo en Skadden, Arps.

—En los comienzos de su carrera, la especialidad de Flom eran las batallas por poderes, a las que nosotros no nos dedicábamos, exactamente igual que no nos dedicábamos al derecho matrimonial —explicaba Robert Rifkind, durante muchos años socio de Cravath, Swaine y Moore—. Por lo tanto, nos afanábamos en no saber siquiera de ella. Recuerdo una vez que nos enfrentábamos a una cuestión que implicaba una batalla de poderes, y uno de mis socios corporativos más veteranos dijo: "Éste es un trabajo para Joe". Así que nos reunimos con Joe, le describimos el problema, él nos dijo qué hacer y se marchó. Yo le dije al socio veterano: "Oye, esto también lo podemos hacer nosotros". Él me contestó: "No, no, no, no podemos. No vamos a hacer esto". Simplemente no lo hacíamos, y punto.

Entonces llegaron los años setenta. La venerable aversión a los pleitos pasó a la historia. Se hizo más fácil tomar dinero prestado. Las normativas federales se relajaron. Los mercados se internacionalizaron. Los inversores se hicieron más agresivos, y el resultado fue un auge en el número y el tamaño de adquisiciones corporativas.

—En 1980, si uno hubiera ido a la Business Roundtable [la asociación de los directivos de las principales corporaciones estadounidenses] a hacer un sondeo sobre si debían permitirse las opas hostiles, las dos terceras partes habrían respondido de forma negativa —decía Flom—. Ahora, el voto sería casi unánimemente afirmativo.

Las empresas tenían que poder defenderse contra los pleitos de sus rivales. Era preciso devolver el golpe a cualesquiera pretendientes hostiles. Los inversores ansiosos de presas poco predispuestas a dejarse devorar necesitaban ayuda para desplegar su estrategia jurídica. Los accionistas necesitaban representación formal. Las cifras en juego eran enormes. Entre mediados de los años setenta y finales de los ochenta, la cantidad de dinero comprometida anualmente en fusiones y adquisiciones a través de Wall Street aumentó el *2,000 por ciento*, alcanzó un pico anual cercano al cuarto de billón de dólares.

De repente, las cosas que los bufetes anticuados no querían hacer —adquisiciones hostiles y litigios— eran las cosas que *todos* los despachos de abogados querían hacer. ¿Y quién era el experto en estas dos áreas jurídicas que de repente se habían vuelto cruciales? Los antaño marginales bufetes de segunda fila, empezando por la gente que no podía conseguir empleo en las firmas del centro diez y quince años atrás.

—[Las firmas de zapato blanco] pensaron que las adquisiciones hostiles no merecían ni desprecio hasta un momento relativamente tardío del proceso, y hasta que un buen día decidieron "¡oye!, tal vez nosotros también deberíamos estar en este negocio", nos habían dejado solos —dice Flom—. Y una vez que te ganas la reputación de hacer bien un trabajo, eres el primero al que llaman.

Piénsese en lo similar que es esta historia a las de Bill Joy y Bill Gates. Ambos trabajaron duro en un campo relativamente oscuro sin grandes esperanzas de éxito mundano. Pero entonces... ¡pum! Se produce la revolución informática y ellos tenían sus diez mil horas en el morral. Estaban listos. Flom tenía la misma experiencia. Durante veinte años perfeccionó su oficio en Skadden, Arps. Entonces el mundo cambió y él estaba listo. No es que él se impusiera a la adversidad, sino que lo que empezó como adversidad terminó por ser una oportunidad.

—No es que aquellos abogados fueran más listos que nadie —dice Rifkind—. Es que tenían una capacidad que llevaban años cultivando y que de repente se volvió muy valiosa[*].

## Lección número dos: la fortuna demográfica

### 5.

Maurice Janklow se matriculó en la facultad de Derecho de Brooklyn en 1919. Era el hijo mayor de unos inmigrantes judíos procedentes de Rumanía que tenían otros siete hijos. Uno de ellos terminó de jefe de un pequeño super-

---

[*] El mejor análisis de cómo la adversidad se transformó en una oportunidad para los letrados judíos se debe al erudito en temas jurídicos Eli Wald. Wald procura subrayar, no obstante, que Flom y compañía tuvieron algo más que suerte. Suerte es que te toque la lotería. A ellos les dieron una oportunidad y la aprovecharon. Como dice Wald, "los abogados judíos tuvieron suerte y *además* se ayudaron. Ésta es la mejor manera de explicarlo. Aprovecharon las circunstancias que les salieron al paso. La parte afortunada fue la renuncia de las firmas WASP a dedicarse al derecho de adquisición. Pero hablar de fortuna no hace justicia al trabajo, los esfuerzos, la imaginación y el aprovechamiento de oportunidades que pudieran haber estado ocultas y no ser tan obvias".

mercado en Brooklyn. Otros dos se dedicaban al negocio de la mercería, uno tenía un estudio de diseño gráfico, otro hacía sombreros de plumas y otro trabajaba en el departamento financiero de la inmobiliaria Tishman.

Maurice, sin embargo, era el intelectual de familia, el único que iría a la universidad. Al licenciarse en Derecho abrió un despacho en Court Street, en el centro de Brooklyn. Era un hombre elegante que vestía sombrero de fieltro y trajes de Brooks Brothers. En verano llevaba un *canotier* de paja. Se casó con la hermosa Lillian Levantin, hija de un eminente talmudista. Tenía un coche grande. Se mudó al distrito neoyorquino de Queens. Entonces él y un socio se hicieron cargo de una papelería que prometía ser una mina como negocio.

Ahí había un hombre que a todo el mundo parecía la clase de persona que debería prosperar como abogado en la ciudad de Nueva York. Era inteligente y educado. Venía de una familia bien adiestrada en las reglas del sistema. Vivía en la ciudad económicamente más vibrante del mundo. Pero... aquí está lo extraño: no pasó nada. La carrera de Maurice Janklow no salió como él había esperado. En su mente, nunca llegó a ir más allá de Court Street en Brooklyn. Luchó y fracasó.

Sin embargo, Maurice Janklow tenía un hijo, que se llamaba Mort. Él también se hizo abogado; y la historia del hijo es muy diferente de la del padre. Mort Janklow creó un bufete desde cero en los años sesenta, luego montó una de las primerísimas franquicias de televisión por cable y la vendió por una fortuna a Cox Broadcasting. En los años setenta fundó una agencia literaria que hoy es una de las más prestigiosas del mundo[*]. Tiene avión pro-

---

[*] Se llaman Janklow y Nesbit; y de hecho son mis agentes literarios. Así fue como me enteré de la historia familiar de los Janklow.

pio. Todos los sueños que eludieron al padre se realizaron en el hijo.

¿Por qué Mort Janklow tuvo éxito allí donde Maurice Janklow no lo tuvo? Hay, desde luego, cien respuestas potenciales a esta pregunta. Pero tomemos una página del análisis de los magnates de la década de 1830 y los programadores de *software* de 1955 y veamos las diferencias entre los dos Janklow en términos generacionales. ¿Hay un momento perfecto para que un abogado judío nazca en Nueva York? Pues resulta que sí; y este mismo hecho que ayuda a explicar el éxito de Mort Janklow es también la segunda clave del éxito de Joe Flom.

6.

El estudio del genio por Lewis Terman, como se recordará del capítulo sobre Chris Langan, era una investigación sobre cómo habían resultado como adultos algunos niños con cocientes intelectuales extraordinariamente altos nacidos entre 1903 y 1917. Y el estudio concluyó que había un grupo de verdaderos éxitos y otro de verdaderos fracasos, y que los éxitos tenían muchas más probabilidades de darse entre familias acomodadas. En tal sentido, el estudio de Terman subraya el argumento de Annette Lareau: lo que los padres de uno hagan para ganarse la vida y las asunciones que acompañan a la clase social en que se haya nacido son factores que *importan*.

Hay otro modo de desglosar las conclusiones de Terman; y es según *cuándo* nacieron los Termitas. Si se divide a los Termitas en dos grupos, por un lado los nacidos entre 1903 y 1911, y los nacidos entre 1912 y 1917 por el otro, resulta que los fracasados de Terman tienen muchas más probabilidades de haber nacido en el grupo más temprano.

La explicación tiene que ver con dos de los grandes acontecimientos catastróficos del siglo XX: la Gran Depresión y la Segunda Guerra Mundial. Los nacidos después de 1912 —digamos que en 1915— salieron de la universidad después de que hubiera pasado lo peor de la Depresión, y fueron llamados a filas a una edad suficientemente joven como para que su marcha a la guerra por tres o cuatro años fuese tanto una oportunidad como una interrupción (para los supervivientes, por supuesto).

Los Termitas nacidos antes de 1911, sin embargo, se licenciaron en lo peor de la Depresión, cuando las oportunidades laborales escaseaban; y cuando estalló la Segunda Guerra Mundial, ya estaban bien entrados en la treintena, lo que significaba que, cuando fueron llamados a filas, tuvieron que interrumpir carreras y familias y unas vidas adultas que ya estaban bien en marcha. Haber nacido antes de 1911 es haber sido demográficamente desafortunado. Los acontecimientos más devastadores del siglo XX le golpean a uno exactamente en el peor momento.

Esta misma lógica demográfica también es aplicable a abogados judíos de Nueva York como Maurice Janklow. Las puertas se les cerraron en los grandes bufetes del centro. Así pues, fueron abrumadoramente autodidactos, gestionaron testamentos, divorcios y contratos y conflictos menores; y en la Depresión, el trabajo de estos profesionales autónomos prácticamente desapareció. "Casi la mitad de los miembros del colegio metropolitano de abogados percibía honorarios por debajo del nivel de subsistencia mínimo para las familias estadounidenses", escribe Jerold Auerbach sobre los años de la Depresión en Nueva York. "Un año más tarde 1,500 abogados estaban dispuestos a prestar declaración jurada de pobreza para tener derecho a un subsidio social. Los abogados judíos (alrededor de la mitad del colegio metropolitano) descubrieron que su profesión se había convertido en 'un solemne camino al hambre'". Independientemente del número de años que llevaran de ejercicio, sus ingresos eran "sorprendentemente menores" que los de sus colegas cristianos. Maurice Janklow nació en 1902. Cuando empezó la Depresión, estaba recién casado y acababa de comprarse un coche grande, se había mudado a Queens y había hecho su gran apuesta por el negocio del papel de escribir. Su fortuna generacional difícilmente podía haber sido peor.

—Iba a hacer una fortuna —dice Mort Janklow de su padre—. Pero la Depresión lo mató económicamente. No tenía ningún remanente como reserva, ni familia a la que recurrir. De entonces en adelante, hacía más de notario que de abogado. Ya no le quedaba valor para asumir riesgos. Era demasiado para él. Mi padre solía cerrar títulos de propiedad por veinticinco dólares. Tenía un amigo que trabajaba en la Caja de Ahorros de Jamaica y le pasaba algún que otro trabajo. Se mataba por veinticinco dólares, levantando acta de todo, inscripciones en el registro de la propiedad. ¡Por veinticinco dólares!

"Recuerdo a mi padre y a mi madre por las mañanas —siguió Janklow—. Él le decía: "Tengo un dólar con setenta y cinco. Necesito diez centavos para el autobús, diez centavos para el metro, un cuarto para un sándwich"; y le daba el resto a mi madre. Así de cerca estaban del borde.

7.

Ahora contrastemos esta experiencia con la de alguien que, como Mort Janklow, nació en la década de 1930.

Miremos la siguiente tabla, que muestra los índices de natalidad en Estados Unidos entre 1910 y 1950. En 1915, hay casi tres millones de bebés. En 1935, el número se reduce en casi seiscientos mil; y luego, al cabo de una década y media, el número vuelve a superar los tres millones de nuevo. Para ponerlo en términos más exactos: por cada mil estadounidenses, nacieron 29.5 niños en 1915; 18.7 en 1935; y 24.1 en 1950. La década de 1930 es lo que llaman "un mínimo demográfico". En respuesta a las dificultades económicas de la Depresión, las familias simplemente dejaron de tener niños; y por consiguiente, la generación nacida durante aquella década fue notablemente menos numerosa que la precedente y la siguiente.

| Año | Nacimientos | Nac./1,000 |
|------|-------------|------------|
| 1910 | 2,777,000 | 30.1 |
| 1915 | 2,965,000 | 29.5 |
| 1920 | 2,950,000 | 27.7 |
| 1925 | 2,909,000 | 25.1 |
| 1930 | 2,618,000 | 21.3 |
| 1935 | 2,377,000 | 18.7 |
| 1940 | 2,559,000 | 19.4 |
| 1945 | 2,858,000 | 20.4 |
| 1950 | 3,632,000 | 24.1 |

He aquí lo que el economista H. Scott Gordon escribió una vez sobre las ventajas particulares de haber nacido dentro de una generación poco numerosa:

Cuando abre los ojos por primera vez, está en un hospital espacioso, preparado para atender a la hornada que lo precedió. El personal es generoso con su tiempo, ya que tiene poco que hacer mientras sobrelleva el breve periodo de calma hasta la siguiente ola. Cuando alcanza la edad de la escuela, los magníficos edificios ya están allí para recibirlo; la amplia plantilla de profesores le da la bienvenida con los brazos abiertos. En el instituto, el equipo de baloncesto no es tan bueno como antes, pero no hay ningún problema para tener tiempo de uso del gimnasio. La universidad es un lugar encantador, con espacio de sobra en clases y residencias, sin aglomeraciones en la cafetería y con unos profesores solícitos. Entonces accede al mercado de trabajo. La oferta de nuevos principiantes es baja, y la demanda es alta, porque viene una ola grande detrás que conllevará una fuerte demanda de bienes y servicios de sus potenciales patrones.

En la ciudad de Nueva York, el reemplazo de principios de la década de 1930 era tan exiguo que el tamaño de las clases era al menos la mitad del que había sido veinticinco años antes. Las escuelas eran nuevas, construidas para la gran generación que había venido antes, y los profesores tenían lo que en la Depresión se consideraba un trabajo de alto estatus.

—Los institutos públicos de la ciudad de Nueva York en la década de 1940 estaban considerados entre los mejores del país —asegura Diane Ravitch, catedrática de la Universidad de Nueva York que ha escrito extensamente sobre la historia educativa de la ciudad—. Hubo una generación de educadores en los años treinta y cuarenta que en otro tiempo y lugar habrían sido profesores universitarios. Eran brillantes, pero no podían conseguir los empleos que hubieran querido, así que se metían en la enseñanza pública porque tenían seguridad social y una pensión, y de allí no los despedían.

La misma dinámica benefició a los miembros de aquella generación cuando fueron a la universidad. Aquí está Ted Friedman, uno de los mejores litigantes de Nueva York durante las décadas de 1970 y 1980. Como Flom, se crió en la pobreza, era hijo de inmigrantes judíos con pocos recursos.

—Mis opciones eran el City College y la Universidad de Michigan —explica Friedman—. El City College era gratuito y Michigan —entonces, como ahora, una de las universidades punteras de Estados Unidos— costaba 450 dólares al año. Y la cuestión era que después del primer año podías conseguir una beca si tenías buenas notas, así que, si se me daba bien, sólo tendría que pagar el primer año —siguió Friedman, cuyo primer impulso fue quedarse en Nueva York—. Bueno, fui a la Universidad un día y no me gustó. Pensé: "Esto van a ser otros cuatro años de Bronx Science [el instituto al que había asistido]", así que me vine a casa, hice la maleta y me fui en autostop a Ann Arbor. Y continuó:

Me quedaban unos doscientos dólares del verano. Trabajaba en las montañas Catskills para ganar el dinero con que pagar la matrícula de cuatrocientos cincuenta dólares, y ya estaba pagada. Entonces había un restaurante de moda en Ann Arbor, donde conseguí un trabajo de camarero. También hice el turno de noche en River Rouge, la planta grande de la Ford. Aquello era dinero de verdad. No fue muy difícil conseguir el trabajo. Las fábricas buscaban gente. Después tuve otro empleo, con la mejor paga que hubiera recibido nunca antes de hacerme abogado, que fue trabajando en la construcción. Durante el verano, en Ann Arbor, construimos el polígono experimental de la Chrysler. Trabajé allí unos veranos mientras estudiaba Derecho. Aquellos empleos estaban francamente bien, probablemente porque se metían muchas horas extraordinarias.

Pensemos en esta historia un momento. La primera lección es que Friedman estaba dispuesto a trabajar duro, a responsabilizarse de sí mismo y a licenciarse en Derecho. Pero la segunda lección, quizás más importante, es que esto ocurrió en una época en que, si uno estaba dispuesto a trabajar mucho, *podía* responsabilizarse de sí mismo y costearse los estudios. Friedman era, entonces, lo que no-

sotros hoy llamaríamos "económicamente desfavoreci-
do". Era un chico del Bronx cuyos padres no fueron a la
universidad. Pero véase lo fácil que fue para él acceder a
una educación de calidad. Se graduó en su instituto público de Nueva York en un tiempo en que la enseñanza
pública de la ciudad de Nueva York era la envidia del
mundo. Su primera opción, el City College, era gratis; y
su segunda opción, la Universidad de Michigan, costaba
solamente 450 dólares. Además, el proceso de admisiones
era bastante informal, con lo que se podía intentar un
centro un día y otro al día siguiente.

¿Y cómo llegó allí? Hizo autostop, con el dinero ganado en verano en su bolsillo; y en cuanto llegó, consiguió
de inmediato una serie de empleos realmente buenos
con que ir más que tirando, porque las fábricas "buscaban
gente". Y así era: tenían que alimentar las necesidades de
la gran generación anterior a los nacidos en el pozo demográfico de la década de 1930, y la gran generación de
*baby boomers* que venía detrás de ellos. El sentido de posibilidad, tan necesaria para el éxito, no viene solamente de
nosotros o de nuestros padres. Viene de nuestro tiempo:
de las oportunidades particulares que se nos presentan
en nuestro lugar particular en la historia. Para un joven
proyecto de abogado, nacer a principios de los años treinta era situarse en un tiempo de oportunidades, como lo
fue nacer en 1955 para un programador de *software* o nacer en 1835 para un empresario.

Hoy, Mort Janklow tiene en Park Avenue una elevada
oficina con amplias vistas, llena de magníficas obras de
arte moderno: un Dubuffet, un Anselm Kiefer. Salpica la
conversación de anécdotas divertidas.

—Mi madre tenía dos hermanas. Una llegó a los 99; la
otra murió a los 90. La que vivió 99 años era una mujer muy
simpática. Se casó con mi tío Al, que era jefe de ventas en

Maidenform. Una vez le pregunté: "Tío Al: ¿cómo es el resto del país?". Él me contestó: "Mira, chico: en cuanto salgo de Nueva York, todo me parece Bridgeport".

Transmite la sensación de que el mundo está ahí para tomarlo.

—Siempre he estado dispuesto a asumir grandes riesgos —dice—. Cuando creé la empresa de cable, al principio cerraba tratos que me habrían llevado a la bancarrota si finalmente no hubiera despegado. Pero tenía confianza en que podía hacerla funcionar.

Mort Janklow fue a las escuelas públicas de la ciudad de Nueva York cuando estaban en su mejor momento. Maurice Janklow fue a las escuelas públicas de la ciudad de Nueva York cuando estaban más que atestadas. Mort Janklow fue a la facultad de Derecho de la Universidad de Columbia, porque los nacidos en un mínimo demográfico podían escoger entre lo más selecto. Maurice Janklow fue a la facultad de Derecho de Brooklyn, que en 1919 estaba muy bien para un niño inmigrante. Mort Janklow vendió su negocio de cable por decenas de millones de dólares. Maurice Janklow cerraba títulos por veinticinco dólares. La historia de los Janklow nos dice que el meteórico ascenso de Joe Flom no podía haberse dado en cualquier momento. Ni aun el más dotado de los abogados, equipado con las mejores lecciones de familia, puede evitar las limitaciones de su generación.

—Mi madre perdió la coherencia mental en los últimos cinco o seis meses de su vida —me contó Mort Janklow—. Y en su delirio se refería a cosas de las que nunca había hablado antes. Se deshacía en lágrimas por sus amigos muertos en la epidemia de gripe del 18. Aquella generación, la de mis padres, las pasó de todos los colores. Sobrevivieron a aquella epidemia, que se llevó ¿al 10 por ciento de la población mundial? Pánico en las calles. Muerte de amigos. Y luego, la Primera Guerra

Mundial; después, la Depresión; más tarde, la Segunda Guerra Mundial. No tenían ninguna posibilidad real. Fueron tiempos muy duros. Mi padre habría tenido mucho más éxito en una clase de mundo diferente.

### Lección número tres: industria textil y trabajo significativo

8.

Hamburgo, 1889. Louis y Regina Borgenicht se embarcan en un trasatlántico con rumbo a América. Louis era de la región centroeuropea de Galitzia, que entonces pertenecía a Polonia. Regina era de una pequeña ciudad húngara. Sólo llevaban unos años casados. Tenían un niño pequeño y esperaban al segundo. Durante los trece días de travesía, durmieron sobre colchones de paja en la cubierta situada encima de la sala de máquinas, a veces agarrándose bien a sus literas para no caerse rodando de ellas. Sólo conocían a una persona en Nueva York: la hermana de Louis, Sallie, que había inmigrado diez años antes. El dinero que llevaban les duraría unas semanas, a lo sumo. Como tantos otros emigrantes a América en aquellos años, traían consigo más fe que otra cosa.

Louis y Regina encontraron un diminuto apartamento en la calle Eldridge, en el Lower East Side de Manhattan, cuyo alquiler costaba ocho dólares al mes. Entonces Louis se echó a las calles en busca de trabajo. Vio vendedores ambulantes, puestos de fruta y aceras atiborradas de carretillas. El ruido, la actividad y la energía dejaban pequeño cuanto él había conocido en el Viejo Mundo. Primero se sintió abrumado; luego, vigorizado. Fue a la pescadería que su hermana tenía en la calle Ludlow y le convenció de que le diera una partida de arenques a crédito. Montó un puesto sobre la acera con dos barriles de pescado y se puso a dar saltos entre ellos, cantando en alemán:

Los puede Ud. freír,
los puede Ud. asar
y también los puede ahumar.
A mí me gustan escabechados.
Arenques: buenos para todas las comidas
¡... y para todas las clases sociales!

Para el final de la semana, se había sacado ocho dólares limpios. A la segunda, trece. Eso eran sumas considerables. Pero Louis y Regina no alcanzaban a ver cómo la venta de arenques en la calle podría llegar a ser un negocio constructivo. Entonces Louis decidió tirar de carretón e intentó hacerse vendedor ambulante. Vendió toallas y manteles, sin mucha suerte. Luego lo intentó con cuadernos, después con plátanos, luego con calcetines y medias. ¿Había realmente un futuro en la venta ambulante? Regina dio a luz un segundo vástago, una niña, y la urgencia de Louis creció. Ahora tenía cuatro bocas que alimentar.

La respuesta le vino tras cinco largos días de deambular por las calles del Lower East Side, justo cuando estaba a punto de abandonar toda esperanza. Estaba sentado sobre una caja volcada, comiendo a deshora el almuerzo que le había preparado Regina, cuando se le ocurrió: *ropa*. Por todas partes a su alrededor se estaban abriendo tiendas: trajes, vestidos, monos de trabajo, camisas, faldas, blusas, pantalones, todas ellas prendas hechas y listas para vestir. Viniendo de un mundo donde la ropa se cosía a mano en casa o bien se encargaba a un sastre, esto era una revelación.

Lo que más me maravilló no fue la mera cantidad de prendas, aunque esto fuera un milagro en sí mismo —escribiría Borgenicht años más tarde, ya consagrado como próspero fabricante de ropa para mujeres y niños—, sino el hecho que en América hasta los pobres podían ahorrarse la tediosa y laboriosa tarea de hacerse la ropa simplemente entrando en una tienda y saliendo con aquello que necesitaran. Ahí había un sector que prometía, casi emocionaba.

Borgenicht sacó un pequeño cuaderno con el que iba por todas partes anotando lo que la gente vestía y lo que estaba en venta: ropa de hombre, de mujer, infantil. Quería encontrar un artículo "nuevo", algo que la gente se pondría pero que aún no se vendiera en las tiendas. Durante más de cuatro días recorrió las calles con este empeño. Al atardecer del cuarto día, cuando se dirigía a su casa, vio a media docena de muchachas saltando a la pata coja en una rayuela. Una de las muchachas llevaba un diminuto delantal bordado sobre el vestido, corto por delante, con un lazo por detrás. De pronto se le ocurrió que en todos sus días de minucioso inventario de las tiendas de ropa del Lower East Side, no había visto en venta *ni uno* de aquellos delantalillos.

Cuando llegó a casa, se lo contó a Regina. Ella tenía una máquina de coser antigua que habían comprado al poco de llegar a América. A la mañana siguiente, Louis se fue a una tienda de la calle Hester y compró cien yardas de guingam y cincuenta yardas de cinta de tela blanca. Volvió a su diminuto apartamento y dispuso la mercancía sobre la mesa del comedor. Regina empezó a cortar el guingam —en piezas pequeñas para bebés y más grandes para los niños algo mayores— hasta que tuvo para cuarenta baberos y delantales. Se puso a coser. A medianoche, se fue a la cama. Louis le dio el relevo, siguiendo donde ella lo había dejado. Al amanecer, su mujer se levantó y empezó a cortar ojales y coser botones. Para las diez de la mañana, los delantales estaban terminados.

Louis se los echó encima del brazo y se aventuró a vocearlos por la calle Hester.

—¡Baberos para niños! ¡Delantales para chicas! Los coloreados, a diez centavos. ¡Los blancos, a quince centavos! ¡Delantales para chicas!

Para la una, los había vendido todos.

—¡Mamita, ya tenemos negocio! —le gritó a Regina al llegar a casa, corriendo desde la calle Hester.

Luego la agarró por la cintura y empezó a bailar con ella, alborozado.

—Tienes que ayudarme —le decía—. ¡Trabajaremos juntos! Mamita, *éste es nuestro negocio.*

## 9.

Los inmigrantes judíos como los Flom, los Borgenicht y los Janklow no se parecían a otros inmigrantes llegados a América en el siglo XIX y principios del XX. Los irlandeses e italianos eran campesinos, jornaleros del empobrecido campo de Europa. No así los judíos. Durante siglos en Europa, les habían prohibido poseer tierras, así que se arracimaban en ciudades y villas, desempeñaban oficios urbanos y profesiones liberales. El 70 por ciento de los judíos del este de Europa que pasaron ante la Estatua de la Libertad en los tres decenios que preceden a la Primera Guerra Mundial tenía alguna habilidad ocupacional. Habían regentado pequeñas tiendas de comestibles o joyerías. Muchos habían sido encuadernadores o relojeros. Pero su experiencia laboral se centraba abrumadoramente en el comercio de prendas de vestir. Eran sastres, modistos, sombrereros, peleteros, curtidores.

Louis Borgenicht, por ejemplo, dejó la empobrecida casa de sus padres a los doce años para trabajar como dependiente de tienda en la ciudad polaca de Brzesko. Cuando se presentó la oportunidad de trabajar en el *Schnittwaren Handlung* o comercio de paños y telas, no la dejó pasar.

En aquellos tiempos, un trapero era el ropero del mundo —escribe—; y de las tres necesidades fundamentales que exigía la vida en aquella sociedad simple, el alimento y el cobijo eran humildes. El vestido era la aristócrata. Los sastres a la última, los distribuidores de maravillosos paños por cada rincón de Europa, los comerciantes que visitaban los centros de la industria en sus viajes de abastecimiento anuales: éstos fueron los príncipes mercantes de mi juventud. Sus voces se oían, su peso se sentía.

Borgenicht trabajó en el comercio de paños para un hombre llamado Epstein. Luego pasó a una tienda de la vecina Jaslow que se llamaba Brandstatter's. Allí fue donde el joven Borgenicht aprendió los entresijos de las docenas de variedades diferentes de paño, al punto que, con sólo pasar la mano sobre una tela, era capaz de decir el tipo de hilo, el nombre del fabricante y el lugar de origen. Unos años más tarde, Borgenicht se desplazó a Hungría, donde conoció a Regina. Ella regentaba una modistería desde los dieciséis. Juntos abrieron una serie de pequeñas tiendas de pañolería, en las que aprendieron minuciosamente los detalles de la pequeña empresa.

Así pues, el estudio de mercado que Louis Borgenicht improvisó aquel día en la calle Hester sobre una caja vuelta hacia abajo no fue un don caído del cielo. Louis era un veterano del *Schnittwaren Handlung;* y su esposa, una modista avezada. Esto era lo suyo; y al mismo tiempo que los Borgenicht ponían en marcha una tienda dentro de su diminuto apartamento, miles de otros inmigrantes judíos hacían lo mismo, ponían en práctica sus capacidades de costura, sastrería y modistería, hasta el punto de que, hacia 1900, el control de la industria de la ropa había pasado casi completamente a manos de los recién llegados del este de Europa. Como diría Borgenicht, los judíos "arraigan profundamente en la tierra que les da la bienvenida y trabajan como locos *en lo que saben hacer*".

Hoy, en un tiempo en que Nueva York está en el centro de una enorme y diversificada área metropolitana, es fácil olvidar la importancia del juego de habilidades que inmigrantes como los Borgenicht trajeron al Nuevo Mundo. Desde finales del siglo XIX hasta mediados del XX, el comercio de prendas de vestir fue la industria más grande y económicamente vibrante de la ciudad. En Nueva York trabajaban más personas haciendo ropa que en cualquier otra actividad y se fabricaban más prendas que en cualquier otra ciudad del mundo. Algunos edificios inconfundibles que aún se alzan en la mitad inferior de Broadway, en Manhattan —desde los grandes almacenes industriales de diez y quince pisos veinte manzanas más abajo de Times Square hasta los desvanes de hierro fundido del Soho y Tribeca—, se construyeron para albergar a sastres, sombrereros, fabricantes de ropa interior, en enormes salas llenas de hombres y mujeres encorvados sobre máquinas de coser. Llegar a la ciudad de Nueva York en la década de 1890 sabiendo costura o modistería o *Schnittwaren Handlung* era un golpe de fortuna extraordinariamente bueno, un poco como aparecer en Silicon Valley en 1986 con diez mil horas de programación ya en el morral.

—No hay duda de que aquellos inmigrantes judíos llegaron en el momento perfecto, con las habilidades perfectas —dice el sociólogo Stephen Steinberg—. Para explotar aquella oportunidad, había que tener ciertas virtudes, y aquellos inmigrantes trabajaban mucho. Se sacrificaban.

Escatimaron, ahorraron e invirtieron dinero sabiamente. Pero de todos modos, conviene recordar que la industria textil en aquellos años crecía a pasos agigantados. La economía necesitaba desesperadamente las habilidades que ellos poseían.

Louis y Regina Borgenicht y otros miles que vinieron de Europa en barco tuvieron una oportunidad excelente. Y también sus hijos y nietos, porque las lecciones que aquellos trabajadores textiles trajeron consigo resultaron cruciales para tener éxito en la vida.

## 10.

El día después de que Louis y Regina Borgenicht vendieran su primera remesa de cuarenta delantales, Louis se dirigió a H. B. Claflin & Co. La Claflin era una casa de tejidos de encargo, el equivalente a Brandstatter's en Polonia. Allí, Borgenicht pidió un dependiente que hablara alemán, ya que su inglés era casi inexistente. En la mano llevaba todos los ahorros que había reunido con Regina: 125 dólares. Con ese dinero, compró paño suficiente para hacer diez docenas de delantales. Día y noche, él y Regina cortaban y cosían. Vendió las diez docenas en dos días y volvió a Claflin con las ganancias para adquirir más material. A Louis le quitaban los delantales de las manos. Poco después, él y Regina contrataron a otra inmigrante recién desembarcada para que les ayudara con los niños, de modo que Regina pudiera dedicarse a coser la jornada completa; y luego a otra para servir como aprendiz. Louis se aventuró Manhattan arriba, llegó hasta Harlem y vendió género a las madres por las casas. Alquiló unos escaparates en la calle Sheriff con habitaciones en la trastienda. Contrató a tres muchachas más y compró máquinas de coser para todas sus empleadas. Acabó conociéndosele como "el hombre de los delantales". Él y Regina vendían toda su producción casi inmediatamente.

Poco después, los Borgenicht decidieron diversificar. Empezaron a hacer delantales para adultos, luego enaguas, después vestidos de mujer. Hacia enero de 1892, los Borgenicht tenían veinte personas trabajando para ellos, la mayoría también inmigrantes judíos. Tenían su propia fábrica en el Lower East Side de Manhattan y una lista creciente de clientes, incluida una tienda en la parte alta de la ciudad propiedad de otra familia judía inmigrante, los hermanos Bloomingdale. Tengamos presente que en aquel entonces los Borgenicht sólo llevaban tres años en el país. Apenas hablaban inglés. Ni mediando el mayor esfuerzo de la imaginación podía decirse que fueran ricos todavía. Todos los beneficios los reinvertían en su negocio. Dice Borgenicht que sólo tenía 200 dólares en el banco. Pero ya era responsable de su propio destino.

Ésta era la segunda gran ventaja de la industria de la ropa. No era sólo que creciese a pasos agigantados. También era explícitamente emprendedora. Las prendas de vestir no se hacían en una sola gran fábrica. Por el contrario, un número dado de firmas establecidas diseñaba el patrón y preparaba la tela. Después, todas las complicadas tareas de costura, ceñido y embotonado se encomendaban a pequeños proveedores. Y si uno de estos contratistas crecía lo suficiente, o si era lo bastante ambicioso, empezaba a diseñar su propio patrón y a preparar su propia tela. Hacia 1913, había aproximadamente dieciséis mil empresas distintas dedicadas al negocio de ropa en la ciudad de Nueva York, muchas exactamente iguales que la tienda de los Borgenicht en la calle Sheriff.

—El umbral para implicarse en un negocio propio era muy bajo. Básicamente hacía falta una máquina de coser, y una máquina de coser no cuesta tanto —explica Daniel Soyer, un historiador que ha escrito extensamente sobre la industria de la ropa—, o sea, que no se necesitaba mucho capital. A principios del siglo XX, probablemente costaría unos cincuenta dólares comprar una máquina o dos. Todo lo que había que tener para ser un contratista era un par de máquinas de coser, algunas planchas y un par de trabajadores. Los márgenes de beneficio eran muy bajos, pero siempre se sacaba algún dinero.

Escuche cómo describe Borgenicht su decisión de diversificarse más allá de los delantales:

> Por mi estudio del mercado yo sabía que sólo tres hombres hacían prendas de vestir para niños en 1890. Uno era un sastre del East Side, vecino mío, que sólo atendía pedidos; y los otros dos se especializaron en un producto caro con el que yo no tenía ningún deseo de competir en absoluto. Yo quería hacer productos a "precios populares": vestidos lavables, sedas, lanas. Mi objetivo era producir prendas que pudiera permitirse la gran masa de la gente normal, prendas —desde el punto de vista del negocio— que se vendieran igual de bien en las tiendas grandes que en las pequeñas, en la ciudad y en el campo. Con ayuda de Regina —que siempre demostró un gusto y un juicio excelentes— preparé una línea de muestras y se las enseñé a todos mis "viejos" clientes y amigos, e insistí en todos los puntos interesantes: mis vestidos ahorrarían a las madres infinidad de labores; los materiales y costuras eran al menos tan buenos, y probablemente mejores, que los de las prendas hechas en casa; y el precio era asequible para prendas de uso diario con mucho desgaste.

En cierta ocasión, Borgenicht comprendió que su única posibilidad de competir en precios con las firmas más grandes pasaba por convencer a los mayoristas de que le vendieran el paño directamente, eliminando al intermediario. Fue a ver a un tal Sr. Bingham de Lawrence y Compañía, "un yanqui alto, descarnado, barbicano, con ojos de acero azul". Allí estaban los dos: el inmigrante de la Polonia rural, con ojeras delatoras de su fatiga, abordando en su inglés intermitente al imperioso yanqui. Borgenicht le dijo que quería comprar cuarenta cajas de cachemira. Bingham nunca había vendido antes a una empresa individual, no digamos a una tienducha de la calle Sheriff.

—¡Hace falta tener cara dura para presentarse aquí a pedir favores! —tronó. Pero terminó por acceder.

Lo que Borgenicht estaba aprendiendo en sus jornadas de dieciocho horas era toda una lección de economía moderna. Aprendió a hacer estudios de mercado. Aprendió a fabricar. Aprendió a negociar con yanquis imperiosos. Aprendió a sumergirse en la cultura popular para entender las nuevas tendencias de la moda.

Los inmigrantes irlandeses e italianos que llegaron a Nueva York en aquel mismo periodo no tenían la misma ventaja. No tenían una habilidad específica de la economía urbana. Fueron a trabajar como braceros, criados u obreros de la construcción, empleos en los que uno podía dejarse la salud durante treinta años sin aprender nunca estudios de mercado ni fabricación, y sin navegar por la cultura popular ni negociar con los yanquis, que dominaban el mundo.

Considérese asimismo el destino de los mexicanos que inmigraron a California entre 1900 y finales de los años veinte para trabajar en las grandes plantaciones de frutas y verduras: simplemente cambiaron la vida de un campesino feudal en México por la vida de un campesino feudal en California.

—Las condiciones laborales en la industria de la ropa eran exactamente igual de malas —continúa Soyer—.

Pero al menos un trabajador textil estaba cerca del centro decisorio de su sector económico. Si trabajas en el campo de California, no tienes ni idea de lo que les pasa a los productos desde que los cargas al camión. Si trabajas en una pequeña fábrica de ropa, tendrás un salario bajo y condiciones laborables horribles, con largas horas de trabajo, pero al menos puedes ver exactamente lo que está haciendo la gente que tiene éxito; y con un poco de suerte e iniciativa, puedes encontrar el modo de montar tu propio negocio*.

Cuando Borgenicht llegaba a casa por la noche y abrazaba a sus hijos, puede que estuviera cansado y siguiera siendo pobre y a veces se sintiese abrumado. Pero estaba vivo. Era su propio jefe. Era dueño de sus propias decisiones y responsable del rumbo que fuera a tomar su vida. Su trabajo era complejo, exigía esfuerzos nada despreciables a su mente y su imaginación; pero en sus circunstancias había una relación entre el esfuerzo y la recompensa: cuantas más horas le robaran al sueño Regina y él cosiendo delantales por la noche, más dinero ganarían al día siguiente por las calles.

Estas tres cosas —autonomía, complejidad y relación entre esfuerzo y recompensa— son, según conviene la mayoría de la gente, las tres cualidades que tiene que tener un empleo para satisfacer a quien lo desempeña. En última instancia, no es tanto el dinero que ganamos lo que nos

---

* Comprendo que parece extraño referirse a los inmigrantes judíos en Estados Unidos como afortunados cuando las familias y parientes que dejaron en Europa estuvieron al borde del exterminio a manos de los nazis. Borgenicht, de hecho, capta inconscientemente este patetismo en sus memorias, publicadas en 1942. Las tituló *The Happiest Man* [El más feliz de los hombres]. Después de numerosos capítulos que rebosan de optimismo y ánimo, sin embargo, aborda la realidad de la Europa dominada por los nazis. Si el libro se hubiera publicado en 1945, cuando se conocía la historia completa del Holocausto, cabe imaginar que habría tenido un título muy diferente.

hace felices de nueve a cinco. Se trata más bien de si nuestro trabajo nos llena. Si le dieran a elegir entre ser arquitecto por 75,000 dólares al año y trabajar todos los días en una cabina de peaje durante el resto de su vida por 100,000 dólares al año, ¿qué elegiría? Seguramente lo primero, porque ofrece complejidad, autonomía y una relación entre el esfuerzo y la recompensa que por otra parte implica el mero hecho de hacer un trabajo creativo; y para la mayor parte de nosotros esto vale más que el dinero.

Un empleo que cumpla dichos criterios es un trabajo *con sentido*. Ser profesor tiene sentido. Ser médico es significativo. También ser empresario; y el milagro de la industria textil —por duro y amargo que fuese trabajar en ella— fue el que permitió que gente como los Borgenicht, recién desembarcados, encontrara también algo significativo que hacer*. Cuando Louis Borgenicht llegó a casa después de haber visto el delantal de niña que le dio la idea, tuvo ganas de bailar una giga con su mujer. Aún no había vendido nada. Seguía sin dinero y desesperado; y sabía que materializar su idea iba a requerir años de trabajo agotador. Pero estaba en éxtasis, porque la perspectiva de aquellos infinitos años de trabajo duro no le parecía una carga. Bill Gates

---

* Dejemos una cosa clara, por si acaso: decir que el trabajo de fabricar ropa era significativo no equivale a idealizarlo. Era una labor increíblemente ardua y a menudo miserable. Las condiciones de trabajo eran inhumanas. Una encuesta de la década de 1890 sitúa las horas trabajadas en un promedio de ochenta y cuatro semanales, lo que vienen a ser doce horas por día. De vez en cuando, el número de horas era más alto. "Durante la temporada de más ajetreo", escribe David von Drehle en *Triangle: The Fire that Changed America*, "no era insólito ver a los obreros sentados sobre taburetes o sillas rotas, cosiendo o planchando de 5 de la mañana a 9 de la tarde, cien horas por semana o más. Ciertamente, se decía que durante las temporadas de mayor ocupación, el zumbido de las máquinas de coser nunca cesaba por completo en el Lower East Side, ya fuera por el día o por la noche".

debió de sentir lo mismo la primera vez que se sentó ante el teclado en Lakeside. Tampoco los Beatles huyeron despavoridos cuando les dijeron que tendrían que tocar ocho horas por noche, siete días por semana. No iban a dejar pasar la posibilidad. El trabajo duro sólo es una condena si carece de significado. Una vez que lo adquiere, se convierte en el tipo de cosa que le hace a uno agarrar a su esposa por la cintura y bailar una giga con ella.

Sin embargo, la consecuencia más importante del milagro de la industria textil fue lo que les pasó a los niños que se criaron en casas donde se hacía un trabajo significativo. Imaginemos lo que debió de haber sido asistir al meteórico ascenso de Regina y Louis Borgenicht con los ojos de uno de sus hijos. Ellos aprendieron la misma lección que el pequeño Alex Williams aprendería casi un siglo más tarde: una lección crucial para quienes quieran abordar los alcances superiores de una profesión como el derecho o la medicina: si uno trabaja lo suficiente y tiene confianza en sí mismo, si usa su mente y su imaginación, podrá conformar el mundo a sus deseos.


11.


En 1982, una estudiante de sociología llamada Louise Farkas visitó varias clínicas y residencias de ancianos de la ciudad de Nueva York y Miami Beach. Buscaba gente como los Borgenicht o, para ser más precisos, como los hijos de gente como los Borgenicht, que habían venido a Nueva York con la gran oleada de inmigración judía que se produjo a principios del siglo pasado. Y para cada una de las personas que entrevistó, trazó un árbol genealógico que reflejaba en qué se ganaba la vida una rama dada de padres, hijos, nietos y, en algunos casos, bisnietos.

He aquí su recuento "del sujeto nº 18":

Un sastre artesano de origen ruso llega a América, se emplea en el sector de la costura, trabaja de sol a sol para ganarse un sueldo ínfimo. Más tarde se lleva prendas a medio hacer para terminarlas en casa con ayuda de su esposa e hijos mayores. Para aumentar su exiguo sueldo, trabaja por las noches. Empieza a fabricar ropas que vende por las calles de Nueva York. Acumula el capital suficiente para entrar en un negocio con sus hijos. Éstos abren un telar para fabricar ropa de hombre. El sastre ruso y sus hijos se han convertido en fabricantes de trajes para hombre, que suministran a varias tiendas de la ciudad. [...] La familia prospera. [...] Los hijos llegan a ser profesionales con estudios superiores.

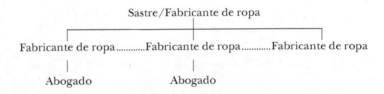

Veamos otro. Se trata de un curtidor que emigró de Polonia a finales del siglo XIX.

Estos árboles genealógicos de judíos que hace Farkas se prolongan una página tras otra, y cada uno es prácticamente idéntico al anterior, hasta que la conclusión se hace ineludible: los médicos y abogados judíos no se convirtieron en profesionales liberales a pesar de sus orígenes. Se hicieron profesionales *debido* a sus orígenes.

Ted Friedman, el eminente letrado de las décadas de 1970 y 1980, se recuerda asistiendo de niño a conciertos con su madre en el Carnegie Hall. Eran pobres, vivían en un rincón perdido del Bronx. ¿Cómo podían permitirse un lujo así?

—Con 25 centavos para Mary —dice Friedman—. Conocíamos a una tal Mary, que era la que picaba las entradas; y si le dabas un cuarto a Mary, te dejaba pasar sin entrada si te quedabas de pie en el segundo anfiteatro. Carnegie Hall no tenía por qué saberlo. Aquello era entre Mary y tú. Aunque el trayecto era largo, asistíamos a funciones un par de veces al mes[*].

La madre de Friedman era una inmigrante rusa. Apenas hablaba inglés. Pero llevaba trabajando de costurera desde los quince años y se había convertido en una prominente organizadora del sindicato textil, aprendiendo en aquel mundo que, a base de pura iniciativa y fuerza de persuasión, una pobre puede llevar a sus niños al Carnegie Hall. No hay mejor lección para un abogado en ciernes. La industria textil era una plataforma de lanzamiento para otras profesiones.

---

[*] La explicación convencional del éxito de los judíos se basa, por supuesto, en que la hebrea es una cultura alfabetizada, intelectual. Son "el Pueblo del Libro" por antonomasia. Algo de eso hay, sin duda. Pero no sólo los hijos de los rabinos se matriculaban en la facultad de Derecho. También los hijos de los obreros textiles. Y su ventaja crucial a la hora de ascender en la escala profesional no fue el rigor intelectual que se adquiere estudiando el Talmud. Fue la inteligencia práctica y el sentido común que se adquieren viendo a tu padre vender delantales en la calle Hester.

¿A qué se dedicaba el padre de Joe Flom? Cosía hombreras para vestidos de mujer. ¿Y el padre de Robert Oppenheimer? Era fabricante de ropas, como Louis Borgenicht. Un piso por encima de la oficina esquinera de Flom en Skadden, Arps está la oficina de Barry Garfinkel, quien lleva en Skadden, Arps casi tanto como Flom y durante muchos años dirigió el departamento de litigios de la firma. Y ¿a qué se dedicaba la madre de Garfinkel? Era sombrerera. Confeccionaba sombreros y gorras en su casa. Y ¿a qué se dedicaron dos de los hijos de Louis y Regina Borgenicht? Fueron a la facultad de Derecho, y no menos de nueve de sus nietos terminaron como médicos y abogados también.

Veamos el más notable de los árboles genealógicos hechos por Farkas. Corresponde a una familia judía de Rumanía que tenía una pequeña tienda de ultramarinos en su país y una vez en Nueva York abrió otra, en el Lower East Side de Manhattan. Es la respuesta más elegante a la pregunta: ¿de dónde han salido todos estos Joe Flom?

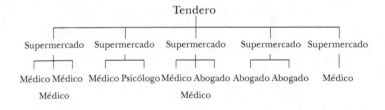

12.

Diez bloques al norte de las oficinas centrales de Skadden, Arps en el centro de Manhattan están las oficinas del gran rival de Joe Flom, el bufete generalmente considerado como el mejor del mundo.

Su sede se encuentra en el prestigioso edificio de oficinas conocido como Black Rock. Para ser contratado allí, debe mediar un pequeño milagro. A diferencia de otros bufetes principales de Nueva York, todos los cuales tienen cientos de abogados dispersados alrededor de las capitales del mundo, éste sólo funciona en el mencionado edificio de Manhattan. Rechaza muchos más casos de los que acepta. A diferencia de todos y cada uno de sus competidores, no factura por horas. Simplemente enuncia sus honorarios. Una vez, por defender a Kmart contra una adquisición forzosa, la firma facturó a su cliente 20 millones de dólares por dos semanas de trabajo. Kmart pagó... con una sonrisa. Si sus abogados no son más listos, trabajarán más; y si no pueden ser más listos ni trabajar más, ganarán por pura intimidación. No hay ninguna firma en el mundo que haya ganado más dinero, abogado por abogado, durante los dos últimos decenios. En la pared dedicada a Joe Flom, al lado de las fotos de éste con George Bush padre y Bill Clinton, hay una imagen de él con el socio directivo de la firma rival.

Nadie se eleva a la cima de la profesión legal en Nueva York sin inteligencia, ambición y capacidad de trabajo; y los cuatro fundadores de la firma de Black Rock encajan claramente en esa descripción. Pero a estas alturas sabemos mucho más que eso, ¿verdad? El éxito no es un acto arbitrario. Proviene de un potente y predecible conjunto de circunstancias y oportunidades; y después de haber examinado las vidas de Bill Joy, Bill Gates, los jugadores profesionales de *hockey*, los genios, y las de Joe Flom, los Janklow y los Borgenicht, no debería ser difícil calcular de dónde sale el abogado perfecto.

Esta persona habrá nacido en un pozo demográfico, se habrá educado en el mejor de los institutos públicos de Nueva York y habrá disfrutado de un acceso más fácil al mercado de trabajo. Será judía, desde luego, y como a tal, se le habrán cerrado las puertas de los bufetes centrales de la vieja escuela debido a sus "antecedentes". Los padres de esta persona habrán desempeñado un trabajo significativo en el sector textil, pasando a sus hijos las nociones de autonomía y complejidad, así como la de conexión entre el esfuerzo y la recompensa. Habrá ido a una universidad buena, aunque no necesariamente a una de las mejores. No hace falta que sea la primera de la clase, sólo que sea lo bastante inteligente.

De hecho, podemos precisar aún más. Así como hay una fecha de nacimiento perfecta para un magnate de los negocios en el siglo XIX y una fecha de nacimiento perfecta para un magnate del *software* en el XX, también hay una fecha de nacimiento perfecta para un abogado judío de Nueva York. Es 1930, porque le daría a dicho abogado la ventaja de pertenecer a una generación bendecida por lo poco numerosa. También, porque así tendría cuarenta años en 1970, cuando estalló la revolución del mundo jurídico, que en el campo del derecho mercantil se traduce en un sano periodo *hamburgués* de quince años mientras los abogados de zapato blanco se demoraban lánguidamente con sus almuerzos de dos martinis. Si alguien quiere ser un gran abogado en Nueva York, es una ventaja ser extranjero; otra ventaja es haber tenido unos padres que desempeñaran un trabajo significativo; pero mayor ventaja todavía es haber nacido a principios de los años treinta. Pero si reúne las tres ventajas —además de una dosis buena de ingenio y energía—, entonces tiene una combinación imparable. Es como ser un jugador de *hockey* nacido el 1 de enero.

El bufete de Black Rock es el de Wachtell, Lipton, Rosen y Katz. El primer socio de la firma fue Herbert Wachtell. Nació en 1931. Se crió en los alojamientos que el Sindicato

Unificado de Obreros Textiles tenía en las afueras del parque Van Cortland del Bronx. Sus padres eran inmigrantes judíos de Ucrania. Su padre estaba en el negocio de la ropa interior femenina con sus hermanos, en el sexto piso de lo que hoy es un elegante *loft* en la esquina de Broadway con la calle Spring, en el Soho. Fue a un instituto público de la ciudad de Nueva York en los años cuarenta, después al City College en Manhattan alto, y luego a la facultad de Derecho de la Universidad de Nueva York.

El segundo socio fue Martin Lipton. Nació en 1931. Descendía de inmigrantes judíos. Su padre era gerente en una fábrica. Asistió a institutos públicos en la ciudad de Jersey, luego a la Universidad de Pensilvania, y después a la facultad de Derecho de la Universidad de Nueva York.

El tercer socio fue Leonard Rosen. Nació en 1930. Creció, pobre, en el Bronx, cerca del estadio de los Yanquis. Sus progenitores eran inmigrantes judíos de Ucrania. Su padre trabajó de planchador en el barrio textil de Manhattan. Él se educó en la enseñanza pública de la ciudad de Nueva York durante los años cuarenta, después en el City College en Manhattan alto, y luego en la facultad de Derecho de la Universidad de Nueva York.

El cuarto socio era George Katz. Nació en 1931. Se crió en un apartamento de primera planta y una habitación sito en el Bronx. Sus padres eran hijos de inmigrantes judíos de Europa Oriental. Su padre vendía seguros. Su abuelo, que vivía a unos bloques de distancia, trabajaba como costurero a destajo. Él estudió en un instituto público de la ciudad de Nueva York en la década de 1940, después en el City College en Manhattan alto, y luego en la facultad de Derecho de la Universidad de Nueva York.

Supongamos que nos hubiéramos encontrado con cualquiera de estos cuatro eminentes letrados cuando acababan de salir de la facultad de Derecho. Está sentado en la elegante sala de espera de Mudge Rose, al lado de un tipo nórdico con ojos azules y un entorno social "adecuado". Todos habríamos apostado por el tipo nórdico. Y nos habríamos equivocado, porque los Katz y los Rosen y los Lipton y los Wachtell y los Flom tenían algo que el tipo nórdico no tenía: su mundo —su cultura, su generación y su historia familiar— les ofrecía la mayor de las oportunidades.

# SEGUNDA PARTE

## LA HERENCIA

## CAPÍTULO VI

# HARLAN (KENTUCKY)

"¡MUERE COMO UN HOMBRE, IGUAL QUE HIZO
TU HERMANO!".

## 1.

En el rincón sureste de Kentucky, en una estribación de los
montes Apalaches conocida como la meseta de Cumberland,
se encuentra una pequeña ciudad llamada Harlan.

La meseta de Cumberland es una región silvestre y mon-
tañosa de riscos aplanados, paredes escarpadas de 300 metros de altura y angostos valles, algunos sin mayor amplitud
que la necesaria para que pase un camino de un carril y un
arroyo. Cuando el área se colonizó por primera vez, las laderas y los valles estaban cubiertos de un denso bosque primiti-
vo. Gigantescos tulíperos crecían en las vaguadas y al pie
de las colinas, algunos con troncos de dos metros y medio de
diámetro. También robles, hayas, arces, nogales, sicómoros,
abedules, sauces, cedros, pinos y cicutas, todos enredados
en una maraña de vides silvestres, que conformaban una de
las mayores diversidades forestales del hemisferio norte.
Sobre la tierra, osos, pumas, serpientes de cascabel; en las
copas de los árboles, una serie asombrosa de ardillas; y en el
subsuelo, una gruesa capa de carbón tras otra.

El condado de Harlan fue fundado en 1819 por ocho
familias inmigrantes de las regiones del norte de las islas
Británicas. Habían llegado a Virginia en el siglo XVIII antes
de desplazarse al oeste de los Apalaches en busca de tierras. Nunca fue un condado rico. Durante sus cien prime-

ros años, tuvo una población escasa, que rara vez ascendió a más de diez mil personas. Los primeros colonos criaban cerdos y pastoreaban rebaños de ovejas en las laderas, se ganaban la vida con su esfuerzo en las pequeñas granjas de los valles. Hacían whisky con alambiques en el patio trasero y talaban árboles, cuyos troncos dejaban flotar, río Cumberland abajo, en primavera, cuando las aguas bajaban caudalosas. Hasta bien entrado el siglo XX, llegar a la estación de ferrocarril más cercana obligaba a realizar un viaje de dos días en diligencia. La única salida de la ciudad pasaba por ascender Pine Mountain, una subida de quince escarpados kilómetros por una vía que muchas veces degeneraba en un rocoso camino vecinal lleno de fango. Harlan era un lugar remoto y extraño, desconocido por la sociedad más grande que lo rodeaba; y bien podía haber permanecido así, de no haber sido por el hecho de que dos de las familias fundadoras de la ciudad —los Howard y los Turner— no se llevaban bien.

El patriarca del clan de los Howard era Samuel Howard. Construyó el palacio de justicia de la ciudad y la cárcel. Su antagonista era William Turner, que poseía una taberna y dos tiendas. Una vez que una tormenta echó abajo la cerca de la propiedad de Turner, la vaca de un vecino se puso a pacer en sus pastos. El nieto de William Turner, "Diablo Jim", mató a la vaca a tiros. El vecino estaba demasiado aterrorizado para presentar ninguna demanda y en cambio huyó del condado. En otra ocasión, un hombre intentó hacer la competencia a los Turner abriendo otra tienda. Después de que los Turner le hicieran una visita, el hombre cerró la tienda y se mudó a Indiana.

Una noche, Wix Howard y "Pequeño Bob" Turner —nietos de Samuel y William, respectivamente— se enfrentaron en una partida de póquer. Cada uno acusaba al otro de hacer trampas. Se pelearon. Al día siguiente se encontraron en la calle y, después de intercambiar una ráfaga de disparos, "Pequeño Bob" Turner cayó muerto de un tiro en el pecho. Un grupo de Turners fue a la tienda de Howard y tuvo unas palabras con la Sra. Howard. Ésta contó a su hijo Wilse Howard los insultos recibidos. A la semana siguiente, éste cruzó más disparos con otro de los Turner, el joven Will Turner, en la carretera a Hagan (Virginia). Aquella noche otro de los Turner y un amigo atacaron la casa de los Howard. Las dos familias se enfrentaron fuera del palacio de justicia de Harlan. En la refriega, Will Turner resultó muerto de un disparo. Entonces un contingente de los Howard fue a ver a la Sra. Turner, la madre de Will y "Pequeño Bob", para ofrecer una tregua. Ella rechazó la oferta:

—Esa sangre no se puede limpiar —dijo, señalando el punto donde había caído su hijo.

La sangre llegó rápidamente al río. Wilse Howard se topó con "Pequeño George" Turner cerca de Sulphur Springs y lo mató a tiros. Los Howard tendieron una emboscada a tres amigos de los Turner —los Cawoods—, y los mataron a todos. Los Turner enviaron una cuadrilla armada en busca de los Howard. En el subsiguiente tiroteo, se produjeron seis bajas más. Cuando Wilse Howard oyó que los Turner le andaban buscando, él y un amigo cabalgaron a Harlan y atacaron la casa de los Turner. En el camino de vuelta, los Howard sufrieron una emboscada. En la reyerta, otra persona murió. Wilse Howard cabalgó a la casa de "Pequeño George" Turner y le disparó, pero erró el tiro y mató a otro hombre. Una cuadrilla armada rodeó la casa de los Howard. Se produjo otro tiroteo, que dejó más muertos. El condado estaba patas arriba, supongo que el lector se hará una idea. Había sitios en los Estados Unidos del siglo XIX donde la gente vivía en paz. Harlan (Kentucky) no era uno de ellos.

—¡Deja de lloriquear! —le soltó su madre a Will Turner cuando éste llegó a casa tambaleándose y aullando de dolor tras haber recibido un disparo en el tiroteo con los Howard frente al palacio de justicia—. ¡Muere como un hombre, igual que hizo tu hermano!

Ella pertenecía a un mundo tan acostumbrado a los disparos fatales, que tenía ciertas expectativas sobre cómo debían sobrellevarse. Will cerró la boca y se murió.

## 2.

Supongamos que le envían a usted a Harlan a finales del siglo XIX para investigar las causas de la contienda Turner-Howard. Que llama a todos los participantes que aún estén vivos y los interroga tan exhaustivamente como le sea posible. Que recaba documentos y declaraciones de testigos y estudia con minuciosidad los expedientes judiciales hasta reunir un relato detallado y exacto de los hechos en cada fase de tan letal antagonismo.

¿Cuánto sabría del caso? La respuesta es: no mucho. Se enteraría de que hay dos familias en Harlan que no se tienen demasiada simpatía; confirmaría que Wilse Howard, responsable de una gran parte de la violencia desatada, probablemente estuviera mejor entre rejas. Lo que pasó en Harlan no quedaría claro hasta que se mirara lo ocurrido en la ciudad desde una perspectiva mucho más amplia.

El primer factor crucial que explica lo ocurrido en Harlan estriba en que, al mismo tiempo que los Howard y los Turner se mataban unos a otros, se producían choques casi idénticos en otras ciudades Apalaches arriba y abajo. En la famosa contienda Hatfield-McCoy en la frontera entre Virginia Occidental y Kentucky, no muy lejos de Harlan, varias docenas de personas murieron en una espiral de violencia que se prolongó durante más de veinte años. Durante la contienda French-Eversole en el condado de Perry (Kentucky), murieron doce, seis de ellos a manos de Tom "el Malo" Smith (un hombre, como escribiría John Ed Pearce en *Días de oscuridad*, "que era lo bastante tonto para ser intrépido y lo bastante listo para ser peligroso; y que, donde ponía el ojo, ponía la bala"). La contienda Martin-Tolliver, en el condado de Serbal (Kentucky), a mediados de la década de 1880, incluyó tres tiroteos, tres emboscadas y dos asaltos a casas, para terminar en una batalla de dos horas en la que participaron cien hombres armados. La contienda Baker-Howard en el condado de Clay (Kentucky) empezó en 1806, con una partida de caza de alces que degeneró en reyerta, y no terminó hasta la década de 1930, cuando un par de Howards mataron a tres de los Baker en una emboscada.

Me estoy limitando a las contiendas mejor conocidas. El legislador de Kentucky Harry Caudill consultó en una ocasión los archivos de un partido judicial en cierta localidad de la meseta de Cumberland y encontró mil acusaciones de asesinato desde finales de la guerra de Secesión, en la década de 1860, hasta principios del siglo XX; y esto en una región donde la población nunca superó los quince mil habitantes y donde muchos actos violentos nunca llegaron siquiera a registrarse en el juzgado. Caudill escribe sobre un juicio por asesinato en el condado de Breathitt —"o Breathitt el Cruento", como acabó por conocerse— que terminó bruscamente cuando el padre del acusado, "un hombre de aproximadamente cincuenta años con dos patillas enormes y dos pistolas inmensas", se acercó al estrado y le arrebató el mazo al juez:

—Se acabó el juicio —espetó el intruso al jurado—. Fuera todo el mundo. Este año vamos a pasar de tribunal por estos pagos; ya nos arreglaremos entre nosotros.

Con el rostro enrojecido de confusión, el juez acató a toda prisa tan extraordinario mandato para abandonar puntualmente la ciudad. Cuando el tribunal volvió a formarse al año siguiente, el jurado y el *sheriff* estuvieron escoltados por sesenta milicianos, pero para entonces el demandado no podía presentarse ante el juez; lo habían asesinado en una emboscada.

Cuando una familia lucha contra otra, se trata de una contienda. Cuando muchas familias luchan entre sí en localidades idénticas arriba y abajo de la misma sierra, se trata de un *patrón* de conducta.

¿Cuál era la causa de aquellas contiendas en los Apalaches? Durante años, se han examinado y debatido muchas causas potenciales; y el acuerdo general parece ser que aquella región estaba aquejada de una tensión particularmente virulenta a resultas de lo que los sociólogos llaman "la cultura del honor".

Las culturas del honor tienden a echar raíces en tierras altas y otras áreas menos fértiles, como Sicilia o la región de los montes vascos, en España. La explicación es que, si uno vive sobre alguna ladera rocosa, no puede cultivar la tierra, así que probablemente se dedique a criar cabras u ovejas; y la clase de cultura que se desarrolla alrededor del pastoreo es muy diferente de la cultura que se desarrolla alrededor de la agricultura. La supervivencia de un labrador depende de la cooperación con los demás dentro de la comunidad. Pero un pastor está solo. Un labrador tampoco tiene que preocuparse de que le roben el sustento por la noche, porque no es fácil robar cosechas a no ser, por supuesto, que el ladrón quiera molestarse en cosechar un campo entero él solo antes de ser descubierto. Pero un pastor sí que tiene que preocuparse. Está bajo constante amenaza de ruina por la pérdida de sus animales. Así que tiene que ser agresivo: tiene que aclarar, con palabras y con hechos, que no es un hombre débil. Tiene que estar dispuesto a luchar en respuesta al menor desafío a su reputación: eso es lo que significa "la cultura del honor". Es un mundo donde la reputación de un hombre está en el centro de su sustento y su autoestima.

El momento crítico en el desarrollo de la reputación de un pastor joven es su primera pelea —escribe el etnógrafo J. K. Campbell hablando de una cultura pastoril griega—. Las peleas son necesariamente públicas. Pueden producirse en la cafetería, en la plaza del pueblo o, con más frecuencia, sobre la linde de un pasto, donde una maldición o una piedra lanzada por otro pastor a una oveja ajena descarriada es un insulto que inevitablemente exige una respuesta violenta.

¿Por qué eran así los Apalaches? Debido a la procedencia de los primeros colonos de la región. Los llamados estados del *backcountry* americano —desde la frontera con Pensilvania al sur y el oeste hasta Virginia y Virginia Occidental, Kentucky y Tennessee, Carolina del Norte y Carolina del Sur, comprendiendo también el norte de Alabama y Georgia— fueron poblados por una mayoría abrumadora de inmigrantes impregnados de una de las culturas del honor más feroces del mundo: la de los "irlandeses-escoceses", es decir, los habitantes de las tierras bajas de Escocia, los condados del norte de Inglaterra y la región del Ulster en Irlanda del Norte.

Las zonas fronterizas, como se conocían estas comarcas, eran unos territorios remotos y fuera de la ley que habían estado en el centro de luchas de poder durante cientos de años. Las gentes de estas regiones estaban empapadas de violencia. Eran pastores que arrancaban con esfuerzo lo poco provechoso de una tierra pedregosa y yerma. Era gente cerrada, que respondía a la dureza y las tribulaciones de su entorno estrechando al máximo los lazos familiares y poniendo la lealtad a la sangre por encima de todo lo demás. Y cuando emigraron a Norteamérica, se desplazaron al interior del continente, a lugares remotos, fuera de la ley, rocosos y poco fértiles como Harlan, que les permitían reproducir en el Nuevo Mundo la cultura del honor que habían creado en el Viejo.

"Para los primeros colonos, el *backcountry* americano era un entorno peligroso, tal como lo habían sido las zonas fronterizas británicas", escribe el historiador David Hackett Fischer en *Albion's Seed;* y continúa:

> La mayor parte de las tierras altas del sur eran "tierras discutibles" en el sentido fronterizo de un territorio impugnado sin un gobierno establecido y sin imperio de la ley. Los fronterizos se adaptaban mejor que otros a este entorno anárquico pero apto para su estructura familiar, su ética guerrera, su economía agrícola y ganadera, sus actitudes hacia la tierra y la riqueza, y sus ideas sobre el trabajo y el poder. Tan bien se adaptaba a este entorno la cultura fronteriza, que otros grupos étnicos tendían a copiarla. El *ethos* de las fronteras británicas del norte vino a dominar esta "tierra oscura y sangrienta", en parte por pura superioridad numérica, pero principalmente porque constituía un medio de supervivencia en un mundo crudo y peligroso[*].

---

[*] El libro de David Hackett Fischer *Albion's Seed: Four British Folkways in America* es la exposición más definitiva y convincente de la tesis de que las herencias culturales proyectan una alargada sombra sobre la historia (quien haya leído mi primer libro, *La clave del éxito,* recordará que la discusión de Paul Revere estaba sacada de *Paul Revere's Ride* de Fischer). En *Albion's Seed,* Fischer argumenta que hubo cuatro migraciones británicas distintas a América en los 150 primeros años de Estados Unidos: primero, la de los puritanos, que en la década de 1630 viajaron de East Anglia

El triunfo de una cultura del honor ayuda a explicar por qué el patrón de criminalidad en el sur de Estados Unidos siempre fue tan distintivo. Las estadísticas de asesinatos arrojan cifras más altas allí que en el resto del país. Pero los delitos contra la propiedad y los crímenes cometidos por un "extraño" —como los atracos a personas— son mucho menos frecuentes. Como ha escrito el sociólogo John Shelton Reed:

> El tipo de homicidio en el que el Sur parece haberse especializado es aquel en el que la víctima muere a manos de alguien que conoce, por motivos que tanto el asesino como la víctima entienden [...]. Las estadísticas demuestran que los sureños que se mantienen al margen de los conflictos y no cometen adulterio están tan salvos como cualquier otro americano, probablemente más.

En el *backcountry*, la violencia no obedecía a razones económicas. Era algo *personal*. Uno luchaba para defender su honor.

Hace muchos años, cuando era joven, el periodista sureño Hodding Carter formó parte de un jurado. Según la descripción de Reed:

---

a Massachusetts; después la de los caballeros y esclavos contratados legalmente, que llegaron a Virginia desde el sur de Inglaterra a mediados del siglo XVII; después la de los cuáqueros, de las tierras medias del norte de Inglaterra al valle del Delaware, entre finales del XVII y principios del XVIII; y finalmente, la de los pobladores de las zonas fronterizas de las islas Británicas al interior de los Apalaches en el siglo XVIII. Fischer argumenta de forma harto convincente que dichas cuatro culturas —cada una con una profundidad diferente— caracterizan aquellas cuatro regiones de los Estados Unidos a día de hoy.

La vista implicaba a un irascible caballero que vivía al lado de una gasolinera. Durante varios meses había sido el blanco de varias bromas que le gastaban tanto los clientes como todo tipo de holgazanes que merodeaban por la estación de servicio, a pesar de sus advertencias y del hecho, bien conocido, de que él no tenía demasiada paciencia. Una mañana, descargó ambos cañones de su escopeta sobre sus atormentadores, mató a uno, mutiló permanentemente a otro e hirió a un tercero. [...] Cuando el incrédulo juez solicitó el veredicto del jurado, Carter fue el único de sus miembros que lo consideró culpable. Como explicaría otro de ellos, "no habría sido un hombre de verdad si no se hubiera liado a tiros con los muchachos".

Sólo en una cultura del honor se le habría ocurrido a tan irascible caballero que liarse a tiros fuera una respuesta proporcionada a un insulto personal. Y sólo en una cultura del honor se le podía ocurrir a un jurado que el asesinato, dadas las circunstancias, no era un crimen.

Comprendo las cautelas que mostramos a menudo antes de hacer esta clase de amplia generalización sobre grupos culturales diferentes. Hay buenas razones para ello, pues ésta es la forma que suelen tener los estereotipos raciales y étnicos. Nos gusta creer que no somos prisioneros de nuestras historias étnicas.

Pero la verdad simple es que, si se quiere entender lo que pasó en aquellas pequeñas ciudades en Kentucky durante el siglo XIX, *es preciso* remontarse al pasado; y no basta con una o dos generaciones: hay que volver doscientos o trescientos o cuatrocientos años, a un país al otro lado del océano, y mirar exactamente cómo se ganaba la vida la gente de un área geográfica muy específica de aquel país. La hipótesis de la cultura del honor nos dice cuánto importa de dónde viene uno, no solamente en términos de dónde creció o dónde se criaron sus padres, sino también en términos de dónde se criaron sus bisabuelos, sus tatarabuelos y hasta los abuelos de estos últimos. Se trata de un hecho extraño y poderoso. Pero esto es solamente el principio, porque un examen cercano revela hasta qué punto la herencia cultural resulta ser incluso más extraña y poderosa que todo esto.

3.

A principios de la década de 1990, dos psicólogos de la Universidad de Michigan, Dov Cohen y Richard Nisbett, decidieron llevar a cabo un experimento sobre la cultura del honor. Sabían que lo que ocurrió en sitios como Harlan en el siglo XIX era, con toda probabilidad, un producto de patrones que habían dejado su impronta en las zonas fronterizas británicas desde siglos atrás. Ahora bien, su interés llegaba al presente. ¿Era posible encontrar vestigios de aquella cultura del honor en la era moderna? Entonces decidieron reunir a un grupo de jóvenes e insultarlos.

—Nos sentamos e intentamos calcular qué insulto le llegaría al alma de un joven de dieciocho o veinte años —dice Cohen—. No pasó mucho tiempo hasta que se nos ocurrió uno que serviría: "pendejo".

El experimento fue como sigue: el edificio de Ciencias Sociales de la Universidad de Michigan tiene un pasillo largo y estrecho en un sótano, flanqueado por hileras de archivadores. Los investigadores convocaron a los jóvenes a un aula, uno por uno, y les pidieron que rellenasen un cuestionario. Entonces les dijeron que depositaran el cuestionario al final del pasillo y volviesen al aula: un simple ejercicio académico de apariencia inocente.

Para la mitad de los jóvenes, eso era todo. Se trataba del grupo de control. Para la otra mitad, había truco. Mientras caminaban al fondo del pasillo con su cuestionario, un hombre —compinchado con los investigadores— se ponía a andar delante de ellos y sacaba un cajón de uno de los archivadores. El pasillo, que ya era estrecho, se estrechaba aún más. Cuando el joven de turno intentaba pasar, el compinche se mostraba visiblemente importunado. Cerraba de golpe el cajón del archivador, empujaba al joven con el hombro y, en voz baja pero audible, pronunciaba la palabra-espoleta:

—Pendejo.

Cohen y Nisbett pretendían medir, con la mayor precisión posible, lo que provocaba aquel insulto. Observaron las caras de sus sujetos y tasaron la cólera que dejaban traslucir. Estrecharon las manos de los jóvenes para ver si su apretón era más firme de lo normal. Tomaron muestras de saliva de los estudiantes, tanto antes como después del insulto, para ver si el que les llamaran pendejos hacía subir sus niveles de testosterona y cortisona, las hormonas que regulan la excitación y la agresividad. Finalmente, pidieron a los estudiantes que leyeran la siguiente historia abierta e inventaran un final:

Sólo hacía unos veinte minutos que habían llegado a la fiesta cuando Jill se llevó a Steve aparte, obviamente molesta por algo.

—¿Qué te pasa? —preguntó Steve.

—Es Larry. Sabiendo perfectamente que tú y yo vamos a casarnos, ya me ha tirado la honda dos veces esta noche.

Cuando se reintegraron en la fiesta, Steve decidió no quitarle ojo a Larry. Efectivamente, no habían pasado ni cinco minutos, cuando Larry se acercó a Jill e intentó besarla.

Si acaban de insultar a un joven, ¿no será más probable que se imagine a Steve haciéndole algo violento a Larry?

Los resultados fueron inequívocos. Había diferencias claras en cómo los jóvenes reaccionaban al insulto. En algunos, el insulto alteraba su comportamiento. En otros, no. Y el factor que determinaba su reacción no era su grado de seguridad emocional, ni si eran del tipo intelectual o más bien unos catetos, ni si eran físicamente imponentes o no. Lo que importaba —y creo que el lector ya irá adivinando por dónde vamos— *era su lugar de procedencia:* los jóvenes procedentes del norte de Estados Unidos básicamente se tomaron el incidente con humor, como una broma más o menos divertida. Sus apretones de manos eran normales; y de hecho sus niveles de cortisona disminuyeron, como si intentaran inconscientemente desactivar su propia cólera. Sólo unos pocos predecían una reacción violenta de Steve hacia Larry.

Pero ¿y los del Sur? Ay, Señor... Vaya si *se enfadaban.* Sus niveles de cortisona y testosterona brincaban. Sus apretones de manos se hicieron más firmes; y tenían muy claro que Steve se iba derecho, con el puño cerrado, a por Larry.

—Luego decidimos darle otra vuelta de tuerca al experimento —explica Cohen—: cuando enviábamos a los estudiantes al fondo del vestíbulo, nos las arreglamos para que otro compinchado con nosotros se cruzara con ellos por el camino. Así, el pasillo quedaba bloqueado, de manera que sólo había espacio para que pasara uno de ellos. Usamos un tipo que medía uno noventa y pesaba ciento veinte kilos. Había jugado al futbol americano en la universidad y ahora trabajaba de portero en un bar del campus; y este tío venía en dirección contraria con la actitud que mostraba en el bar cuando había jaleo. La pregunta era: ¿cuánto se acercarían al sacabullas antes de apartarse de su camino? Porque, créeme, siempre acaban apartándose de su camino.

En el caso de los norteños, el efecto buscado estaba prácticamente ausente. Se apartaban del rumbo de colisión uno o dos metros antes de chocar con el portero de bar, tanto si les habían insultado como si no. Los sureños, en cambio, se mostraban perfectamente respetuosos en circunstancias normales, desviándose del rumbo hasta tres metros o más antes de la colisión. Pero ¿y si resultaba que acababan de insultarles? Ah, entonces la distancia rondaba el *medio metro*. Llame usted pendejo a un sureño y le verá buscar pelea. Lo que Cohen y Nisbett vieron en aquel largo pasillo era la cultura del honor en acción: los habitantes del Sur reaccionaban como Wix Howard cuando "Pequeño Bob" Turner le acusó de hacerle trampas al póquer.

4.

Qué estudio tan extraño, ¿verdad? Una cosa es concluir que los grupos humanos que viven en circunstancias bastante similares a las de sus antepasados se comportarán en gran medida como ellos. Pero aquellos sureños que se internaban en el angosto pasillo no vivían en circunstancias similares a las de sus antepasados británicos. Ni siquiera tenían necesariamente antepasados británicos. Simplemente se habían criado en el Sur. Ninguno de ellos era pastor. Ni tampoco eran pastores sus padres. Vivían a finales del siglo XX, no a finales del XIX. Eran estudiantes de la Universidad de Michigan, en uno de los estados más norteños de Estados Unidos, lo que significaba que eran suficientemente cosmopolitas para viajar cientos de millas y matricularse en la universidad. Pero nada de eso importaba. *Aun así, se comportaban como si siguieran viviendo en el siglo XIX en Harlan (Kentucky).*

—El alumno tipo en aquellos estudios proviene de una familia que gana por encima de los cien mil dólares anuales, dólares de 1990 —dice Cohen—. Los sureños en los que observamos este efecto no son chicos recién bajados de los montes Apalaches. Es más probable que sean hijos de los cuadros ejecutivos medios y altos de la Coca-Cola en Atlanta. Ésta es la gran cuestión. ¿Por qué íbamos a obtener este efecto con ellos al hacer cierto experimento? ¿Cómo es que un comportamiento se reproduce cientos de años más tarde? ¿Por qué estos chicos de la Atlanta suburbana representan el carácter distintivo de la frontera*?

\* \* \*

Las herencias culturales son fuerzas poderosas. Tienen raíces profundas y vidas largas. Persisten, generación tras generación, prácticamente intactas, incluso mucho después de que hayan desaparecido las condiciones socioeconómicas y demográficas que las engendraron; y desempeñan tal

---

\* Cohen ha hecho otros experimentos que de nuevo buscan evidencias de "carácter sureño"; y cada vez que lleva uno a cabo, se encuentra lo mismo. —Una vez, nos dedicamos a importunar a estudiantes con molestias persistentes —cuenta—. Llegaban al laboratorio y les pedíamos que dibujaran escenas de su niñez. En el experimento, hacen todo esto con un compinchado nuestro, que se comporta como un perfecto *idiota,* pues continuamente hace todo tipo de cosas para molestar al sujeto. Por ejemplo, le quita el dibujo y lo lanza a la papelera, o le da una cachetada al sujeto. O le roba el lápiz y no se lo devuelve. Siempre se dirige al sujeto llamándole "Enterao"; y le dice: "voy a firmar tu dibujo" mientras escribe en él: "El Enterao". Lo que se encuentra Cohen es que los norteños tienden a emitir rápidamente demostraciones de cólera, hasta cierto punto, al mismo nivel del compinchado. Los habitantes del Sur son mucho menos propensos a enfadarse al principio. Pero llega un momento en que, de golpe, sobrepasan en agresividad a los norteños. Con ellos es mucho más probable que exploten de repente; son mucho más volátiles, mucho más explosivos.

papel en la dirección de actitudes y comportamientos, que no podemos comprender nuestro mundo sin ellas*.

Hasta ahora, en *Fueras de serie* hemos visto que el éxito proviene de la acumulación estable de ventajas: cuándo y dónde se nace, a qué se dedican los padres, cuáles son las circunstancias educativas, etcétera. Todo esto marca una diferencia significativa en lo bien que nos vaya a ir en la vida. La pregunta para la segunda parte de *Fueras de serie* es si las tradiciones y actitudes que heredamos de nuestros antepasados pueden desempeñar el mismo papel. ¿Podemos aprender algo sobre por qué la gente tiene éxito y cómo hacer que las personas sean mejores en lo que hacen tomando la herencia cultural en serio? Yo creo que sí.

---

* ¿Cómo pasan estas actitudes de generación en generación? Mediante herencia social. Piense en cómo persisten los acentos en el tiempo. David Hackett Fischer señala que los primeros colonos de los Apalaches decían *"whar* en lugar de *where* [dónde], *thar* en lugar de *there* [allí], *hard* en lugar de *hired* [contratado], *critter* en lugar de *creature* [criatura], *sartin* en lugar de *certain* [cierto], *a-goin* en lugar de *going* [yendo], *hit* en lugar de *it* [esto], *he-it* en lugar de *hit* [pegar], *far* en lugar de *fire* [fuego], *deef* en lugar de *deaf* [sordo], *pizen* en lugar de *poison* [fuego], *nekkid* en lugar de *naked* [desnudo], *eetch* en lugar de *itch* [picor], *boosh* en lugar de *bush* [arbusto], *wrassle* en lugar de *wrestle* [luchar], *chaw* en lugar de *chew* [mascar], *poosh* en lugar de *push* [empujar], *shet* en lugar de *shut* [cerrar], *ba-it* en lugar de *bat* [murciélago], *be-it* en lugar de *be* [ser], *narrer* en lugar de *narrow* [estrecho], *winder* en lugar de *window* [ventana], *widder* en lugar de *widow* [viuda] y *young-uns* en lugar de *young one* [niño]". ¿Le suena? Es la misma manera en que hablan muchos habitantes rurales de los Apalaches hoy. El mecanismo que transmite los patrones de habla probablemente transmite también pautas de comportamiento y afecto.

## CAPÍTULO VII

# TEORÍA ÉTNICA DE LOS ACCIDENTES AÉREOS

### "CAPITÁN, EL RADAR METEOROLÓGICO NOS HA AYUDADO MUCHO".

## 1.

La mañana del 5 de agosto de 1997, el capitán del vuelo 801 de Korean Air se despertó a las seis. Su familia contaría después a los investigadores que estuvo una hora en el gimnasio, luego fue a casa y estudió el plan de vuelo para el viaje de aquella tarde a Guam. Echó la siesta y almorzó. A las tres de la tarde salió hacia Seúl con tiempo suficiente, según su esposa, para continuar con los preparativos en el aeropuerto internacional de Kimpo. Tras dejar la Fuerza Aérea coreana, llevaba casi cuatro años trabajando como piloto de Korean Air. Tenía ocho mil novecientas horas de vuelo, incluidas tres mil doscientas horas de experiencia en aviones de gran tamaño (jumbos). Unos meses antes, la compañía le había concedido un premio a la seguridad en vuelo por solucionar satisfactoriamente una avería en el motor de un jumbo mientras volaban a poca altitud. Tenía cuarenta y dos años y una salud excelente, a excepción de un ataque de bronquitis que le habían diagnosticado diez días antes.

A las siete de la tarde, el capitán, el copiloto y el mecánico de vuelo se encontraron y recogieron el papeleo para el viaje. Iban a pilotar un Boeing 747, modelo conocido en el mundo de la aviación como "el clásico". La aeronave, que había sido el avión presidencial coreano, se encontraba en perfecto estado operativo. El vuelo 801 salió de la puerta de embarque a las diez y media de la noche, y veinte minutos más tarde se encontraba volando. El despegue se realizó sin incidentes. Justo antes de la una y media de la mañana, el avión salió de entre las nubes, y la tripulación vislumbró luces en lontananza.

—¿Aquello es Guam? —preguntó el mecánico de vuelo; y tras una pausa dijo—: Es Guam, Guam.

El capitán soltó una risita.

—¡Bien!

El copiloto informó al control de tráfico aéreo (CTA) de que el aeroplano estaba "libre de Charlie Bravo" (las nubes conocidas como cumulonimbos), y solicitó "los vectores del radar para la pista de aterrizaje seis izquierda".

El avión comenzó a descender hacia el aeropuerto de Guam. Iban a realizar un acercamiento visual, dijo el capitán. Había volado de Kimpo al aeropuerto de Guam en ocho ocasiones, la última hacía un mes, y conocía bien el aeropuerto y el terreno circundante. El tren de aterrizaje descendió. Los alerones *(flaps)* se extendieron diez grados. A la 1:41:48 el capitán dijo: "Conectar limpiaparabrisas", y el mecánico de vuelo los puso en marcha. Llovía. El copiloto dijo entonces: "¿No está a la vista?", buscando la pista de aterrizaje. No la veía. Un segundo más tarde, el sistema de aviso de proximidad a tierra exclamó con su voz electrónica:

—Ciento cincuenta y dos metros.

El avión estaba a ciento cincuenta y dos metros de tierra. Pero ¿cómo era ello posible, si ni siquiera veían la pista de aterrizaje? Transcurrieron dos segundos. El mecánico de vuelo preguntó estupefacto: "¿Cómo?".

A la 1:42:19 el copiloto dijo:

—Vamos a realizar una aproximación fallida —lo cual significaba elevarse, describir un amplio círculo e intentar el aterrizaje otra vez.

Un segundo más tarde, el mecánico de vuelo dijo:

—No está a la vista.

El copiloto añadió:

—No está a la vista, aproximación fallida.

A la 1:42:22, el mecánico de vuelo dijo otra vez:

—Dé la vuelta.

A la 1:42:23 el capitán repitió:

—Dé la vuelta —pero tardó demasiado al intentar sacar el avión de su descenso.

A la 1:42:26 el avión golpeó la ladera de la colina de Nimitz, un cerro con densa vegetación cinco kilómetros al suroeste del aeropuerto: 60 millones de dólares y 212,000 kilogramos de acero estrellándose contra un terreno rocoso a ciento sesenta kilómetros por hora. El avión derrapó unos dos mil pies, partió un oleoducto y destrozó pinos antes de caer por un barranco e incendiarse. Para cuando los servicios de rescate llegaron al lugar del accidente, 228 de las 254 personas a bordo habían muerto.

## 2.

Veinte años antes del accidente del KAL 801, un Boeing 707 de Korean Air invadió el espacio aéreo ruso y fue derribado por un reactor militar soviético en el mar de Barents. Fue un accidente, refiriéndose esto a la clase de acontecimiento inusual y catastrófico que, por la gracia de Dios, podría pasarle a cualquier línea aérea. Se investigó y analizó, y aprendieron la lección. Se archivaron los informes.

Dos años más tarde, un Boeing 747 de Korean Air se estrelló en Seúl. Dos accidentes en dos años no son buena señal. Tres años después, la compañía aérea perdió otro 747 cerca de la isla de Sajalín, en Rusia, y un Boeing 707 cayó en el mar de Andamán en 1987, más otros dos accidentes en 1989 en Trípoli y Seúl, y uno más en 1994 en Cheju (Corea del Sur*).

Para darle cierta perspectiva a este historial, el índice de "pérdidas" de una línea aérea como la estadounidense United Airlines entre 1988 y 1998 fue de 0.27 en un millón de salidas, o lo que es lo mismo, perdieron un avión en accidente cada cuatro millones de vuelos. El índice de pérdidas de Korean Air en el mismo periodo fue de 4.79 por millón de salidas, esto es, más de *diecisiete* veces superior.

Los aviones de Korean Air se estrellaban tan a menudo que, cuando el Consejo de Seguridad del Transporte Nacional (NTSB), la agencia estadounidense responsable de investigar los accidentes de aviación ocurridos dentro de su jurisdicción, realizó su informe sobre el choque de Guam, fue obligado a incluir un apéndice con la lista de todos los nuevos accidentes de Korean Air que tuvieron lugar desde que empezaron la investigación: el aterrizaje forzoso de un 747 de Korean Air en Kimpo, Seúl, casi un año después del accidente de Guam; el avión a reacción que invadió una pista de aterrizaje en el aeropuerto coreano de Ulsan ocho semanas después; el McDonnell Douglas 83 de Korean Air que chocó contra un terraplén del aeropuerto de Pohang en marzo siguiente; y luego, un mes después, el reactor de pasajeros que se estrelló en un área residencial de Shanghái. Si el NTSB hubiera esperado unos pocos meses más, podría haber agregado otro: el avión de carga de Korean Air que se estrelló justo después de despegar del aeropuerto londinense de Stansted, a pesar de que una señal de alarma sonó en la cabina nada menos que catorce veces.

---

* Korean Air se llamaba Korean Airlines antes de cambiar de nombre tras el accidente de Guam. Y el incidente del mar de Barents estuvo precedido en realidad por otros dos choques, en 1971 y 1976.

En abril de 1999, Delta Air Lines y Air France suspendieron su asociación con Korean Air. En poco tiempo, el Ejército de Estados Unidos, que conserva miles de tropas en Corea del Sur, prohibió a su personal volar con esa línea aérea. La clasificación de la seguridad de Corea del Sur fue degradada por la Autoridad de la Aviación Federal de Estados Unidos, y funcionarios canadienses informaron a la dirección de Korean Air de su intención de rescindir los privilegios de sobrevuelo y aterrizaje en el espacio aéreo canadiense.

En medio de la polémica, se filtró al público una auditoría externa de las operaciones de Korean Air. El informe, de cuarenta páginas, fue denunciado rápidamente por los directivos de la compañía por sensacionalista y poco representativo, pero a esas alturas era ya demasiado tarde para salvar la reputación de la empresa. La auditoría detallaba casos de miembros de la tripulación que fumaban cigarrillos sobre el alquitrán de la pista de aterrizaje y en la zona de carga mientras repostaban combustible, y también durante el vuelo. "La tripulación lee periódicos durante todo el tiempo que dura el vuelo", afirmaba la auditoría, "y a menudo los sostiene de tal modo que, si se encendiera una luz de advertencia, nadie se daría cuenta". El informe detallaba el bajo estado de ánimo de la tripulación, numerosas violaciones de procedimiento y la alarmante conclusión de que la media de preparación para el "clásico" 747 era tan pobre, que "hay cierta preocupación en cuanto a si los copilotos de esta flota podrían aterrizar el avión si el capitán estuviera totalmente incapacitado para ello".

Cuando ocurrió el choque de Shanghái, el presidente coreano, Kim Dae-jung, se sintió obligado a hacer declaraciones.

—El problema de Korean Air no es un asunto de una empresa individual, sino del país entero. Está en juego la credibilidad de nuestra nación —dijo Dae-jung, quien entonces cambió el avión presidencial de Korean Air por otro del que, en aquel tiempo, era su más reciente rival, Asiana.

Pero entonces ocurrió un pequeño milagro y Korean Air se transformó por completo. Hoy, la línea aérea es un miembro de reconocida solvencia de la prestigiosa alianza SkyTeam. Sus estadísticas de seguridad desde 1999 son intachables. En 2006, Air Transport World le concedió el premio Fénix en reconocimiento a su transformación. Cualquier experto en aviación afirmará que Korean Air es hoy tan segura como cualquier otra línea aérea del mundo.

En este capítulo, vamos a dirigir una investigación sobre accidentes: escucharemos la grabación de la caja negra de la cabina, examinaremos los informes de vuelo, observaremos las condiciones meteorológicas, del terreno y del aeropuerto, y compararemos la catástrofe de Guam con otros accidentes aéreos muy similares, todo ello en un intento de entender con exactitud cómo la empresa dejó de ser la peor clase de fuera de serie para convertirse en una de las mejores líneas aéreas del mundo. Es una historia compleja y a veces extraña. Pero pone de manifiesto un hecho muy simple, el mismo que recorre la complicada historia de Harlan y los estudiantes de Michigan. Korean Air no tuvo éxito, no consiguió enderezarse, hasta que reconoció la importancia de su herencia cultural.

3.

Los accidentes de aviación rara vez se producen en la vida real de la misma manera que en las películas. Las distintas partes del motor no explotan con un violento estallido. El timón de dirección no se rompe por la fuerza del despegue.

El capitán no profiere un "¡Dios mío!" al ser arrojado contra su asiento. El típico avión a reacción comercial —que se encuentra en fase de desarrollo— es tan fiable como una tostadora. Es mucho más probable que los accidentes de avión sean el resultado de una acumulación de pequeñas disfunciones y de anomalías en apariencia triviales[*].

En un choque típico, por ejemplo, el tiempo es malo, no necesariamente horrible, pero sí lo suficientemente

---

[*] Esto se cumple no sólo en el caso de los accidentes de aviación, sino también en prácticamente todos los accidentes industriales. Uno de los más famosos de la historia, por ejemplo, fue el de la práctica fundición de la central nuclear de Harrisburg (Pensilvania), en 1979. La opinión pública estadounidense quedó tan traumatizada que la industria de energía nuclear de Estados Unidos sufrió una caída de la que nunca se ha recuperado completamente. Pero lo que ocurrió en el reactor nuclear empezó de una manera alejada de cualquier dramatismo. Tal como relata el sociólogo Charles Perrow en su clásico *Accidentes normales,* se produjo una obstrucción relativamente corriente en el llamado "pulidor" de la planta, una especie de gigantesco filtro de agua. La obstrucción hizo que la humedad se filtrara en el sistema de aire de la central y se bloquearan dos válvulas, a la vez que se detenía el flujo de agua fría al generador de vapor de la planta. Como todos los reactores nucleares, el de Harrisburg tenía un sistema de refrigeración de reserva precisamente para este tipo de situaciones. Pero ese día en particular, por motivos que nadie entiende, las válvulas del sistema de reserva no estaban abiertas. Alguien las había cerrado, y el indicador de la sala de control que señalaba este hecho estaba a su vez bloqueado por un cartel de reparaciones que colgaba de un interruptor situado justo encima. Esto provocó que el reactor dependiera de un segundo sistema de reserva, una especie de válvula de escape. Pero el azar quiso que la válvula de escape tampoco funcionara correctamente aquel día. Se mantuvo abierta cuando se suponía que debía cerrarse y, para empeorar la situación, el indicador de la sala de control que debería haber señalado a los operadores que la válvula de escape no funcionaba, tampoco lo hizo. Cuando los ingenieros de Harrisburg se dieron cuenta de lo que pasaba, el reactor se hallaba peligrosamente cerca de fundirse.

No se había estropeado nada de gran importancia. Fue más bien que cinco acontecimientos sin relación entre sí se sucedieron secuencialmente; si cualquiera de ellos se hubiera producido de manera aislada, no habría causado más que un hipo en el funcionamiento normal de la planta.

malo para que el piloto se sienta un poquito más estresado que de costumbre. En un número apabullante de choques, el avión lleva retraso, y por eso los pilotos van con prisa. En el 52 por ciento de los choques, en el momento del accidente el piloto llevaba despierto doce horas o más, lo cual significa que está cansado y no piensa con claridad. El 44 por ciento de las veces era la primera vez que los pilotos volaban juntos, y eso quiere decir que no se sienten cómodos el uno con el otro. Entonces comienzan los errores, y no sólo uno. Un típico accidente comprende siete errores humanos consecutivos. Uno de los pilotos hace algo mal que por sí mismo no es un problema. Luego, otro comete otro error que, combinado con el primero, todavía no supone una catástrofe. Pero después cometen un tercer error, y luego otro y otro y otro *y otro,* y es la combinación de todos esos errores lo que conduce al desastre.

Estos siete errores, además, rara vez son problemas de conocimientos o de destreza en el vuelo. No es que el piloto tenga que realizar una maniobra técnica crucial y falle. La clase de errores que causan los accidentes de avión suelen ser invariablemente de trabajo en equipo y de comunicación. Un piloto sabe algo importante y por algún motivo no se lo dice al otro. Un piloto hace algo mal y el otro piloto no se percata del error. Hay que resolver una situación difícil dando una compleja serie de pasos, y por alguna razón los pilotos no logran coordinarse y olvidan uno de los pasos.

—El diseño de la cabina de mando está pensado para que la dirijan dos personas, y esa dirección funciona mejor si una de las personas revisa lo que hace la otra, o si ambas están dispuestas a participar —explica Earl Weener, quien fue durante muchos años el ingeniero jefe para la seguridad de Boeing—. Los aviones son implacables si no haces las cosas bien. Y ha quedado largamente probado que, si hay dos personas cooperando para dirigir el avión, la dirección será más segura que cuando un solo piloto dirige el avión y hay otro allí simplemente para sustituir al primero si éste se ve incapacitado.

Tengamos en cuenta, por ejemplo, el famoso (al menos en el mundillo aeronáutico) choque del vuelo 052 de pasajeros de la compañía colombiana Avianca en enero de 1990. Este accidente de Avianca ilustra tan a la perfección las características del accidente "moderno" de avión, que se estudia en las escuelas de aviación. De hecho, lo que ocurrió en aquel vuelo es tan parecido a lo que pasaría siete años después en Guam, que es un buen punto de partida para nuestra investigación del misterioso problema del accidente de avión de Korean Air.

El capitán del avión era Laureano Caviedes. Su copiloto era Mauricio Klotz. Realizaban la ruta desde Medellín (Colombia) al aeropuerto Kennedy de Nueva York. Aquella tarde, el tiempo era malo. Soplaba noreste en toda la costa oriental, y llevaba consigo niebla densa y fuertes vientos. En el aeropuerto de Newark se retrasaron 203 vuelos: 200 en el de La Guardia, 161 en Filadelfia, 53 en el aeropuerto Logan de Boston y 99 en el Kennedy. A causa del tiempo, Avianca fue retenida tres veces por el control de tráfico aéreo durante su trayecto a Nueva York. El avión dio vueltas sobre Norfolk (Virginia) durante 19 minutos; sobre Atlantic City durante 29, y 65 kilómetros al sur del aeropuerto Kennedy, durante otros 29 minutos.

Tras una hora y cuarto de retraso, Avianca obtuvo permiso para aterrizar. Cuando realizaban la aproximación final, los pilotos se encontraron con un cambio brusco en la velocidad del viento. Iban volando con un fuerte viento en contra, que les obligaba a utilizar más potencia para seguir planeando hacia abajo cuando, sin previo aviso, el viento cesó de manera radical y se encontraron volando a demasiada velocidad para poder tomar la pista de aterrizaje. Normalmente, en una situación así, el avión habría estado volando con el piloto automático, y habría reaccionado de inmediato y de manera apropiada al cambio de viento. Pero el piloto automático del avión funcionaba mal, y lo habían apagado. En el último momento, el piloto enderezó el avión y ejecutó un "motor y al aire". El avión describió un amplio círculo sobre Long Island y volvió a acercarse al aeropuerto Kennedy. De repente, uno de los motores del avión falló. Segundos más tarde, un segundo motor falló.

—¡Muéstreme la pista de aterrizaje! —gritó el piloto, confiando desesperado en estar lo suficientemente cerca del Kennedy para conseguir de algún modo realizar un aterrizaje seguro para su decrépito avión. Pero el Kennedy estaba a 25 kilómetros de distancia.

El 707 chocó contra un terreno perteneciente al padre del campeón de tenis John McEnroe, en la lujosa localidad de Oyster Bay, en Long Island. Murieron 73 de los 158 pasajeros a bordo. Tardaron menos de un día en determinar la causa del choque: "agotamiento del combustible". El avión no tenía nada malo. El aeropuerto tampoco. Los pilotos no estaban bebidos ni drogados. El avión se había quedado sin combustible.


4.


—Es un caso típico —dice Suren Ratwatte, un piloto veterano de Emirate Airlines que ha participado durante años en investigaciones sobre los "factores humanos" o, en otras palabras, el análisis de cómo interactúan los seres humanos con sistemas complejos como las centrales nucleares y los aviones.

Ratwatte es de Sri Lanka, un hombre jovial de cuarenta y tantos años que ha pilotado aviones comerciales durante toda su vida de adulto. Nos encontrábamos sentados en el vestíbulo del hotel Sheraton de Manhattan. Él acababa de hacer aterrizar un reactor gigante en el aeropuerto Kennedy tras un largo vuelo desde Dubai. Ratwatte conocía bien el caso Avianca. Empezó a desgranar las típicas condiciones previas a un choque. El viento del noreste. El retraso en el vuelo. La pequeña anomalía técnica en el piloto automático. Los tres largos tiempos de espera, que no sólo significaron ochenta minutos suplementarios de tiempo de vuelo, sino más tiempo de vuelo en altitudes bajas, donde un avión quema mucho más combustible que cuando vuela por encima de las nubes en un aire liviano.

—Pilotaban un 707, un aeroplano más antiguo y un mayor reto para pilotar —dijo Ratwatte—. Requiere mucho trabajo. Los mandos de vuelo no son propulsados hidráulicamente. Están conectados a las superficies metálicas del aeroplano mediante una serie de poleas y tiradores de cable. Hay que ser bastante fuerte para pilotar ese avión, y hacer un gran esfuerzo para elevarlo hacia el cielo. El esfuerzo físico es similar al de remar en un bote. Yo actualmente piloto mi avión con las yemas de los dedos. Uso una palanca de mando tipo *joystick*. Los instrumentos que utilizo son enormes, y los que usaban ellos tenían el tamaño de tazas de café. Y el piloto automático no funcionaba. Por lo tanto, el capitán tuvo que seguir mirando esos nueve instrumentos, cada uno del tamaño de una taza de café, mientras con su mano derecha controlaba la velocidad y con la izquierda pilotaba el avión. Estaba agotado, y no le quedaban recursos para intentar nada más. Eso es lo que pasa cuando estás cansado. Tu capacidad para tomar decisiones se desgasta, se te empiezan a pasar cosas por alto, cosas que verías cualquier otro día.

En la caja negra que se recuperó en el lugar del accidente, se oye al capitán Caviedes en la última hora del vuelo pedir repetidamente al CTA que le tradujeran las instrucciones al español, como si ya no tuviera la energía necesaria para utilizar su inglés. También pidió en nueve ocasiones que le repitieran las instrucciones.

—Dígame las cosas más alto —dijo justo antes del final—. No le oigo.

Mientras el avión volaba en círculos durante cuarenta minutos al sureste del Kennedy, cuando todo el mundo en la cabina de mando sabía perfectamente que se estaban quedando sin combustible, el piloto podría fácilmente haber solicitado aterrizar en Filadelfia, que se encontraba a sólo ciento cinco kilómetros de distancia. Pero no lo hizo: era como si se hubiera cebado con Nueva York. En el aterrizaje abortado, el sistema de aviso de proximidad a tierra saltó al menos quince veces para avisar al capitán de que estaba haciendo volar el avión demasiado bajo, pero él no lo tuvo en cuenta. Cuando abortó el aterrizaje, debería haber dado la vuelta inmediatamente, y no lo hizo. Estaba agotado.

Durante todo ese tiempo, un espeso silencio reinaba en la cabina. Junto a Caviedes se sentaba su copiloto, Mauricio Klotz, y en la caja negra hay largos periodos en los que no se oye nada más que el crujido y el ruido del motor. La comunicación con el CTA (control de tráfico aéreo) era responsabilidad de Klotz, lo que significa que su papel aquella noche era absolutamente decisivo. Pero su comportamiento fue extrañamente pasivo; hasta que fueron retenidos por tercera vez al suroeste del aeropuerto Kennedy, Klotz no comunicó al CTA que creía que el avión no tenía suficiente combustible para llegar a un aeropuerto alternativo. Lo siguiente que la tripulación oyó del CTA fue: "Nos mantenemos a la espera", y después: "Autorización para aterrizar en el aeropuerto Kennedy". Los investigadores conjeturaron después que los pilotos de Avianca pensaron que el CTA les colaba hasta la cabeza de la lista, delante de docenas de aviones que sobrevolaban el Kennedy. Pero no era así; les habían puesto al final de la cola. Fue un malentendido crucial que decidió el destino del avión. ¿Pero volvieron los pilotos a plantear la pregunta para aclarar el asunto? No. Y no volvieron a mencionar la cuestión del combustible durante otros treinta y ocho minutos.

5.

Para Ratwatte, el silencio en la cabina no tenía ningún sentido. Y para tratar de explicar por qué, empezó a hablar sobre lo que le había pasado aquella mañana en el vuelo desde Dubai.

—Había una señora sentada en la parte de atrás —dijo— y pensábamos que había tenido un infarto. Estaba agarrotada y vomitaba. Muy mal. Era una mujer india cuya hija vivía en Estados Unidos. Su marido no hablaba inglés ni hindi, sólo punyabí. Nadie podía comunicarse con él. Parecía como recién salido de un pueblo del Punyab, y no tenían nada de dinero. Sobrevolábamos Moscú cuando ocurrió, pero yo sabía que no podíamos ir allí. No sabía qué le pasaría a esa gente si lo hacíamos. Le dije al copiloto: "Pilotas tú. Tenemos que ir a Helsinki".

El problema inmediato que Ratwatte tuvo que afrontar fue que se encontraban a menos de mitad de camino de un vuelo muy largo, lo que significaba que tenían mucho más combustible en los tanques que cuando se está a punto de aterrizar.

—Teníamos sesenta toneladas más que las permitidas para aterrizar —dijo—. Por lo tanto, tenía que elegir: podía verter el combustible, pero todos los países odian que lo hagas. Es una cosa muy sucia y me habrían desviado a algún lugar sobre el Báltico, lo que me hubiera supuesto otros cuarenta minutos en los que la mujer probablemente habría muerto. Así que decidí aterrizar de todos modos. Ésa fue mi elección.

Eso significaba que el avión iba a aterrizar con demasiado peso. No podían usar el sistema de aterrizaje automático porque no estaba preparado para dirigir un avión con tanto peso.

—En ese momento asumí el control —continuó—. Tenía que asegurarme de que el aeroplano aterrizaba muy suavemente; si no, había riesgo de daño estructural. Podría haber sido un verdadero desastre. Ir muy cargado también puede conllevar problemas de funcionamiento. Si despejan la pista y tienes que abortar el aterrizaje, puede que luego no tengas impulso suficiente para volver a elevarte.

"Era un trabajo difícil, como hacer malabares con muchas pelotas, y hay que hacerlo bien. Al ser un vuelo largo, había otros dos pilotos. Los desperté y se involucraron en todo. Teníamos a cuatro personas allí, que ayudaron muchísimo en toda la coordinación. Yo nunca había estado en Helsinki, y no tenía ni idea de cómo era el aeropuerto, ni de si las pistas de aterrizaje eran lo suficientemente largas. Tenía que encontrar un acercamiento, calcular si podíamos aterrizar allí, calcular los parámetros para efectuar el aterrizaje y comunicar a la empresa lo que íbamos a hacer. Hubo un momento en que estaba hablando con tres personas diferentes: con Dubai, con MedLink, que es un servicio de Arizona en el que puedes hablar por teléfono con un médico, y con los dos doctores que atendían a la señora de la parte de atrás. Fue un sinvivir que duró cuarenta minutos.

"Tuvimos suerte de que el tiempo fuera muy bueno en Helsinki —continuó—. Intentar la aproximación con mal tiempo y un avión demasiado cargado en un aeropuerto desconocido no es algo fácil. Como era Finlandia, un país del primer mundo, estaban bien preparados y fueron muy flexibles. Les dije: "Llevo mucho peso. Me gustaría aterrizar contra el viento". En una situación así quieres hacer las cosas con calma. Nos dijeron que no había problema, y nos hicieron aterrizar en la dirección contraria a la que utilizan normalmente. Entramos sobrevolando la ciudad, lo que suelen evitar por causa del ruido.

Pensemos en lo que se le exigía a Ratwatte. Tenía que ser buen piloto, pero eso se da por hecho. Además, debía tener la habilidad técnica necesaria para aterrizar más cargado de lo normal. Pero casi todo lo demás que hizo Ratwatte para que aquel aterrizaje forzoso fuera un éxito se sale de una definición estricta de las habilidades de un piloto.

Tuvo que elegir entre el riesgo de dañar su avión y el riesgo de perder la vida de la mujer y, una vez que tomó la decisión, tuvo que estudiar detenidamente las ventajas que suponía Helsinki contra Moscú para el pasajero enfermo que estaba en la parte de atrás. Tuvo que prepararse rápidamente para los parámetros de un aeropuerto que jamás había visto: ¿podría ese aeropuerto encargarse de uno de los aviones más grandes que surcan el cielo y que llevaba *sesenta toneladas* más que su peso normal de aterrizaje? Pero, sobre todo, tuvo que hablar: a los pasajeros, a los doctores, a su copiloto, al segundo equipo que tuvo que despertar de su siesta, a sus superiores en Dubai, al CTA en Helsinki. No es arriesgado decir que, en los cuarenta minutos que pasaron entre el ataque sufrido por la pasajera y el aterrizaje en Helsinki, no hubo más que unos pocos segundos de silencio en la cabina. Lo que se le exigía a Ratwatte era que *se comunicara,* y que lo hiciera no sólo para dar órdenes, sino también para animar, alabar, tranquilizar, negociar y compartir la información de la manera más clara y más transparente posible.

6.

Aquí, por el contrario, tenemos la transcripción del vuelo de Avianca 052 cuando el avión va a realizar su primer aterrizaje abortado. El problema es el tiempo. La niebla es tan espesa que Klotz y Caviedes no consiguen calcular dónde están. Prestemos mucha atención, no al contenido de su conversación, sino a la *forma*. En particular, fijémonos en la duración de los silencios entre las declaraciones y en el tono de los comentarios de Klotz.

> CAVIEDES: La pista de aterrizaje, ¿dónde está? No la veo. No la veo.

Suben el dispositivo de aterrizaje. El capitán le dice a Klotz que pida otro patrón de tráfico. Pasan diez segundos.

> CAVIEDES *[aparentemente para sí mismo]:* No tenemos combustible...

Pasan diecisiete segundos mientras los pilotos se dan instrucciones técnicas el uno al otro.

> CAVIEDES: No sé qué ha pasado con la pista de aterrizaje. No la he visto.
> KLOTZ: No la he visto.

Se escucha al control de tráfico aéreo, que les indica que giren a la izquierda.

CAVIEDES: ¡Dígales que tenemos una emergencia!

KLOTZ *[Al CTA]:* Así es, con rumbo uno ocho cero y... ah, lo intentaremos otra vez. Nos estamos quedando sin combustible.

Imaginemos la escena en la cabina. El avión va peligrosamente escaso de combustible. Acaban de fracasar en su primer intento de aterrizaje. No tienen ni idea de cuánto tiempo más será capaz de volar el avión. El capitán está desesperado: "¡Dígales que tenemos una emergencia!". Y ¿qué dice Klotz? *Así es, con rumbo uno ocho cero y... ah, lo intentaremos otra vez. Nos estamos quedando sin combustible.*

Para empezar, la frase "quedarse sin combustible" no tiene ningún significado en la terminología del control de tráfico aéreo. Por definición, todos los aviones se están quedando sin combustible cuando se aproximan a su destino. ¿Quería decir Klotz que el 052 no tenía suficiente combustible para llegar hasta un aeropuerto alternativo? ¿O quería decir que empezaban a estar preocupados por el combustible? Además, analicemos la estructura de tan decisiva oración. Klotz comienza con un acuse de recibo rutinario de las instrucciones del CTA y no menciona su preocupación por el combustible hasta la segunda mitad de la oración. Es como si dijera en un restaurante: "Sí, tomaré un poco más de café y, por cierto, me estoy ahogando con un hueso de pollo". ¿Se lo tomaría en serio el camarero? El controlador aéreo con quien Klotz estuvo hablando declararía después que se lo tomó "como un comentario hecho de pasada". En las noches de tormenta, los controladores aéreos oyen todo el rato a los pilotos hablar de quedarse sin combustible. Incluso el "ah" que Klotz inserta entre las dos mitades de su oración sirve para menoscabar la importancia de lo que está diciendo. Según otro de los controladores que se ocuparon del 052 aquella noche, Klotz habló "de manera muy despreocupada. [...] No había ninguna urgencia en su voz".

7.

El término utilizado por los lingüistas para describir lo que le ocurría a Klotz en ese momento es "discurso mitigado", y se refiere a cualquier tentativa de minimizar o suavizar el significado de lo que se dice. Lo hacemos cuando somos corteses, cuando nos avergonzamos o cuando estamos siendo respetuosos con la autoridad. Si queremos que el jefe nos haga un favor, no decimos: "Necesito esto para el lunes". Lo suavizamos y decimos: "No hace falta que se moleste si le supone demasiados problemas, pero si tuviera un momentito para echarle un vistazo durante el fin de semana, sería maravilloso". En una situación así, suavizar es perfectamente apropiado. En otras situaciones, sin embargo —como, por ejemplo, en la cabina de un avión durante una noche tormentosa—, supone un problema.

Los lingüistas Ute Fischer y Judith Orasanu plantearon a un grupo de capitanes y copilotos la siguiente situación hipotética para saber cómo reaccionarían:

> Usted detecta en el radar meteorológico un área de fuertes precipitaciones a cuarenta kilómetros. [El piloto] mantiene el rumbo actual en Mach 0.73, a pesar de que han sido informados de tormentas inmersas en su área y de haberse encontrado algunas turbulencias. Usted quiere asegurarse de que su avión no penetrará en esa área.
>
> Pregunta: ¿Qué le dice al piloto?

Fischer y Orasanu tenían en mente al menos seis modos distintos de intentar persuadir al piloto para cambiar el rumbo y esquivar el mal tiempo, cada uno de ellos con un nivel diferente de mitigación.

1. *Orden:* "Gire treinta grados a la derecha". Es la manera más directa y explícita de dejar algo claro. El nivel de mitigación es cero.

2. *Manifestación de una obligación a la tripulación:* "Pienso que deberíamos desviarnos a la derecha ahora". Hay que reparar en el empleo de "nosotros" y en el hecho de que la petición es ahora mucho menos específica, un poco más suave.

3. *Sugerencia a la tripulación:* "Vamos a esquivar el mal tiempo". Esta declaración lleva implícito el mensaje "estamos juntos en esto".

4. *Consulta:* "¿En qué dirección se desviarían?". Es incluso más suave que una sugerencia a la tripulación, porque el emisor admite que no está al mando.

5. *Preferencia:* "Creo que sería atinado girar a la izquierda o a la derecha".

6. *Indirecta:* "Ese regreso a cuarenta kilómetros no parece aconsejable". Esta declaración es la más mitigada de todas.

Fischer y Orasanu comprobaron que la gran mayoría de los capitanes dijeron que en esa situación darían una orden: "Gire treinta grados a la derecha". Estarían hablando con un subordinado y no tendrían miedo de resultar bruscos. Los copilotos, por otra parte, se estarían dirigiendo a su jefe, y por eso escogieron en su gran mayoría la alternativa más mitigada. La de la indirecta.

Es difícil leer el estudio de Orasanu y Fischer y no sentirse un poco alarmado, porque una indirecta es la clase de petición más difícil de descifrar y la más fácil de rechazar. En el accidente de Air Florida ocurrido a las afueras de Washington en 1982, el copiloto intentó tres veces decirle al capitán que el avión tenía una peligrosa cantidad de hielo en las alas. Pero escuchemos cómo lo dice; son todo indirectas:

> COPILOTO: Mire cómo cuelga el hielo sobre su... eh... atrás, allí atrás, ¿lo ve?

Luego:

> COPILOTO: ¿Ve todos esos carámbanos allí atrás y eso?

Y después:

> COPILOTO: Pero esto es una..., esto es una batalla perdida, intentar deshelar esas cosas, da una engañosa sensación de seguridad, sólo sirve para eso.

Finalmente, como consiguen autorización para el despegue, el copiloto sube dos niveles hasta una sugerencia a la tripulación:

> COPILOTO: Vamos a comprobar otra vez esas alas, que ya llevamos un ratito sin hacerlo.
> CAPITÁN: Creo que enseguida pasaremos por ahí.

Lo último que el copiloto le dice al capitán justo antes de que el avión se zambulla en el río Potomac no es una indirecta, una sugerencia o una orden. Es una simple comunicación de un hecho, y esta vez el capitán está de acuerdo con él.

COPILOTO: Larry, perdemos altura, Larry.
CAPITÁN: Lo sé.

La mitigación explica una de las grandes anomalías de los accidentes de avión. En las líneas aéreas comerciales, los capitanes y los copilotos se reparten las tareas a partes iguales. Pero históricamente ha sido mucho más probable que ocurra un accidente cuando el capitán está en "el asiento del piloto". Puede parecer que eso no tiene sentido, ya que el capitán es casi siempre el piloto con más experiencia. Pero pensemos en el accidente de Florida Air. Si el copiloto hubiera sido el capitán, ¿habría hecho tres insinuaciones o indirectas? No, habría dado órdenes, y el avión no se habría estrellado. Los aviones son más seguros cuando el piloto menos experimentado los dirige, porque eso significa que el copiloto no va a tener miedo de hablar.

Combatir la mitigación se ha convertido en una de las grandes cruzadas de la aviación comercial en los últimos quince años. Todas las compañías importantes tienen ahora lo que llaman cursos de "gestión de recursos de la tripulación", pensados para enseñar a los miembros más jóvenes de la tripulación a comunicarse con claridad y asertividad. Por ejemplo, muchas líneas aéreas enseñan un procedimiento estandarizado para que los copilotos aprendan a desafiar al piloto si piensan que algo ha ido terriblemente mal. ("Capitán, estoy preocupado por...". Después: "Capitán, no estoy conforme con...". Y si el capitán todavía no reacciona: "Capitán, creo que la situación no es segura". Y si eso tampoco funciona, se le exige al copiloto que asuma el control del avión). Los expertos en aviación sostienen que el éxito de esta guerra contra la mitigación es tan importante como cualquier otro factor a la hora de explicar la extraordinaria disminución del número de accidentes de avión en los últimos años.

—En un nivel muy básico, una de las cosas en las que insistimos en mi compañía es en que el copiloto y el capitán se llamen el uno al otro por sus nombres de pila —dice Ratwatte—. Creemos que ayuda. Es más difícil decir: "Capitán, se está equivocando", que usar su nombre —Ratwatte se tomaba la mitigación muy en serio. No se puede estudiar el choque de Avianca y no tomárselo así. Y continuó—: Algo que intento hacer personalmente es quitarme un poco de importancia. Les digo a mis copilotos: "No vuelo muy a menudo, tres o cuatro veces al mes. Vosotros voláis mucho más. Si me veis hacer alguna estupidez, es porque no vuelo muy a menudo. Así que decídmelo. Ayudadme". Con suerte, eso les ayudará a perder el miedo a hablar.

8.

Volvamos a la cabina del 052 de Avianca. El avión está ahora alejándose del Kennedy, después de su primer intento de aterrizaje abortado. Klotz acaba de hablar por radio con el CTA, para averiguar cuándo podrán volver a intentar el aterrizaje. Caviedes se vuelve hacia él.

CAVIEDES.— ¿Qué ha dicho?
KLOTZ.— Le he avisado de que vamos a intentarlo otra vez porque ahora no podemos...

Transcurren otros cuatro segundos de silencio.

CAVIEDES.— Avísele de que tenemos una emergencia.

Pasan otros cuatro segundos de silencio. El capitán lo intenta otra vez.

CAVIEDES: ¿Se lo ha dicho?

KLOTZ: Sí, señor, ya se lo he dicho.

Klotz se pone a hablar con el CTA sobre detalles rutinarios: "uno cinco cero, manteniendo a dos mil pies el Avianca en cero cinco dos, con un peso alto". El capitán se encuentra claramente al borde del pánico.

CAVIEDES: Avísele de que no tenemos combustible.

Klotz vuelve a hablar por radio con el CTA.

KLOTZ: Subiendo y manteniendo a tres mil y... ah, nos estamos quedando sin combustible, señor.

Ahí lo tenemos otra vez. Ni rastro de la palabra mágica "emergencia", que es lo que los controladores aéreos están entrenados para escuchar. Simplemente "nos estamos quedando sin combustible, señor" al final de una oración, precedida por el mitigante "ah". Si contamos errores, la tripulación de Avianca los ha cometido a cientos.

CAVIEDES: ¿Le ha dicho ya que no tenemos combustible?

KLOTZ: Sí, señor, ya se lo he dicho...

CAVIEDES [en español]: Bueno.

Si no fuera el preludio de una tragedia, este toma y daca se parecería a una comedia de Abbott y Costello. Transcurre algo más de un minuto.

CTA: Avianca cero cinco dos con mucho peso. Ah, voy a dirigirles unos veinticuatro kilómetros al noreste y luego volver a traerles hasta la aproximación. ¿Les va eso bien para lo del combustible?

KLOTZ: Supongo. Muchas gracias.

*Supongo. Muchas gracias.* ¡Están a punto de estrellarse! Uno de los auxiliares de vuelo entra en la cabina para averiguar la gravedad de la situación. El mecánico de vuelo le señala el indicador del nivel de gasolina vacío y hace un gesto como cortándose la garganta con el dedo[*]. Pero no dice nada. Ni él ni nadie más durante los siguientes cinco minutos. Se oye charlar por la radio sobre temas rutinarios y luego el mecánico de a bordo grita: "¡Fallo en el sistema de combustión número cuatro!".

Caviedes dice: "Muéstreme la pista de aterrizaje", pero está a veinticinco kilómetros de distancia.

Transcurren otros treinta y seis segundos de silencio. El controlador aéreo llama una última vez.

CTA: ¿Tienen...? Eh... ¿Tienen suficiente combustible para llegar al aeropuerto?

Aquí termina la transcripción.

## 9.

—Lo que hay que entender de este accidente —añadió Ratwatte— es que los controladores aéreos de Nueva York tienen fama de groseros, agresivos e intimidantes. Pero también son muy buenos. Tienen que lidiar con una cantidad impresionante de tráfico en unas condiciones muy for-

---

[*] Lo sabemos porque el auxiliar de vuelo sobrevivió al choque y declaró en la investigación.

zadas. Hay una historia famosa sobre un piloto que se perdió en el JFK. Nadie se hace una idea de lo fácil que es perderse ahí una vez que has aterrizado. Es un laberinto. El caso es que una controladora se enfureció con él y le dijo: "Pare. No haga nada. No me hable hasta que yo le hable a usted". Y lo dejó allí. Al final, el piloto cogió el micrófono y dijo: "Señora: ¿estábamos casados en otra vida?".

"Son increíbles. Su manera de verlo es: "Yo estoy al mando. Tú, cállate y haz lo que te digo". Te ladran, así que, si no te gusta lo que te dicen que hagas, tienes que ladrarles tú. Y entonces te dicen: "Bien, vale". Pero si no lo haces, te arrollan. Recuerdo un vuelo de British Airways que estaba entrando en Nueva York. El CTA los estaba apabullando. Los pilotos británicos dijeron: "Deberíais ir a Heathrow y aprender a controlar un avión". Es una cuestión de talante. Si no estás acostumbrado a ese tira y afloja, el CTA de Nueva York puede ser muy, muy intimidante. Y la gente de Avianca se sintió intimidada por el fuego rápido.

Es imposible imaginarse que Ratwatte no expusiera sus razones al CTA del Kennedy, y no porque pueda ser irritable, insistente o porque tenga un enorme ego, sino porque ve las cosas de forma diferente. Si necesita ayuda en la cabina, despierta a la segunda tripulación. Si piensa que Moscú no es conveniente, va a Helsinki, y si Helsinki quisiera hacerle aterrizar con viento a favor, les convencería para hacerlo con viento en contra. Aquella mañana, cuando salían de Helsinki, había alineado el avión en una pista de aterrizaje equivocada, y su copiloto le había señalado el error rápidamente. Al recordarlo, Ratwatte se rió.

—Masa es suizo. Estaba encantado de corregirme. Estuvo dándome el coñazo todo el camino de vuelta.

Lo único que tenían que hacer era decirle al controlador: "No tenemos combustible para obedecer las instrucciones". Lo único que tenían que decir era: "No podemos hacerlo. Tenemos que aterrizar en los próximos diez minutos". Y no fueron capaces de comunicárselo al controlador.

Era evidente que Ratwatte hablaba con cautela, porque estaba haciendo el tipo de generalización cultural que a menudo nos hace sentir incómodos. Pero lo que pasó con Avianca fue tan extraño, tan aparentemente inexplicable, que exigía una explicación más compleja que limitarse a decir que Klotz era un incompetente y que el capitán estaba cansado. Había algo más profundo, más estructural, en aquella cabina. ¿Y si influyó el hecho de que los pilotos fueran colombianos para que se produjera el choque?

—Mira, ningún piloto estadounidense habría tolerado eso. Ésa es la cuestión —dijo Ratwatte—. Habrían dicho: "Escucha, colega, tengo que aterrizar".


## 10.

En las décadas de 1960 y 1970, el psicólogo holandés Geert Hofstede trabajaba para el departamento de recursos humanos de la oficina central europea de IBM. El trabajo de Hofstede consistía en recorrer el mundo y entrevistar a los empleados para preguntarles, por ejemplo, cómo solucionaban problemas, qué tal trabajaban juntos y cuál era su actitud ante la autoridad. Los cuestionarios eran largos y complejos, y a lo largo del tiempo Hofstede desarrolló una enorme base de datos para analizar de qué maneras difieren entre sí las culturas. Hoy, las "dimensiones de Hofstede" se encuentran entre los paradigmas más utilizados en la psicología intercultural.

Hofstede sostenía, por ejemplo, que se pueden clasificar las culturas según la confianza que éstas tengan en que el individuo cuide de sí mismo. Llamaba a eso "escala de individualismo versus colectivismo". El país que se encuentra en lo más alto del individualismo en esa escala es Estados Unidos, lo que no es de extrañar, ya que es también el único país industrializado del mundo que no proporciona a sus ciudadanos asistencia médica universal. En el extremo opuesto de la escala se encuentra Guatemala.

Otra de las dimensiones de Hofstede es la "evasión de la incertidumbre". ¿Hasta qué punto una cultura tolera la ambigüedad? Los primeros cinco países de esta lista según la base de datos de Hofstede, es decir, los países que más confían en las reglas y en los planes y que más se atienen al procedimiento, independientemente de cuáles sean las circunstancias, son los siguientes:

1. Grecia
2. Portugal
3. Guatemala
4. Uruguay
5. Bélgica

Los cinco últimos de la lista, es decir, las culturas más capaces de tolerar la incertidumbre, son:

49. Hong Kong
50. Suecia
51. Dinamarca
52. Jamaica
53. Singapur

Es importante subrayar que Hofstede no sugería que fuera bueno o malo estar en determinado lugar de la escala. Tampoco decía que la posición de una cultura en una de sus dimensiones predijera sin equivocarse cómo iba a comportarse alguien de ese país: no sería imposible, por ejemplo, que alguien de Guatemala fuera sumamente individualista.

Lo que decía, en cambio, era algo muy parecido a lo que Nisbett y Cohen sostenían después de sus estudios en la Universidad de Michigan. Cada uno de nosotros tiene su propia personalidad, pero ésta se encuentra revestida por una serie de tendencias, asunciones y reflejos que nos han llegado de la historia de la comunidad en la que crecimos, y esas diferencias son extraordinariamente específicas.

Bélgica y Dinamarca se encuentran entre sí a tan sólo una hora de avión, por ejemplo. Los daneses se parecen mucho a los belgas y, si nos dejaran en una esquina de Copenhague, no nos parecería muy diferente a la esquina de una calle de Bruselas. Pero en lo referente a la evasión de la incertidumbre, estas dos naciones no podrían ser más distintas. De hecho, los daneses tienen más en común con los jamaicanos en cuanto a tolerancia de la incertidumbre que con algunos de sus pares europeos. Puede que Dinamarca y Bélgica compartan una amplia tradición europea liberal democrática, pero tienen historias diferentes, estructuras políticas diferentes, tradiciones religiosas diferentes, idiomas, alimentos, arquitectura y literatura diferentes, que se remontan a cientos de años. Y la suma de todas esas diferencias es lo que hace que, en cierta clase de situaciones que exigen afrontar riesgo e incertidumbre, los daneses tiendan a reaccionar de un modo muy diferente a los belgas.

No obstante, de todas las dimensiones de Hofstede, quizás la más interesante sea la que él llamó el "índice de distancia al poder" (IDP). La distancia al poder está relacionada con las actitudes hacia la jerarquía, en concreto con cuánto valora y respeta la autoridad una cultura en particular. Para medir esa distancia, Hofstede hizo preguntas como: "¿Con qué frecuencia, en su experiencia, se da el siguiente problema: los empleados tienen miedo de expresar su desacuerdo con los gerentes?". ¿Hasta qué punto "aceptan y esperan los miembros menos poderosos de organizaciones e instituciones que el poder se distribuya desigualmente"? ¿Cuánto se respeta y se teme a la gente mayor? ¿Tienen las personas que ostentan el poder privilegios especiales?

Como escribió Hofstede en su texto clásico *Cultures's Consequences*:

En los países con un índice de distancia al poder bajo, éste es algo de lo que aquellos que lo tienen casi se avergüenzan, y a lo que intentan restar importancia. Una vez le oí decir a un funcionario de universidad sueco (país con bajo IDP) que para ejercer el poder intentaba no parecer poderoso. Los líderes pueden resaltar su informalidad renunciando a los símbolos formales. En Austria (bajo IDP), el primer ministro Bruno Kreisky era conocido porque a veces tomaba el tranvía para ir a trabajar. En 1974, yo mismo vi al primer ministro holandés (bajo IDP), Joop den Uyl, de vacaciones con su caravana en un *camping* de Portugal. Un comportamiento tal sería muy poco probable por parte de los poderosos de Bélgica o Francia (alto IDP)*.

---

* Hofstede, asimismo, hace referencia a un estudio llevado a cabo hace unos años que comparaba plantas de fabricación alemanas y francesas pertenecientes a la misma industria y aproximadamente del mismo tamaño. Las plantas francesas tenían, de media, al 26 por ciento de sus empleados en puestos de especialistas o de dirección; las alemanas, el 16 por ciento. Los franceses, además, pagaban al personal directivo superior considerablemente más que los alemanes. Lo que muestra esta comparación, argumentaba Hofstede, es una diferencia en las actitudes culturales hacia la jerarquía. Los franceses tienen un índice de distancia al poder dos veces más alto que el de los alemanes. Exigen y apoyan la jerarquía de una forma que los alemanes no cultivan.

Podemos imaginar el efecto que tuvieron las conclusiones de Hofstede en la gente de la industria de la aviación. Porque, a fin de cuentas, ¿de qué iba lo del trabajo en equipo y la gran batalla contra el discurso mitigado? Era un intento de reducir la distancia de poder en la cabina. La pregunta de Hofstede sobre la distancia de poder: "¿Con qué frecuencia, en su experiencia, se da el siguiente problema: los empleados tienen miedo de expresar su desacuerdo con los gerentes?", era la mismísima pregunta que los expertos de aviación les hacían a los copilotos sobre su manera de tratar con los capitanes. Y el trabajo de Hofstede apuntaba a algo que no se le había ocurrido a nadie en el mundo de la aviación: que la tarea de convencer a los copilotos para hacerse valer iba a depender terriblemente del índice de distancia al poder de su cultura.

A eso se refería Ratwatte cuando dijo que ningún estadounidense se habría sentido tan fatalmente intimidado por los controladores del aeropuerto Kennedy. Estados Unidos es la clásica cultura con una distancia al poder baja. Cuando se trata de hacerlo, los americanos echan mano de su *americanismo,* y ese americanismo es lo que hace que se vea al controlador aéreo como un igual. Pero ¿cuál es el país que se encuentra en el extremo opuesto en la escala de distancia al poder? Colombia.

A raíz del accidente de Avianca, el psicólogo Robert Helmreich, que ha insistido más que nadie en abogar por el papel de la cultura para explicar el comportamiento de los pilotos, escribió un análisis brillante del accidente en el que sostenía que no se podía entender el comportamiento de Klotz sin tener en cuenta su nacionalidad; que su apuro aquel día era únicamente el apuro de alguien que tiene un respeto profundo y permanente a la autoridad. Helmreich escribió:

El alto índice de distancia al poder de los colombianos podría haber creado frustración al copiloto, porque el capitán no logró mostrar la clase de toma de decisiones clara (e incluso autocrática) que esperan las culturas con alta distancia al poder. Puede que los primeros y segundos oficiales estuvieran esperando que el capitán tomara las decisiones, pero también puede que ellos mismos fueran incapaces de plantear alternativas.

Klotz se ve como un subordinado. Solucionar la crisis no es su trabajo, sino del capitán, y éste está agotado y no dice nada. Y luego están los autoritarios controladores del aeropuerto Kennedy dando órdenes a los aviones. Klotz intenta decirles que tiene problemas. Pero está usando su propio lenguaje cultural, hablando como un subordinado a un superior. Pero los controladores no son colombianos. Son neoyorquinos con un índice de distancia al poder bajo. No ven ningún hueco jerárquico entre ellos y los pilotos y, para ellos, el discurso mitigado de un piloto no significa que el emisor esté siendo convenientemente respetuoso con un superior; *significa que el piloto no tiene ningún problema.*

Hay un punto en la transcripción donde la mala comunicación cultural entre los controladores y Klotz se hace tan patente que casi hace daño leerla. Es la última comunicación entre Avianca y la torre de control, unos minutos antes del choque. Klotz acaba de decir: "Supongo. Muchas gracias", en respuesta a la pregunta del controlador sobre el estado del combustible. Entonces el capitán Caviedes se vuelve hacia Klotz.

CAVIEDES: ¿Qué dijo?
KLOTZ: El tipo se enojó.

*¿Cómo que se enojó?* ¡Han herido los sentimientos de Klotz! Su avión se encuentra a escasos momentos del desastre. Pero no puede escaparse de la dinámica que le dicta su cultura, en la que los subordinados deben respetar las órdenes de sus superiores. En su mente, él ha intentado y no logrado comunicar la grave situación, y su única conclusión es que de algún modo debe de haber ofendido a sus superiores de la torre de control.

Después del choque del Kennedy, la dirección de las líneas aéreas Avianca encargó una investigación. Avianca acababa de tener cuatro accidentes en muy poco tiempo: Barranquilla, Cúcuta, Madrid y Nueva York, y los cuatro casos, concluyó la línea aérea, "afectaban a aviones en condiciones perfectas para el vuelo, con una tripulación sin limitaciones físicas cuya capacidad de vuelo se consideraba normal o por encima de la media y, *aun así,* los accidentes se produjeron" [la cursiva es mía].

En el choque de Madrid, continuaba el informe, el copiloto intentó avisar al capitán de lo peligrosa que era la situación:

> El copiloto tenía razón. Pero murieron porque [...] cuando el copiloto hizo preguntas, las sugerencias implícitas eran muy débiles. La reacción del capitán fue ignorarle por completo. Quizás el copiloto no quería parecer rebelde poniendo en entredicho el juicio del capitán, o no quería quedar como un tonto porque sabía que el piloto tenía mucha más experiencia que él en aquella área. El copiloto debería haber defendido sus opiniones con más fuerza…

Nuestra capacidad de tener éxito en lo que hacemos está poderosamente relacionada con el lugar de donde somos, y ser buen piloto y proceder de una cultura con alta distancia al poder es una combinación difícil. Y de ninguna manera tiene Colombia el IDP más alto, por cierto. Helmreich y un colega, Ashleigh Merritt, midieron una vez el IDP de pilotos de todo el mundo. En el número uno estaba Brasil; en el dos, Corea del Sur*.

## 11.

La Junta Nacional de Seguridad del Transporte (en inglés, NTSB), agencia estadounidense responsable de investigar los accidentes de avión, tiene su sede en un achaparrado edificio de oficinas de la década de 1970, a orillas del río Potomac, en Washington DC. En los largos pasillos de la agencia hay laboratorios llenos de restos de aviones: un pedazo destrozado de la turbina de un motor, un pedazo problemático del rotor de un helicóptero. En un estante de uno de los laboratorios se encuentra la llamada caja negra —grabación de conversaciones e información de la cabina— del devastador accidente de ValuJet en Florida en

---

* Aquí están los cinco primeros IDP de los pilotos, ordenados por países. Si se compara esta lista con la clasificación de accidentes de avión por país, coinciden bastante.

1. Brasil
2. Corea del Sur
3. Marruecos
4. México
5. Filipinas

En los últimos cinco puestos se encuentran:

15. Estados Unidos
16. Irlanda
17. Sudáfrica
18. Australia
19. Nueva Zelanda

1996, en el que murieron 110 personas. La grabadora está incrustada en un amasijo de grueso acero forjado del tamaño de una caja de zapatos, y en uno de los extremos de la caja hay un agujero de corte irregular, como si alguien, o más bien algo, hubiera introducido una estaca a través de él con fuerza inusitada. Algunos de los investigadores de la NTSB son ingenieros que reconstruyen choques a partir de las pruebas más sustanciales. Otros son pilotos. Sin embargo, un número sorprendente de ellos son psicólogos, cuyo trabajo consiste en escuchar la grabación de la cabina y reconstruir lo que dijo e hizo la tripulación en los minutos previos a un choque. Uno de los mayores especialistas de la NTSB en cajas negras es Malcolm Brenner, un larguirucho psicólogo de unos cincuenta años que fue, también, uno de los investigadores del accidente de Korean Air en Guam.

—Normalmente, la aproximación a Guam no es difícil —comienza Brenner.

El aeropuerto de Guam tiene lo que llaman una senda de planeo, que parece un gigantesco haz de luz que se extiende desde el aeropuerto hasta el cielo. El piloto se limita a seguir este haz hasta alcanzar la pista de aterrizaje. Pero esa noche en particular, el haz estaba apagado.

—Estaba estropeado —continúa Brenner—. Lo habían enviado a otra isla para que lo repararan. Así que había un aviso para informar a los aviadores de que la senda de planeo no funcionaba.

Eso, a fin de cuentas, no debería haber supuesto un gran problema. Durante el mes que llevaba en reparación, se habían realizado unos mil quinientos aterrizajes seguros en el aeropuerto de Guam. Era algo sin importancia, un pequeño inconveniente que dificultaba un poquito la tarea de hacer aterrizar un avión.

—La segunda complicación era el tiempo —continúa Brenner—. Normalmente, en el Pacífico Sur se dan brevemente estas condiciones meteorológicas. Pero desaparecen con rapidez. No suele haber tormentas. Es un paraíso tropical. Pero aquella noche había unos pequeños núcleos, y dio la casualidad de que iban a pasar por una de ellas, a pocos kilómetros del aeropuerto. Así que el capitán tiene que decidir: ¿cuál va a ser exactamente mi procedimiento para aterrizar? Bien, les habían dado permiso para lo que se llama un acercamiento VOR/DME. Es complicado, una auténtica lata. Para realizarlo se necesita mucha coordinación. Hay que ir bajando en varias fases. Pero entonces, por casualidad, a kilómetros, el capitán ve las luces de Guam. Entonces se relaja y dice:

—Vamos a hacer una aproximación visual.

El VOR es una luz de aviso que envía una señal que permite a los pilotos calcular su altitud cuando se están acercando a un aeropuerto. Es en lo que confiaban los pilotos antes de la invención de la senda de planeo. La estrategia del capitán era utilizar el VOR para acercar el avión y luego, cuando pudiera ver las luces de la pista de aterrizaje, aterrizar el avión visualmente. Parecía tener sentido. Los pilotos hacen aterrizajes continuamente. Pero cada vez que un piloto se decide por un plan, se supone que tiene que tener un plan B de reserva por si las cosas salen mal. Y este capitán no lo tenía.

—Deberían haberse coordinado. El capitán debería haber informado de todas las fases del descenso [DME] —continúa Brenner—. Pero no habla de ello. Están rodeados de núcleos tormentosos, y el capitán parece pensar que en algún punto van a salir de entre las nubes y ver el aeropuerto, y que si no lo ve a ciento treinta metros, abortará el aterrizaje. Bueno, eso podría haber funcionado, excepto por una cosa más. El VOR en el que él basa esta estrategia no está en el aeropuerto, sino a cuatro kilómetros, en el cerro de Nimitz. Hay unos cuantos aeropuertos en el mundo donde eso sucede: sigues el VOR hacia abajo y te lleva directamente al aeropuerto. Aquí, si sigues el VOR, te lleva directamente al cerro de Nimitz.

El piloto tenía conocimiento del VOR. Está indicado claramente en las cartas de navegación del aeropuerto. Había aterrizado en Guam ocho veces antes y, de hecho, él mismo lo había mencionado expresamente en la reunión informativa que celebró antes del despegue. Pero, y volvemos a lo mismo, era la una de la mañana y llevaba levantado desde las seis de la mañana del día anterior.

—Creemos que la fatiga influyó —continúa Brenner—. Es un vuelo en sentido opuesto a las agujas del reloj. Vuelas y llegas a la una de la mañana, hora coreana. Luego pasas unas horas en tierra y vuelves al aire cuando sale el sol. El capitán lo había hecho un mes antes. En esa ocasión, durmió en un asiento de primera clase. Ahora llega y dice que está muy cansado.

Así que ahí las tenemos, tres típicas condiciones previas a un accidente de avión, las mismas que abonaron el terreno para el accidente del Avianca 052: una avería técnica sin importancia, mal tiempo y un piloto cansado. Por sí mismo, ninguno de estos factores sería suficiente para un accidente. Pero los tres juntos requieren el esfuerzo de todo el que se encuentre en la cabina. Y es ahí donde empezaron los problemas del Korean Air 801.

## 12.

Aquí está la transcripción de la caja negra de los últimos treinta minutos del vuelo 801 KAL. Comienza con las quejas de agotamiento del capitán.

01:20:01. CAPITÁN.— Si este viaje de ida y vuelta dura más de nueve horas, podría ser que nos dieran algo. Con ocho horas, no nos dan nada. Ocho horas no nos ayudan en absoluto... Nos hacen trabajar al máximo, hasta el máximo. Probablemente así... se ahorrarán los gastos de hotel del personal de vuelo, y aumentan las horas de vuelo. De todos modos, nos hacen... trabajar al máximo.

Se oye el sonido de un hombre que se mueve en su asiento. Pasa un minuto.

01:21:13. CAPITÁN: Eh... mucho... sueño. *[Palabras ininteligibles]*
COPILOTO: Desde luego.

Entonces viene uno de los momentos más decisivos del vuelo. El copiloto decide decir lo que opina:

COPILOTO: ¿No cree que llueve más? ¿En esta área, aquí?

El copiloto debe de haber pensado mucho y bien antes de hacer ese comentario. No estaba volando en el cómodo ambiente de compañerismo de la cabina de Suren Ratwatte. Entre las tripulaciones de Korean Air, lo que se esperaba de los oficiales más jóvenes es que atendieran al capitán hasta el punto de hacerle la cena o comprarle regalos. Como dice un antiguo piloto de Korean Air, la sensación en muchas de las cabinas de la compañía era la de que "el capitán está al mando y hace lo que quiere, cuando quiere y como quiere, y todos los demás se sientan en silencio y no hacen nada". En el informe Delta sobre Korean Air que se colgó de manera anónima en Internet, uno de los auditores cuenta que una vez iba en un vuelo de Korean Air y el copiloto se confundió al escuchar al control de tráfico aéreo y por error puso el avión en un rumbo que iba dirigido a otro avión.

—El mecánico de vuelo se dio cuenta de que algo iba mal, pero no dijo nada. El copiloto tampoco estaba conforme, pero no dijo nada. A pesar de las condiciones visuales [buenas], la tripulación no miró al exterior ni vio que el rumbo que llevaban no iba a llevarles al campo de aterrizaje.

Al final, el radar del avión registra el error, y luego viene la oración clave:

—El capitán ha golpeado al copiloto con el revés de la mano por cometer ese error.

*¿Que le ha golpeado con el revés de la mano?*

Cuando aquella tarde los tres pilotos se reunieron en Kimpo para preparar el vuelo, el copiloto y el ingeniero habrían saludado al capitán con una inclinación, y después se habrían estrechado la mano. *Cheo eom boeb seom ni da*, podría haber dicho, con respeto, el copiloto. "Es la primera vez que nos saludamos". La lengua coreana tiene nada menos que seis niveles diferentes de tratamiento conversacional, según la relación entre el emisor y el receptor: deferencia formal, deferencia informal, rudo, familiar, íntimo y sencillo. El copiloto no se habría atrevido a usar una de las formas más íntimas o familiares cuando se dirigió al capitán. Es una cultura en la que se presta mucha atención a la categoría de las dos personas en una conversación.

El lingüista coreano Ho-min Sohn escribe:

En la mesa, una persona de nivel más bajo debe esperar hasta que una de nivel más alto se siente y comience a comer, mientras que al revés eso no sucede; uno no fuma en presencia de alguien socialmente superior o, cuando se bebe con uno de ellos, el inferior oculta el vaso y se vuelve de espaldas; [...] cuando saluda a alguien de nivel social superior (aunque no a un inferior), un coreano debe inclinarse, debe levantarse cuando aparece alguien de claro nivel social superior, y nunca debe pasar por delante de uno de ellos. Todo el comportamiento y la manera de actuar en sociedad dependen de la veteranía y la jerarquía; como dice el refrán, *chanmul to wi alay ka issta,* hay categorías hasta para beber agua fría.

Así que, cuando el copiloto dice: "¿No cree que llueve más? ¿En esta área, aquí?", ya sabemos lo que quiere decir con ello:

—*Capitán, nos ha metido en un acercamiento visual, sin plan de reserva, y el tiempo ahí fuera es horrible. Usted cree que vamos a salir de las nubes a tiempo para ver la pista de aterrizaje. Pero ¿qué pasa si no es así? Está negro como la boca de un lobo ahí fuera, llueve a mares y la senda de planeo no funciona.*

Pero no puede decir eso. Está insinuando, y en su mente ya ha dicho todo lo que puede a un superior. El copiloto no volverá a mencionar el tiempo.

Justo en ese momento el avión, por un breve instante, sale de entre las nubes, y los pilotos ven luces a lo lejos.

—¿Es eso Guam? —pregunta el mecánico de vuelo, que después de una pausa dice:— Es Guam, Guam.

El capitán se ríe nerviosamente.

—¡Bien!

Pero no es verdad. Es una ilusión. Han dejado atrás las nubes un momento. Pero todavía están a treinta y dos kilómetros del aeropuerto, y por delante les queda aún mucho mal tiempo. El mecánico de vuelo lo sabe, porque es responsabilidad de él controlar el tiempo, así que decide hablar.

—Capitán, el radar meteorológico nos ha ayudado mucho —dice.

¿*El radar meteorológico nos ha ayudado mucho?* Una segunda indirecta desde la cabina de mando. Lo que quiere decir el ingeniero es justo lo que quería haber dicho el copiloto. *No es una noche en la que puede confiar sólo en sus ojos para hacer aterrizar el avión. Mire lo que nos dice el radar meteorológico: nos esperan problemas.*

Para un oído occidental, puede parecer extraño que el mecánico de vuelo mencionara el tema una sola vez. La comunicación occidental tiene lo que los lingüistas llaman una "orientación al emisor", es decir, se considera responsabilidad del emisor comunicar las ideas de manera clara e inequívoca. Incluso en el trágico caso del choque de Air Florida, en el que el copiloto se limita a insinuar el peligro que supone el hielo, insinúa hasta *cuatro* veces, repitiendo sus comentarios de cuatro formas diferentes, en un intento de dejar claro su significado. Podría haberse visto limitado por la diferencia de poder entre el capitán y él, pero estaba trabajando en un contexto cultural occidental, en el que, en caso de confusión, la culpa es del emisor.

Pero Corea, como muchos países asiáticos, se orienta al receptor. Es problema del *oyente* que lo que se dice tenga sentido. En la mente del ingeniero, él ha dicho mucho.

Sohn propone la siguiente conversación como ilustrativa; es el intercambio entre un empleado (el Sr. Kim) y su jefe, un jefe de departamento *(kwacang):*

KWACANG: Hace frío y tengo hambre.
*[Significado: ¿Por qué no compras algo de beber o de comer?].*
SR. KIM: ¿Qué tal un vaso de licor?
*[Significado: Estoy dispuesto a servirle una copa].*
KWACANG: No importa. No se moleste.
*[Significado: Aceptaré su oferta si la repite].*
SR. KIM: Debe de tener hambre. ¿Salimos?

*[Significado: Insisto en invitarle].*
KWACANG: ¿Sí?
*[Significado: Acepto].*

Hay algo hermoso en la sutileza de ese intercambio, en la atención que cada parte debe prestar a las motivaciones y los deseos de la otra. Es civilizado en el sentido más auténtico de la palabra: no permite insensibilidad o indiferencia.

Pero la comunicación con distancia al poder alta funciona sólo cuando el oyente es capaz de prestar la máxima atención, y sólo si los dos participantes en una conversación pueden permitirse el lujo de tener tiempo para desentrañar lo que el otro quiere decir. No funciona en la cabina de un avión en una noche de tormenta con un piloto agotado que intenta aterrizar en un aeropuerto en el que el sendero de planeo está estropeado.

## 13.

En el año 2000, Korean Air hizo algo por fin, y permitió que un intruso de Delta Air Lines, David Greenberg, dirigiera sus operaciones de vuelo.

El primer paso de Greenberg fue algo que no tendría sentido si no se entiende la verdadera raíz de los problemas de Korean Air. Evaluó la capacidad de expresarse en inglés de todas las tripulaciones de la compañía.

—Algunos lo hacían muy bien y otros no —recuerda—, así que establecimos un programa para ayudar a mejorar el nivel de inglés aeronáutico.

El segundo paso fue permitir que una compañía occidental, una filial de Boeing llamada Alteon, asumiera los programas de instrucción y entrenamiento de la empresa.

—Alteon realizó los programas en inglés —cuenta Greenberg—. No hablaban coreano.

La regla de Greenberg era simple. El nuevo idioma en Korean Air era el inglés, y quien quisiera seguir siendo piloto de la empresa tenía que hablarlo con fluidez.

—No era una criba —dice—. Todos tenían las mismas oportunidades, y los que pensaban que la cuestión del idioma era un desafío podían salir y estudiarlo por su cuenta. Pero el idioma era un filtro. No recuerdo que nadie fuera despedido por su poca habilidad para pilotar.

El razonamiento de Greenberg era que el inglés era la lengua del mundo de la aviación. Cuando los pilotos se sentaban en la cabina y leían las listas de control que sigue toda tripulación para cualquier punto significativo del procedimiento, esas listas estaban en inglés. Cuando hablaban con el control aéreo de cualquier parte del mundo, las conversaciones eran en inglés.

—Si intentas aterrizar en el JFK en hora punta, no hay comunicación no verbal —dice Greenberg—. Sólo hay personas hablando con personas, por lo que tienes que estar completamente seguro de que entiendes lo que ocurre. Podríamos objetar que dos coreanos hablando entre sí no tienen que hablar inglés. Pero si están discutiendo sobre lo que los tipos de control han dicho en inglés, entonces el idioma es importante.

Greenberg quiso dar a los pilotos una identidad alterna. El problema era que estaban atrapados en papeles dictados por el peso de la herencia cultural de su país. Necesitaban una oportunidad para librarse de esos papeles cuando se sentaban en la cabina, y el idioma era la llave de esa transformación. En inglés, se verían libres de los grados claramente definidos de la jerarquía coreana: deferencia formal, deferencia informal, rudo, familiar, íntimo y sencillo. En su lugar, los pilotos podrían participar de una cultura y una lengua con una herencia muy diferente.

Lo más importante de la reforma de Greenberg, sin embargo, es lo que no hizo. No se dejó llevar por la desesperación. No despidió a todos los pilotos coreanos y comenzó otra vez con pilotos de una cultura con distancia al poder baja. Sabía que el legado cultural importa, que es poderoso, omnipresente y que perdura mucho después de que su utilidad original haya desaparecido. Pero no dio por sentado que las herencias son una parte indeleble de lo que somos. Pensó que si los coreanos eran sinceros sobre su procedencia y estaban dispuestos a enfrentarse a los aspectos de su herencia que no se adaptaban al mundo de la aviación, podrían cambiar. Ofreció a sus pilotos lo que se ha ofrecido a jugadores de *hockey*, magnates del *software* o abogados en su camino hacia el éxito: una oportunidad de transformar la relación con su trabajo.

Cuando terminó en Korean Air, Greenberg ayudó a poner en marcha una aerolínea de carga llamada Cargo 360, y llevó consigo a algunos pilotos coreanos. Eran todos mecánicos de vuelo que habían sido número tres, tras el capitán y el copiloto, en la rígida jerarquía de la primera Korean Air.

—Eran gente que había trabajado en el antiguo ambiente de Korean Air entre quince y dieciocho años. Habían aceptado el papel de subordinados. Habían estado en lo más bajo de la escala. Los reciclamos y los pusimos con el equipo occidental, y han sido un gran éxito. Todos han cambiado su estilo. Ahora toman la iniciativa y aceptan su parte de responsabilidad. No esperan que alguien los dirija. Es gente mayor, en la cincuentena, con larga experiencia en un campo concreto, que ha sido reciclada y ahora realiza con éxito su trabajo en una cabina de vuelo occidental. Los apartamos de su cultura y, en cierto modo, los hemos reprogramado.

Es un ejemplo extraordinariamente liberador. Cuando entendemos lo que en verdad significa ser un buen piloto, cuando entendemos cuánto influyen la cultura, la historia y el mundo externo a lo individual para alcanzar el éxito profesional, no tenemos que desesperarnos cuando los pilotos estrellan los aviones contra la ladera de una montaña, porque tenemos un modo de convertir los fracasos en éxitos.

Pero primero tenemos que ser francos sobre un tema al que normalmente preferimos no hacer caso. En 1994, cuando Boeing publicó por primera vez unos datos sobre seguridad que mostraban una correlación clara entre los accidentes de avión de un país y su puntuación en las dimensiones de Hofstede, los investigadores de la empresa se las vieron y desearon para evitar ofender a nadie. "No decimos que hay algo aquí, pero pensamos que hay algo allí", resumió el ingeniero principal para la seguridad de Boeing. ¿Por qué somos así de remilgados? ¿Por qué es tan difícil aceptar el hecho de que cada uno de nosotros viene de una cultura con su propia mezcla distintiva de puntos fuertes y débiles, tendencias y predisposiciones? No podemos pretender que cada uno de nosotros es producto únicamente de su vida y experiencia propias. Cuando obviamos la cultura, los aviones se estrellan.

## 14.

De vuelta en la cabina.

—*El radar meteorológico nos ha ayudado mucho hoy.*

Ningún piloto diría eso ya. Pero esto ocurría en 1997, antes de que Korean Air se tomara en serio la cuestión de la distancia al poder. El capitán estaba cansado, y el significado real de lo que quería decir el ingeniero planeó sobre la cabeza del capitán.

—Sí —responde el capitán—. Son muy útiles.

No está escuchando.

El avión vuela hacia el radiofaro VOR, que está situado en la ladera de una montaña. El tiempo no ha mejorado, y los pilotos no pueden ver nada. El capitán conecta el dispositivo de aterrizaje y extiende los alerones.

A la 1:41:48, el capitán dice: "Conectar limpiaparabrisas", y el mecánico de vuelo lo hace. Está lloviendo.

A la 1:41:59, el copiloto pregunta "¿No está a la vista?". Está buscando la pista de aterrizaje. No puede verla. Lleva ya un rato sintiendo una gran opresión en el estómago. Un segundo más tarde, el sistema de alarma de proximidad a tierra avisa con su monótona voz electrónica: "Ciento cincuenta y dos metros". El avión está a ciento cincuenta y dos metros de tierra. Tierra es, en este caso, la ladera de la colina Nimitz. Pero la tripulación está confundida, porque piensa que tierra significa pista de aterrizaje, y ¿cómo puede ser así, si no la ven? El mecánico de vuelo dice estupefacto: "¿Cómo?". Podemos imaginarlos a todos pensando frenéticamente, intentando que sus conjeturas sobre dónde está el avión cuadren con lo que les dicen los instrumentos.

A la 1:42:19 el copiloto dice: "Hagamos una aproximación fallida". Por fin ha pasado de una insinuación a una obligación de la tripulación: quiere abortar el aterrizaje. Más tarde, en la investigación del choque, se determinó que si hubiera tomado el control del avión en aquel momento, habría tenido tiempo suficiente para elevar la parte delantera y esquivar la colina Nimitz. Eso es lo que se les enseña a hacer a los copilotos cuando creen que un capitán está claramente equivocado. Pero una cosa es aprender algo en un aula, y otra completamente distinta llevarla a cabo en el aire, con alguien que puede golpearte con el revés de su mano si cometes un error.

1:42:20. Mecánico de vuelo: No está a la vista.

Por fin, con el desastre soplándoles en el cogote, el copiloto y el mecánico se han decidido a hablar. Quieren que el capitán dé la vuelta, tome altura y comience el aterrizaje otra vez. Pero es demasiado tarde.

1:42:21. Copiloto: No está a la vista, aproximación fallida.

1:42:22. Mecánico de vuelo: Dé la vuelta.

1:42:23. Capitán: Dé la vuelta.

1:42:24:05. Sistema de alarma de proximidad a tierra (GPWS): Treinta.

1:42:24:84. GPWS: Quince.

1:42:25:19. GPWS: Doce

1:42:25:50. GPWS: Nueve.

1:42:25:78. GPWS: Seis.

1:42:25:78. *[Sonido de primer impacto]*

1:42:28:65. *[Sonido de tono]*

1:42:28:91. *[Sonido de gemidos]*

1:42:30:54. *[Sonido de tono]*

Fin de la grabación

## Capítulo VIII

# ARROZALES Y EXÁMENES DE MATEMÁTICAS

"Trescientos sesenta días al año levántate antes del amanecer y la prosperidad de tu familia llegarás a ver".

1.

La entrada al centro industrial del sur de China recorre el extenso verdor de un gran delta, el del río de las Perlas. La tierra está cubierta por una gruesa capa de niebla que huele a tubo de escape. Las autopistas están atiborradas de tractores con remolque. Las líneas de conducción eléctrica entrecruzan el paisaje. Hay fábricas de cámaras, computadoras, relojes, paraguas y camisetas y, sin transición, atestados bloques de apartamentos y campos de plátano y mango, de caña, de papaya y piña para la exportación. Hace una generación, se respiraba aire puro y la única carretera era de dos carriles. Y una generación antes, todo lo que había era un arrozal tras otro.

A dos horas tierra adentro, en la cabecera del río de las Perlas, se encuentra la ciudad de Guangzhou, y más allá de Guangzhou, es más fácil encontrar vestigios de la antigua China. El campo se vuelve impresionantemente hermoso, el accidentado terreno aparece salpicado de afloramientos de roca caliza contra el telón de fondo de los montes Nan Ling. Aquí y allá aparecen las chozas tradicionales del color caqui que siempre han tenido los adobes cocidos por el campesinado chino. En las pequeñas ciudades, hay mercados al aire libre: pollos y gansos en complicadas cestas de bambú, verduras presentadas en filas a ras de tierra, lonchas de cerdo sobre las mesas, tabaco a granel en grandes manojos. Y por todas partes, arroz, millas y leguas de arroz. En invierno, los arrozales se secan, y asoman rastrojos de la cosecha anterior. Recién plantadas las matas al nacer la primavera, cuando los vientos húmedos comienzan a soplar, se vuelven de un verde mágico; y cuando está madura la cosecha, cuando los granos se salen de sus vainas, la tierra se vuelve un interminable mar amarillo.

El arroz se ha cultivado en China durante miles de años. Desde aquí se extendieron las técnicas de su cultivo a todas partes de Extremo Oriente: Japón, Corea, Singapur, Taiwán. Año tras año, desde que se escribe la historia, los campesinos de Asia han adoptado el mismo modelo de agricultura, implacablemente intrincado.

Un arrozal hay que "construirlo", no basta con labrarlo como se rotura un campo para hacer un trigal. No basta con arrancar los árboles, la maleza y las piedras y luego arar. Los campos de arroz están tallados sobre las laderas de una colina, en una complicada serie de terrazas, o bien minuciosamente construidos sobre una marisma o llano de un río. Un arrozal necesita irrigación, lo que implica construir una complicada serie de diques alrededor del campo. Deben cavarse canales desde la fuente de agua más cercana, e incorporarse compuertas a los diques para que el flujo de agua se regule con la precisión necesaria para regar la mata sin anegarla ni pudrirla.

Además, el arrozal necesita un suelo de arcilla impermeable; de otro modo, la tierra se tragaría sin más el agua. Pero, por supuesto, las matas de arroz no pueden plantarse directamente sobre la capa de dura arcilla. Encima de la arcilla debe haber una gruesa capa de fango. La terraza se diseña con cuidado, como una gigantesca maceta con el drenaje correcto para mantener las plantas sumergidas en el nivel óptimo. El arroz debe fertilizarse de manera constante, lo cual es otro arte. Tradicionalmente los agricultores han usado "el suelo de la noche" (abono de origen humano) y una combinación de estiércol quemado, fango del río y restos de soja y cáñamo, pero esta tarea también exigía ser cuidadosos, porque echar demasiado fertilizante, o una cantidad correcta aplicada en el momento incorrecto, podría tener efectos peores que echarle demasiado poco.

En el momento de la siembra, un granjero chino tenía cientos de variedades de arroz entre las que escoger, cada una de las cuales ofrecía una compensación ligeramente diferente, digamos, entre la producción y la rapidez del crecimiento, o por su resistencia a la sequía, o por su adaptación a suelos pobres. Muchas veces se plantaba una docena o más de variedades a la vez, ajustando la mezcla de una temporada a otra para repartir los riesgos, para conjurar así el fracaso de la cosecha entera.

Toda la familia participaba en la plantación de semillas, en un semillero ya preparado. Al cabo de unas semanas, las matas se trasplantaban al campo, en hileras separadas 15 centímetros unas de otras, y después se nutrían minuciosamente.

La escarda se hacía a mano, con diligencia y sin cesar, pues, por sí solas, las jóvenes matas de arroz no podían competir con las malas hierbas. A veces se cepillaba individualmente cada mata de arroz con un peine de bambú para eliminar insectos. Los agricultores tenían que comprobar de manera constante los niveles del agua y asegurarse de que ésta no se calentara demasiado al sol del verano. Cuando el arroz maduraba, los granjeros hacían cuadrilla con todos sus amigos y parientes y, en un esfuerzo coordinado, lo segaban cuanto antes, para poder sacarle a la tierra una segunda cosecha antes de que llegara la estación seca del invierno.

El desayuno en la China meridional, al menos para los que pudieran permitírselo, es *congee* (gachas de arroz blanco con lechuga, brotes de bambú y pasta de pescado). Para comer, había más *congee;* y de cena, arroz con algo por encima. El arroz era lo que se vendía en el mercado para comprar otros artículos de primera necesidad. Era medida de riqueza y estatus. Dictaba casi cada momento del trabajo cotidiano.

—El arroz es la vida —asegura Gonçalo Santos, antropólogo que ha estudiado a un pueblo tradicional del sur de China—. Sin arroz no se sobrevive. Si uno quiere ser alguien en esta parte de China, tiene que tener arroz. Es lo que hace rodar el mundo.

2.

Observe la siguiente serie de números: 4, 8, 5, 3, 9, 7, 6. Léalos en voz alta. Ahora aparte la vista y pase veinte segundos memorizando la secuencia antes de repetirla en voz alta otra vez.

Un angloparlante, por ejemplo, tendría el 50 por ciento de probabilidades de recordar la secuencia perfectamente. Sin embargo, en el caso de los chinos, el porcentaje se aproxima al 100 por ciento. ¿Por qué? Porque los seres humanos almacenamos dígitos en un lapso de memoria que dura unos dos segundos. Memorizamos más fácilmente aquello que podemos decir o leer dentro de dicho lapso de dos segundos. Y si un hablante de chino casi siempre recuerda perfectamente dicha serie de números —4, 8, 5, 3, 9, 7, 6—, se debe a que su lengua, a diferencia del inglés, le permite encajar estos siete números en dos segundos.

Este ejemplo está sacado del libro de Stanislas Dehaene *The Number Sense*. Como explica Dehaene:

> Los numerales de la lengua china son notablemente breves. La mayor parte de ellos pueden pronunciarse en menos de un cuarto de segundo. Por ejemplo: 4 es *si;* y 7, *qi.* Sus equivalentes ingleses —*four, seven*— son más largos: su pronunciación lleva aproximadamente un tercio de segundo. El hueco de memoria entre el inglés y el chino obedece a esta diferencia de longitud. En lenguas tan diversas como el galés, el árabe, el chino, el inglés y el hebreo, hay una correlación reproducible entre el tiempo necesario para pronunciar los números en una lengua dada y el lapso de memoria de sus hablantes. En este dominio, la palma a la eficacia se la lleva el dialecto cantonés del chino, cuya brevedad otorga a los residentes en Hong Kong un lapso de memoria de 10 dígitos aproximadamente.

Resulta que también existe una gran diferencia en cómo se construyen los numerales en las lenguas occidentales y en las asiáticas. En español se dice: dieciséis, diecisiete, dieciocho y diecinueve, por lo que cabría esperar que también se dijera: *dieciuno, diecidós, diecitrés, diecicuatro y diecicinco.* No es así. Usamos formas diferentes: once, doce, trece, catorce y quince. Asimismo, utilizamos numerales como treinta y cincuenta, que suenan como otros con los que están relacionados (tres, cinco). Pero también decimos veinte y cuarenta, que ya no evidencian una correlación tan directa. Para números por encima de veinte, ponemos la decena primero, seguida de la unidad (veintiuno, veintidós), pero ya hemos visto que por debajo de veinte predomina la irregularidad. Esto no es así en China, Japón y Corea. Allí tienen un sistema de contar más lógico. Once es *dieciuno*. Doce es *diecidós*. Veinticuatro es *dosdiecescuatro*. Etcétera.

Esta diferencia significa que los niños asiáticos aprenden a contar mucho más rápido que los occidentales. Los niños chinos de cuatro años saben contar, por regla general, hasta cuarenta. Los niños estadounidenses de esa edad sólo saben contar hasta quince, y la mayoría no alcanza a contar cuarenta hasta cumplir cinco años. En otras palabras, a los cinco años, los niños estadounidenses ya se han rezagado *un año* respecto de los asiáticos en la más fundamental de las habilidades matemáticas.

La regularidad de su sistema numeral también significa que los niños asiáticos pueden realizar operaciones básicas, como la suma, con mucha más facilidad. Si uno pide a una niña hispanohablante de siete años que sume mentalmente treinta y siete más veintidós, tendrá que convertir las palabras a números (37 + 22) antes de efectuar la operación: 2 + 7 = 9; y 30 + 20 = 50, lo que hace un total de 59. Pero si uno pide a un niño asiático que sume *tresdiecesiete* y *dosdiecesdós,* éste no necesita visualizar nada: ya tiene delante la ecuación necesaria, encajada en la oración. No necesita ninguna traducción a cifras para calcular que *tresdiecesiete* más *dosdiecesdós* es igual a *cincodiecesnueve*.

—El sistema asiático es transparente —explica Karen Fuson, psicóloga de la Northwestern University, que ha investigado con exhaustividad estas diferencias entre Oriente y Occidente—; y parece que este hecho determina una actitud completamente distinta hacia las matemáticas. En vez de ser una materia que sólo se puede estudiar de memoria, presenta un modelo inteligible. Hay una expectativa de poder resolver la operación, de que ésta tenga sentido. Para expresar fracciones, decimos, por ejemplo, "tres quintos". En chino se dice literalmente "de cinco partes, tomar tres", que explica lo que es una fracción diferenciando conceptualmente entre denominador y numerador.

El legendario desapego hacia las matemáticas entre los niños occidentales se desarrolla en el tercer y el cuarto curso de primaria. Fuson argumenta que quizás una parte de dicho desencanto se deba al hecho de que las matemáticas no parecen tener sentido; su estructura lingüística es torpe; sus reglas básicas parecen arbitrarias y complicadas.

Los niños asiáticos, en contraste, no experimentan ni de lejos la misma confusión. Pueden retener más números en la cabeza y hacer cálculos más rápidamente; y el modo en que las fracciones se expresan en sus lenguas corresponde exactamente al modo en que en realidad es una fracción. No es descabellado imaginar que tal vez eso les haga un poco más propensos a disfrutar de las matemáticas; y tal vez porque disfrutan de las matemáticas un poco más, intentan llegar un poco más lejos y aprovechan más las clases de matemáticas y están más dispuestos a hacer la tarea, y así sucesivamente, en una especie de círculo virtuoso.

Cuando se trata de matemáticas, en otras palabras, los asiáticos tienen una ventaja incorporada. Pero es una clase insólita de ventaja. Durante años, los estudiantes de China, Corea del Sur y Japón —y los hijos de inmigrantes recientes que proceden de aquellos países— han superado considerablemente a sus colegas occidentales en matemáticas. La asunción habitual es que este hecho tiene algo que ver con una especie de propensión innata de los asiáticos hacia las matemáticas[*]. El psicólogo Richard Lynn ha llegado a proponer una complicada teoría evolutiva que relaciona el Himalaya, un clima realmente frío,

---

[*] En las pruebas internacionales comparadas, los estudiantes de Japón, Corea del Sur, Hong Kong, Singapur y Taiwán obtienen todos resultados muy parecidos en matemáticas, alrededor del percentil noventa y ocho.

ciertas prácticas cinegéticas premodernas, la capacidad craneal y la especialización de los sonidos vocálicos para explicar por qué los asiáticos tienen cocientes intelectuales más altos*. Así es como concebimos las matemáticas. Presumimos que la facilidad para el cálculo y el álgebra es una función simple de inteligencia humana. Pero las diferencias entre los sistemas numerales de Oriente y Occidente sugieren, muy por el contrario, que la capacidad de resolver problemas de aritmética también puede ser algo arraigado en la *cultura* de un grupo.

En el caso de los coreanos, cierta herencia profundamente arraigada se interponía en el camino al muy moderno objetivo de hacer volar un avión. Aquí tenemos otra clase de herencia, que resulta perfectamente adecuada para tareas del siglo XXI. La herencia cultural *importa;* y una vez que hemos visto el sorprendente efecto de cosas tales como la distancia al poder o el hecho de poder expresarse en un cuarto de segundo en lugar de invertir un tercio o una mitad, no es difícil preguntarse qué otras herencias culturales tendrán un impacto sobre nuestras tareas intelectuales del siglo XXI. ¿Y si proceder de una cultura formada por las exigencias del cultivo de arroz

---

Estados Unidos, Francia, Inglaterra, Alemania y otras naciones industrializadas de Occidente se sitúan entre el percentil veintiséis y el treinta y ocho. Se trata de una gran diferencia.

* La afirmación de Lynn de que los asiáticos tienen cocientes intelectuales más altos ha sido refutada, de manera convincente, por otros expertos, que demostraron que Lynn había basado su argumentación en muestras de cocientes intelectuales desproporcionadamente extraídas de hogares urbanos con ingresos superiores. James Flynn, quizás el mayor experto del mundo en materia de cociente intelectual, ha formulado con posterioridad una fascinante contradenuncia. Históricamente, los CI de los asiáticos, alega, han estado ligeramente *por debajo* de los CI de los blancos, lo que significa que sus mejores resultados en matemáticas serían a pesar de su CI, no debido a él. El argumento de Flynn está perfilado en su obra *Asian Americans: Achievement Beyond IQ* (1991).

también le hiciera a uno mejor en matemáticas? ¿Puede el arrozal notarse en el aula?

## 3.

Lo más sorprendente de un arrozal —que nunca llega a comprenderse del todo hasta que de hecho uno no se encuentra de pie en medio de uno— es su tamaño. Es *diminuto*. Un arrozal típico mide lo que una habitación de hotel. Un pueblo chino de mil quinientos habitantes podría sustentarse completamente con 180 hectáreas de tierra, que en el medio oeste de Estados Unidos sería el tamaño de una granja familiar típica. A escala asiática, con familias de cinco y seis personas viviendo en una granja del tamaño de dos habitaciones de hotel, la agricultura cambia de manera radical.

Históricamente, la agricultura occidental ha tenido una orientación "mecanicista". En Occidente, si un granjero quería ganar en eficiencia o aumentar su producción, incorporaba un equipo cada vez más sofisticado, lo que le permitía sustituir la tracción humana por el trabajo mecánico: trilladoras, enfardadoras, cosechadoras, tractores. Limpiaba otro campo y aumentaba su área de cultivo, porque ahora su maquinaria le permitía trabajar más tierra con el mismo esfuerzo. Pero en Japón o China, los agricultores no tenían dinero para invertir en equipo. Tampoco abundaban las tierras que pudieran convertirse fácilmente en nuevos campos. De modo que los cultivadores de arroz mejoraban su producción a base de inteligencia, gestionaban mejor su propio tiempo y hacían elecciones acertadas. Como ha expuesto la antropóloga Francesca Bray, la agricultura de arroz "fomenta el desarrollo de habilidades": si uno está dispuesto a escardar

239

con un poco más de diligencia, a fertilizar con más criterio, a pasar un poco más de tiempo supervisando los niveles del agua, a esforzarse un poco más en mantener la capa de arcilla absolutamente nivelada, recogerá una cosecha más grande. No es sorprendente que, a lo largo de la historia, los que cultivaban arroz siempre trabajaran más que casi cualquier otra clase de agricultor.

Puede que esta última afirmación parezca un poco singular, porque la mayor parte de nosotros tenemos la idea de que en el mundo premoderno todo el mundo trabajaba de lo lindo. Pero esto sencillamente no es cierto. En última instancia, todos descendemos de cazadores-recolectores, que, según todos los indicios, llevaban una vida cualquier cosa menos ajetreada. Los bosquimanos !kung del desierto de Kalahari (Botsuana), uno de los últimos vestigios de la vida precivilizada, subsisten a base de un rico surtido de frutas, bayas y raíces, particularmente el *mongongo,* un fruto seco increíblemente abundante y rico en proteínas que se obtiene sin más esfuerzo que el necesario para recogerlo de la tierra. Nunca cultivaron la tierra; y es que la agricultura —barbecho, siembra, escarda, cosecha, almacenamiento, etcétera— es una ocupación laboriosa. Tampoco crían ganado. De vez en cuando, los varones !kung cazan, pero es principalmente por deporte. Dicho esto, ni los varones ni las mujeres !kung trabajan más de unas doce a diecinueve horas por semana; dedican mucho más tiempo al baile, al ocio y a las relaciones sociales con la familia y los amigos. Como mucho trabajarán unas mil horas al año. (En cierta ocasión se le preguntó a un bosquimán sobre por qué su pueblo nunca se había dedicado a la agricultura; él miró perplejo a su interlocutor antes de responder: "¿Para qué, habiendo tanto *mongongo* en el mundo?").

O considérese la vida de un campesino europeo del siglo VIII. En aquel tiempo hombres y mujeres probablemente trabajaran del alba al mediodía doscientos días al año, lo que puede equivaler a unas mil doscientas horas de trabajo anual. En época de cosecha o de siembra, la jornada podía alargarse. En invierno era mucho más corta. En *The Discovery of France*, el historiador Graham Robb escribe que la vida del campesinado en un país como Francia, hasta bien entrado el siglo XIX, se componía de episodios esencialmente breves de trabajo seguidos de largos periodos de ociosidad: "El 99 por ciento de toda la actividad humana descrita en ésta y otras narraciones [de la vida rural francesa] se desarrollaba entre el principio de la primavera y el final del otoño". En los Pirineos y los Alpes, pueblos enteros hibernaban básicamente desde las primeras nieves de noviembre hasta marzo o abril. En las regiones más templadas de Francia, donde las heladas son más infrecuentes, se reproduce el mismo modelo. Prosigue Robb:

> Los campos de Flandes quedaban abandonados durante la mayor parte del año. Un informe oficial sobre el departamento de Nièvre en 1844 describe la extraña mutación del bracero borgoñés una vez que la cosecha estaba recogida y se habían podado los sarmientos de las vides: "después de hacer las reparaciones que necesitaran las herramientas, estos vigorosos hombres pasarán ahora los días en la cama, encogiendo los cuerpos para entrar en calor. También tomarán menos alimentos. Se debilitan deliberadamente".
>
> La hibernación humana era una necesidad física y económica. La bajada de los ritmos metabólicos impedía que el hambre agotara las reservas. [...] La gente caminaba trabajosamente y muy despacio, en invierno como en verano. [...] Después de la Revolución, en Alsacia y Paso de Calais, los funcionarios se quejaban de que los viticultores y agricultores con tierras, en vez de emprender "alguna industria pací-

fica y sedentaria" en la estación más tranquila, "se abandonan a la ociosidad más embrutecedora".

Un campesino del sur de China, en cambio, no hibernaba. En la estación seca, desde noviembre hasta febrero, se buscaba ocupaciones que las tareas agrícolas habían dejado de lado. Trenzaba cestas o sombreros de bambú y los vendía en el mercado. Reparaba los diques de su arrozal y reconstruía su choza de adobe. Enviaba a alguno de sus hijos a trabajar para un pariente en un pueblo cercano. Hacía *tofu* y pastelitos de soja. También cazaba serpientes (consideradas un manjar) y atrapaba insectos. Cuando llegaba *lahp cheun* (el nacimiento de la primavera), volvía a trabajar los campos desde el amanecer. El mantenimiento de un arrozal exige entre diez y veinte veces más mano de obra que el de un trigal o un maizal de tamaño equivalente. Algunas estimaciones calculan el trabajo anual de un agricultor arrocero de Asia en *tres mil* horas.

4.

Pensemos un momento en lo que debió de ser la vida de un agricultor arrocero en el delta del río de las Perlas. Tres mil horas al año es una cantidad de tiempo asombrosa para pasarlas trabajando, en particular si muchas de ellas implican estar inclinado bajo un sol abrasador, plantando y desbrozando un arrozal.

Lo que redimía la vida del arrocero, sin embargo, era la naturaleza de aquel trabajo. Se parecía mucho al trabajo de corte y confección que hacían aquellos emigrantes judíos de Nueva York de los que hablábamos en el capítulo V. Era una labor *dotada de sentido*. Ante todo, el cultivo de arroz arroja una relación clara entre el esfuerzo realizado y la recompensa obtenida. Cuanto más duro se trabaje en un campo de arroz, más produce éste. En segundo lugar, se trata de un trabajo complejo. Un agricultor arrocero no se limita a plantar en primavera y cosechar en otoño: también administra eficazmente un pequeño negocio gestionando una mano de obra familiar, acotando el riesgo de ruina mediante una selección reflexiva de las semillas, construyendo y manejando un sofisticado sistema de irrigación y coordinando el complicado proceso de recoger la primera cosecha simultáneamente a la preparación de la segunda.

Y, sobre todo, es autónomo. Los campesinos de Europa trabajaban esencialmente como esclavos mal pagados de un terrateniente aristocrático, sin apenas control sobre su propio destino. Pero China y Japón nunca desarrollaron aquella clase de opresivo sistema feudal, porque el feudalismo sencillamente no funciona en una economía de arrozal. El cultivo del arroz es demasiado intrincado para un sistema que requiere que se obligue a los campesinos mediante la intimidación a salir a los campos cada mañana. En los siglos XIV y XV, los terratenientes de la China central y meridional mantenían una relación de prácticamente nula intervención en el usufructo que ejercían sus arrendatarios: mientras éstos satisficieran las rentas que les tocaba pagar, podían llevar el negocio como quisieran.

—Un arrozal no sólo exige una cantidad enorme de trabajo, sino además muchas otras cosas —dice el historiador Kenneth Pomerantz—. No vale despreocuparse. De verdad importa que el campo esté perfectamente nivelado antes de que lo anegue el agua. Acercarse al nivel correcto sin acertarlo con exactitud supone una diferencia ostensible en términos de producción. Y realmente importa que el agua anegue los campos el tiempo justo, ni más ni menos. También hay una gran diferencia entre alinear las matas a exactamente la distancia correcta entre ellas y plantarlas de manera más descuidada. No se trata de plantar el grano en tierra a mediados de marzo y, si sigue lloviendo hacia finales del mes, todo va bien. Todas las variables se controlan de un modo muy directo. Y cuando se imponga alguna tarea que requiera cuidados especiales, el capataz tendrá que ofrecer al campesino algún incentivo por el que, si la cosecha es buena, él se saca una parte tanto mayor cuanto mejor haya sido la cosecha. Así, se conviene un sistema de renta fija donde el propietario dice: "Yo me llevo veinte fanegas, independientemente de la cosecha; y si ésta es realmente buena, tú te quedas con el excedente". Este arreglo no se compadece muy bien con la labor a destajo ni con la esclavitud. Sería demasiado fácil dejar la compuerta de riego abierta un ratito más y pudrir la plantación.

El historiador David Arkush comparó una vez refranes de campesinos rusos y chinos, y encontró diferencias asombrosas. "Si Dios no lo trae, no lo dará la tierra", reza un proverbio típico ruso. Es la clase de fatalismo típica de un sistema represivo y feudal, donde el campesinado no tiene ninguna razón para creer en la eficacia de su propio trabajo a la hora de mejorar su suerte. En contraste, escribe Arkush, los proverbios chinos remachan la creencia de que "con trabajo duro, planificación sabia e independencia o cooperación con un pequeño grupo, la recompensa es sólo cuestión de tiempo".

He aquí algunas de las cosas que los campesinos desheredados se decían unos a otros mientras trabajaban tres mil horas al año en la calurosa humedad de un arrozal chino (que, a propósito, está plagado de sanguijuelas):

"Sin sudor ni sangre no se sacia el hambre".

"Su ocupación es, para el campesino, bendición. ¿De dónde, si no es del ajetreo, saldrá el grano con que pasará el invierno?".

"Quien no trabaja en el estío, en invierno se muere de frío".

"No mires al cielo en busca de grano; pon mejor a trabajar tus manos".

"¿Te preguntas si la cosecha será buena? Mejor pregúntate si abonaste bien la tierra".

"Cuando el hombre trabaja a conciencia, no es perezosa la tierra".

Y el más revelador de todos: "Trescientos sesenta días al año levántate antes del amanecer y la prosperidad de tu familia llegarás a ver". *¿Levantarse antes de alba? ¿360 días por año?* Para los !kung, que recogen mongongos casi sin darse cuenta, o para el campesino francés que se pasa más de medio invierno debajo de una manta, o para casi cualquiera que no viva en un arrozal, este proverbio resulta inconcebible.

Ésta no es, desde luego, una observación desconocida sobre la cultura asiática. Vaya a cualquier campus universitario y los estudiantes le dirán que los alumnos asiáticos tienen fama de quedarse estudiando en la biblioteca mucho después de que todos los demás se hayan marchado. Algunas personas de origen asiático se ofenden cuando la gente habla de su cultura en estos términos, porque sienten que este estereotipo es una forma de menosprecio. Pero la fe en el trabajo debería ser un atributo de belleza. Prácticamente todos los casos de éxito que hemos visto en este libro hasta ahora implicaban a un individuo o grupo que trabaja más que sus pares. Bill Gates estaba *enganchado* a su computadora de joven; y también Bill Joy. Los Beatles practicaron miles de horas en Hamburgo. Joe Flom se curtió durante años, perfeccionando el arte de las adquisiciones hostiles, antes de que le llegara su oportunidad. El trabajo realmente duro es una constante entre la gente de éxito; y el genio de la cultura formada en el arrozal es que aquel trabajo duro dio a los que sufrían en los campos un modo de encontrar sentido en medio de su incertidumbre y su pobreza. Aquella lección ha servido a los asiáticos para encarar con éxito muchos esfuerzos, pero rara vez se ha revelado su utilidad con tanta perfección como en el caso de las matemáticas.

5.

Hace unos años, Alan Schoenfeld, catedrático de matemáticas en Berkeley, grabó un vídeo de una mujer llamada Renée mientras ésta intentaba solucionar un problema de álgebra. Renée tenía veintitantos años, el pelo largo y moreno y gafas plateadas redondas. En el vídeo, juega con un programa de *software* diseñado para enseñar álgebra. En pantalla aparecen un eje $x$ y un eje $y$. El programa pide al usuario que indique unas coordenadas y luego traza la línea de aquellas coordenadas sobre la pantalla. Por ejemplo, cuando ella teclea 5 en el eje de ordenadas y 5 en el eje de abscisas, la computadora hace esto:

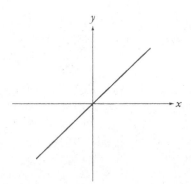

En este punto, estoy seguro, al lector le llega alguna vaga memoria algebraica de la escuela secundaria. No se preocupe: no tiene que sabérselo de memoria para entender la importancia del ejemplo de Renée. De hecho, mientras escucha hablar a Renée en los pocos párrafos que siguen, no se centre en lo que ella dice, sino más bien en cómo habla y por qué habla así.

El propósito del programa informático creado por Schoenfeld era enseñar a calcular la pendiente de una curva. La pendiente, como estoy seguro de que recordarán (o, para ser más exactos, como apostaría que no recuerdan, al menos a mí se me había olvidado), es la subida realizada en un recorrido. En nuestro ejemplo es 1, ya que la subida es 5 y el recorrido es 5.

Así que aquí tenemos a Renée. Se sienta ante el teclado e intenta calcular qué números debe introducir para conseguir que la computadora dibuje una línea absolutamente vertical, que esté directamente sobrepuesta al eje de ordenadas. Ahora bien, los pocos lectores que recuerden sus matemáticas de instituto sabrán que esto es, de hecho, imposible. Una línea vertical tiene una pendiente indefinida. Su subida es infinita: cualquier número sobre el eje de ordenadas que comience en cero y continúe hasta el infinito. Su recorrido en el eje de abscisas, en cambio, es cero. El infinito dividido por cero no es ningún número.

Pero Renée no comprende que lo que ella intenta hacer no puede hacerse. Más bien está atrapada en lo que Schoenfeld llama "un glorioso malentendido"; y el motivo de que a Schoenfeld le guste tanto mostrar este vídeo en particular es que demuestra perfectamente cómo esta idea falsa acabó por resolverse.

Renée era enfermera. No era alguien que se hubiese interesado de manera especial por las matemáticas en el pasado. Pero de algún modo se había topado con el *software* y ahora estaba enganchada.

—Vale, lo que quiero es hacer una línea recta con esta fórmula, paralela al eje de ordenadas —comienza Renée. Schoenfeld se sienta a su lado. Ella le mira con inquietud—. Hace ya cinco años que no hago nada de esto.

Comienza a probar más o menos a ciegas con el programa, tecleando números diferentes.

—Ahora, si cambio la cuesta así..., menos 1..., ahora lo que tengo que hacer es enderezar esta línea.

Según teclea números, la línea va cambiando en la pantalla.

—Hum. Esto no va a funcionar.

Renée parece perpleja.

—¿Qué intenta hacer? —pregunta Schoenfeld.

—Lo que intento hacer es trazar una línea recta paralela al eje de ordenadas. ¿Qué tengo que hacer aquí? Creo que lo que tengo que hacer es cambiar esto un poquito —señala en el lugar del número situado en el eje de ordenadas—. Esto es algo que descubrí, que cuando pasas de 1 a 2, hay un cambio bastante grande. Pero ahora, si llegas hasta allí arriba, tienes que seguir cambiando.

Ésta es la idea falsa, el glorioso malentendido, en cuyo bucle se pierde Renée. Ella ha notado que cuanto más alto es el valor en el eje de ordenadas, más escarpada sube la línea; y de ahí deduce erróneamente que la clave para lograr una línea vertical pasa por encontrar un valor suficientemente alto para el eje de ordenadas.

—Creo que con un 12 o un 13 llegaría. O tal vez haya que meterle un 15.

Renée frunce el ceño. Schoenfeld le hace preguntas. Ella le hace preguntas a Schoenfeld. Él la empuja sutilmente en la dirección correcta. Ella sigue a tientas, una tentativa tras otra.

En uno de estos intentos, teclea 20. La línea se hace un poquito más escarpada.

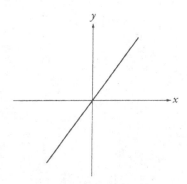

Luego teclea 40. La línea se hace más escarpada todavía.

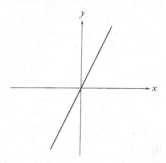

—Veo que hay una relación. Pero no sé con qué, no le encuentro sentido... ¿Y si le meto 80? Si 40 me lleva a mitad del camino, entonces 80 debería llevarme del todo al eje de ordenadas. Pues vamos a ver qué pasa.

Ella teclea 80. La línea es más escarpada. Pero todavía no es totalmente vertical.

—Ah. Es infinito, ¿no? Nunca va a llegar allí —Renée se está acercando, pero entonces vuelve a su malentendido original—. Entonces ¿qué necesito? ¿100? Siempre que doblas el número, te pones a mitad de camino al eje de ordenadas. Pero nunca llegas del todo...

Teclea 100.

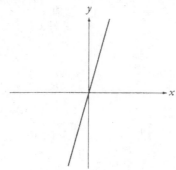

—Está más cerca. Pero todavía no está allí exactamente.

Renée comienza a pensar en voz alta. Es obvio que está al borde de entender algo.

—Bueno, esto lo sabía, aunque..., pero... yo sabía esto. Por cada grado por encima de... va muchos por... Pero todavía no entiendo por qué...

Hace una pausa, escudriña la pantalla.

—Estoy confusa. Es un décimo del recorrido al... Pero no debe ser...

Y entonces lo ve.

—¡Ah! Es cualquier número aquí y el cero aquí. ¡Cualquier número dividido por cero! —se le ilumina el rostro—. Una línea vertical es algo dividido por cero, un número indefinido. ¡Claro! Ahora sí lo veo. La pendiente de una línea vertical es indefinida. Claro, ahora tiene sentido. ¡Ya no se me olvidará!

6.

A lo largo de su carrera, Schoenfeld ha grabado en vídeo a incontables estudiantes mientras intentaban resolver problemas de matemáticas. Pero el de Renée es uno de sus vídeos favoritos debido a lo maravillosamente que ilustra lo que él piensa que es el secreto para el estudio de las matemáticas. Pasan *veintidós minutos* desde el momento en que Renée comienza a jugar con el programa informático hasta que dice: "Claro, ahora tiene sentido". Es *mucho* tiempo.

—Esto son mates de octavo —dice Schoenfeld—. Si pones a un alumno de octavo en la misma situación que Renée, me figuro que, después de las primeras tentativas, habría dicho: "No me sale. Necesito que me lo explique".

Schoenfeld preguntó una vez a un grupo de estudiantes de instituto cuánto tiempo trabajaban para resolver un problema antes de concluir que es demasiado difícil para su capacidad de solucionarlo. Sus respuestas variaban entre los treinta segundos y los cinco minutos, con una media de dos minutos.

Pero Renée persiste. Experimenta. Vuelve sobre las mismas cuestiones muchísimas veces. Piensa en voz alta. Sigue insistiendo. Simplemente no se rinde. Sabe a algún nivel vago que hay algo erróneo en su teoría sobre cómo dibujar una línea vertical, y no cejará hasta estar absolutamente segura de haberlo entendido bien.

Renée no era un *coco* de las matemáticas. Estaba claro que algunos conceptos abstractos como pendiente e indefinido no se le aparecían a primera vista como evidencias. Pero Schoenfeld no podía haber encontrado una alumna más impresionante.

—Tiene una voluntad de desentrañar el sentido de las cosas que le conduce a actuar como lo hace —dice Schoenfeld—. No aceptaría un superficial "Vale, tienes razón" y a otra cosa. No, Renée no es de ésas. Y resulta verdaderamente insólito.

Schoenfeld rebobina la cinta e indica un momento en que Renée reacciona con verdadera sorpresa ante algo que ve en la pantalla.

—Mira —dice—. Vuelve sobre sus pasos. Muchos estudiantes pasarían inmediatamente a otra cosa. En cambio, ella piensa: "Esto no es lo que yo esperaba. No lo entiendo. Y esto es importante. Quiero una explicación". Y cuando por fin deduce la explicación, la reconoce como tal: "Sí, esto encaja".

En Berkeley, Schoenfeld enseña un curso sobre solución de problemas, cuyo principal objetivo, nos dice, es que sus estudiantes desaprendan los hábitos matemáticos que adquirieron en el camino a la universidad.

—Escojo un problema que no sé cómo solucionar —explica—; y les digo a mis estudiantes: "Os voy a dar dos semanas para resolver un problema de matemáticas en casa. Como os conozco, sé que no vais a hacer nada durante la primera semana y con suerte no empezaréis hasta la que viene, así que quiero advertiros desde ahora: si sólo le dedicáis una semana, no vais a resolverlo. Por otra parte, si empezáis a trabajar desde el primer día, a mitad de plazo os sentiréis frustrados y vendréis a decirme: "Esto es imposible". Pero yo os diré que sigáis trabajando; y para la segunda semana encontraréis que habéis hecho progresos significativos.

A veces pensamos en las destrezas matemáticas como una capacidad innata, que o se tiene o no se tiene. Pero para Schoenfeld no se trata tanto de capacidad como de *actitud*. Se llegan a dominar las matemáticas si uno está dispuesto a intentarlo. Esto es lo que Schoenfeld intenta enseñar a sus estudiantes. El éxito es una función de persistencia, obstinación y voluntad de trabajar al máximo durante veintidós minutos para sacar sentido de algo ante lo que la mayoría de la gente desistiría después de treinta segundos. Meta un grupillo de Renées en un aula, y deles tiempo y espacio para explorar la matemáticas por sí mismos. Podría ser un largo camino. O imagínese un país donde la obstinación de Renée no es la excepción, sino un rasgo cultural, encajado tan profundamente como la cultura de honor en la meseta de Cumberland. Sin duda, ése sería un país al que se le darían bien las matemáticas.

7.

Cada cuatro años, un grupo internacional de educadores hace una prueba general de matemáticas y ciencias a estudiantes de primaria y secundaria en el mundo entero. Se trata del TIMSS (la misma prueba a la que nos referíamos al principio de este libro, al debatir las diferencias entre los alumnos de cuarto nacidos cerca de una fecha corte entre cursos y aquéllos nacidos cerca del final del año), y el propósito del TIMSS es comparar los logros educativos de un país con los de otro.

Cuando los estudiantes se someten al examen TIMSS, también tienen que rellenar un cuestionario. Éste incluye preguntas sobre toda clase de cuestiones, como el nivel educativo de los padres, o sus opiniones sobre las matemáticas o quiénes son sus amigos. No es un ejercicio trivial. Tiene unas 120 preguntas. De hecho, es tan aburrido y exigente que muchos estudiantes dejan no menos de diez o veinte preguntas en blanco.

Ahora viene lo interesante: resulta que el número medio de preguntas contestadas en el cuestionario TIMSS varía de unos países a otros. Es posible, de hecho, clasificar a todos los países participantes según cuántos artículos del cuestionario contesten sus estudiantes. Ahora bien, ¿qué cree usted que pasa si se compara esta clasificación con la que resulta de evaluar los resultados generales en matemáticas? Resulta que *coinciden exactamente*. En otras palabras, los países cuyos estudiantes están dispuestos a concentrarse y permanecer inmóviles el tiempo suficiente para enfocar la contestación a cada pregunta de un cuestionario infinito son los mismos países cuyos estudiantes hacen el mejor trabajo a la hora de solucionar problemas de matemáticas.

La persona que descubrió este hecho es un investigador educativo de la Universidad de Pensilvania llamado Erling Boe, y su descubrimiento fue producto de la casualidad. "Se presentó sin más", explica. Boe no ha podido ni publicar sus conclusiones en una revista científica porque, según dice, parecen hasta demasiado extrañas. Recuérdese que no dice que la capacidad de terminar el cuestionario y la de sobresalir en la prueba de matemáticas esté relacionada. Dice que son *la misma* capacidad; y si se comparan ambas clasificaciones, son idénticas.

Pensemos en esto desde otro ángulo: imaginemos que todos los años se celebraran unas olimpiadas de las matemáticas en alguna ciudad fabulosa del mundo. Y que cada país enviara su propio equipo de mil alumnos de octavo. Lo que dice Boe es que podríamos predecir con precisión el orden de cada país en el medallero *sin hacerles una sola pregunta de matemáticas*. Todo cuanto tendríamos que hacer es encomendarles alguna tarea que permitiera medir cuán duro estaban dispuestos a trabajar. De hecho, ni siquiera tendríamos que encargarles una tarea. Deberíamos ser capaces de predecir qué países son los mejores en matemáticas simplemente observando qué culturas nacionales enfatizan más el esfuerzo y el trabajo duro.

Bueno, ¿qué países se sitúan en lo alto de ambas listas? La respuesta no debería sorprenderle: Singapur, Corea del Sur, China (Taiwán), Hong Kong y Japón. Lo que los cinco tienen en común, por supuesto, es que todos pertenecen a culturas formadas por la tradición agrícola del húmedo arrozal y el trabajo significativo*. Son del tipo de lugares donde, durante cientos de años, los campesinos desheredados que gemían sudando sobre un arrozal tres mil horas al año se decían unos a otros cosas como "Trescientos sesenta días al año levántate antes del amanecer y la prosperidad de tu familia llegarás a ver**".

---

\* Dos pequeñas aclaraciones: la China continental no figura en la lista porque aún no participa en el estudio TIMSS. Pero las clasificaciones de Taiwán y Hong Kong sugieren que probablemente el conjunto de los chinos también haría un buen papel.

En segundo lugar, y quizás más importante, ¿qué pasa en el norte de China, que no es una sociedad basada en la agricultura del arroz húmedo, sino que históricamente ha sido una cultura del trigo comparable, en esto, a Europa occidental? ¿También son buenos en matemáticas? La respuesta corta es que no lo sabemos. Pero el psicólogo James Flynn advierte que una mayoría aplastante de los inmigrantes chinos a Occidente —gente que ha tenido tanto éxito con las matemáticas entre nosotros— procede del sur de China. Los estudiantes chinos que terminan la carrera en los puestos altos de su clase en el MIT son básicamente descendientes de aquellos campesinos del delta del río de las Perlas. También advierte Flynn que los americanos de origen chino con peores resultados son del pueblo Sze Yap, que proviene de las márgenes del delta, "donde el suelo era menos fértil y la agricultura menos intensa".

\*\* Hay de hecho una literatura significativa científica que mide "la persistencia" asiática. En un estudio típico, Priscilla Blinco dio a grupos grandes de niños japoneses y estadounidenses un rompecabezas muy difícil y midió cuánto tiempo trabajaban en ello antes de rendirse. Los niños americanos duraron, en promedio, 9.47 minutos. Los niños japoneses duraron 13.93 minutos, aproximadamente un 40 por ciento más.

## CAPÍTULO IX

# LA MINA DE MARITA

"AHORA TODOS MIS AMIGOS SON DE KIPP".

## 1.

A mediados de la década de 1990, una escuela pública experimental llamada Academia KIPP (Knowledge is Power Program, programa "El conocimiento es poder") abrió sus instalaciones en el cuarto piso de la escuela universitaria Lou Gehrig de Nueva York. La Lou Gehrig pertenece educativamente al VII Distrito Escolar, también conocido como Bronx Sur, uno de los barrios más pobres de la ciudad. Es un edificio de la década de 1960, achaparrado y gris, enfrente de un desangelado bloque de rascacielos. Unos bloques más allá se encuentra la Grand Concourse, principal carretera del distrito municipal. No son calles para pasear tranquilamente, a solas, por la noche.

KIPP es una escuela secundaria. Las aulas son amplias: el quinto curso se divide en dos clases de 35 alumnos cada una. No hay ningún examen de ingreso ni exigencia especial para la admisión. A los estudiantes se los elige por sorteo, en el que puede participar cualquier alumno de cuarto que resida en el Bronx. Aproximadamente la mitad de los estudiantes son afroamericanos; el resto son hispanos. Tres cuartos de estos chicos proceden de familias monoparentales. El 90 por ciento tiene derecho a un "almuerzo gratis o a precio reducido", es decir, que sus familias ganan tan poco que el Gobierno federal tiene que intervenir para que los niños puedan almorzar adecuadamente.

La Academia KIPP parece el tipo de escuela en la clase de barrio y con la índole de alumnado que siembra la desesperación entre los educadores, pero desde el momento en que se traspasa su puerta, queda claro que se trata de algo diferente. Los estudiantes andan silenciosa y ordenadamente por los pasillos. En el aula, se les enseña a atender y dirigirse a la gente de acuerdo con un protocolo que aconseja sonreír, sentarse erguidos, escuchar, preguntar, asentir cuando le hablan a uno y mantener el contacto visual. En las paredes de los pasillos de la escuela hay cientos de banderines de las universidades en las que se licenciaron los graduados en KIPP. El año pasado, cientos de familias de todo el Bronx participaron en el sorteo de las 48 plazas de quinto curso disponibles en KIPP. No es ninguna exageración decir que, en sus poco más de diez años de existencia, se ha convertido en uno de los institutos públicos más deseados de la ciudad de Nueva York.

Lo que hace más famoso este centro son las matemáticas. En el Bronx Sur, sólo un 16 por ciento de los estudiantes de secundaria rinde al nivel exigible en matemáticas o por encima. Pero en KIPP, hacia el final del quinto grado, muchos de los estudiantes aseguran que las matemáticas son su asignatura favorita. En el séptimo grado, los alumnos comienzan con el álgebra que se estudia en el *bachillerato*. Hacia el final del octavo grado, el 84 por ciento de los estudiantes está por encima del listón exigible, lo que debe de significar que este grupo variopinto de niños de clase baja escogidos al azar entre sórdidos apartamentos de uno de los peores barrios del país —cuyos padres, en una mayoría aplastante de casos, jamás pisaron una universidad— obtiene en matemáticas unos resultados comparables a los privilegiados alumnos de octavo de los barrios ricos de Estados Unidos.

—En lectura nuestros chicos dan la medida —dice David Levin, que fundó KIPP con otro profesor, Michael Feinberg, en 1994—. A algunos la redacción les cuesta un poco. Pero todos salen de aquí sabiendo mucho de matemáticas.

Hoy hay más de cincuenta escuelas KIPP en Estados Unidos, y varias más en proyecto. El programa KIPP representa una de las nuevas filosofías educativas más prometedoras de Estados Unidos. Pero la mejor manera de entender su éxito no es atendiendo a su plan de estudios, sus profesores, sus recursos o a una especie de innovación institucional. KIPP es, más bien, una organización que ha tenido éxito por tomarse en serio el concepto de legado cultural.

2.

A principios del siglo XIX, un grupo de reformadores intentó establecer un sistema de educación pública en Estados Unidos. Lo que entonces pasaba por educación pública era un surtido al tuntún de escuelas rurales con alumnos de todas las edades en una sola clase y atestadas aulas urbanas dispersas por todo el país. En las áreas rurales, las escuelas cerraban más de la mitad del año, para que los niños pudieran echar una mano en las ajetreadas épocas de plantación y cosecha. En la ciudad, muchas escuelas reflejaban las largas y caóticas jornadas de los padres de clase obrera. Los reformadores quisieron asegurarse, no sólo de que todos los niños fueran a la escuela, sino también de que la educación universal fuera exhaustiva, es decir, que todos los niños supieran leer y escribir bien, tuvieran nociones básicas de aritmética y funcionaran en el futuro como ciudadanos productivos.

Pero como ha advertido el historiador Kenneth Gold, los tempranos reformadores educativos también estaban tremendamente preocupados por que los niños no tuvieran *demasiada* educación. En 1871, por ejemplo, el comisionado estadounidense de educación publicó un informe debido a Edward Jarvis sobre "la relación entre educación y locura". Jarvis había estudiado 1,741 casos de locura, y había concluido que "el estudio" era responsable de 205 de ellos. "La educación sienta las bases de una gran parte de las causas de los trastornos mentales", escribió Jarvis. Asimismo, el pionero de la educación pública en Massachusetts, Horace Mann, creía que presionar demasiado a los estudiantes arrojaría "la influencia más perniciosa sobre el carácter y los hábitos [...]. No pocas veces la salud se arruina por estimular en exceso la mente". Los boletines educativos de la época reflejaban preocupaciones constantes por la exigencia excesiva a los estudiantes o el embotamiento de sus capacidades naturales debido al exceso de trabajo escolar.

Los reformadores —escribe Gold— se esforzaban por encontrar modos de reducir el tiempo de estudio, para que los largos periodos de asueto salvaran a la mente de sufrir heridas. De ahí la eliminación de clases en sábado, el acortamiento de la jornada escolar y el alargamiento de las vacaciones introducidos en el curso del siglo XIX. Se advertía a los profesores que "cuando [a los estudiantes] se les exija estudiar, no se deberían agotar sus cuerpos con un largo confinamiento, ni desconcertarse sus mentes por el uso prolongado". El descanso también ofrecía sus propias oportunidades para reforzar habilidades cognitivas y analíticas. Como sugirió un colaborador del *Massachusetts Teacher:* "Sólo cuando se les alivia del estado de tensión que pertenece al estudio real, pueden muchachos y muchachas, así como hombres y mujeres, adquirir el hábito del pensamiento y la reflexión y extraer sus propias conclusiones, independientemente de lo que les enseñen y de la autoridad ajena".

Esta idea, la de que el esfuerzo debe estar equilibrado por el ocio, no podía ser más diferente de las nociones asiáticas sobre el estudio y el trabajo, desde luego. Claro que la visión asiática del mundo estaba basada en el arrozal. En el delta del río de las Perlas, el arrocero sacaba dos y a veces tres cosechas por año. La tierra apenas se dejaba en barbecho. De hecho, uno de los rasgos más singulares del cultivo de arroz es que, debido a las sustancias nutritivas que lleva el agua usada en la irrigación, cuanto más se cultiva un terreno, más fértil se vuelve.

En la agricultura occidental ocurre lo contrario. A no ser que un campo se deje en barbecho cada pocos años, el suelo se agota. Todos los inviernos los campos se vacían. El duro trabajo de plantar en primavera y cosechar en otoño se sucede tan mecánicamente como el lento paso del verano al invierno. Ésta es la lógica que los reformadores aplicaron al cultivo de mentes jóvenes. Formulamos ideas nuevas por analogía, infiriendo de lo que conocemos aquello que no conocemos; y lo que estos reformadores conocían eran los ritmos de las estaciones agrícolas. Una mente debe cultivarse. Pero no demasiado, no sea que se agote. Y ¿cómo remediar el peligro de agotamiento? Con unas largas vacaciones de verano, un legado genuinamente americano que ha tenido profundas consecuencias en el modelo educativo vigente a día de hoy.

3.

Las vacaciones de verano son un tema rara vez mencionado en los debates educativos. Se consideran una característica permanente e inmaculada de la vida académica, como el equipo de futbol del instituto o la juerga de fin de carrera. Pero analicemos las siguientes notas de exámenes de primaria y veamos si la fe en el valor de unas largas vacaciones de verano no queda profundamente sacudida.

Estos números proceden de la investigación llevada a cabo por el sociólogo Karl Alexander, de la Universidad Johns Hopkins. Alexander analizó el progreso de 650 alumnos del primer curso del sistema de enseñanza pública de Baltimore, mediante la observación de sus calificaciones en unas pruebas de matemáticas y lectura al uso en California, el llamado *Achievement Test* o prueba del aprovechamiento escolar. He aquí los resultados de la prueba de lectura para los cinco primeros años de escuela primaria, desglosados en función de la clase socioeconómica: baja, media y alta.

| Clase | 1er curso | 2° curso | 3er curso | 4° curso | 5° curso |
|-------|-----------|----------|-----------|----------|----------|
| Baja | 329 | 375 | 397 | 433 | 461 |
| Media | 348 | 388 | 425 | 467 | 497 |
| Alta | 361 | 418 | 460 | 506 | 534 |

Mire la columna del primer curso. Los alumnos reflejan diferencias significativas pero no aplastantes en conocimiento y capacidad. Los alumnos de primero de las casas con mejores rentas muestran una ventaja de 32 puntos respecto a sus compañeros de hogares más pobres; y a propósito, los alumnos de clase baja en Baltimore son *verdaderamente* pobres. Ahora mire la columna de los de quinto. Al llegar a este curso, cuatro años más tarde, la diferencia, al principio modesta, entre ricos y pobres se ha duplicado con creces.

Esta "diferencia en el rendimiento" es un fenómeno que se ha observado muchas veces; y suele suscitar dos explicaciones. La respuesta es que los niños desheredados simplemente no tienen la misma capacidad inherente para el aprendizaje que los de entornos más privilegiados. No son igual de listos. La segunda conclusión, ligeramente más optimista, es que, de algún modo, nuestras escuelas están fracasando con los niños pobres: sencillamente no hacemos un trabajo lo bastante bueno a la hora de enseñarles las habilidades que necesitan. Pero aquí es donde el estudio de Alexander se hace interesante, porque resulta que ninguna de estas explicaciones es satisfactoria.

La ciudad de Baltimore no sometió a sus niños a la prueba de aprovechamiento escolar solamente al final de cada curso, en junio. También les hizo el test en septiembre, justo después de que terminaran las vacaciones de verano. Lo que Alexander comprendió es que el segundo conjunto de resultados de la prueba le permitía hacer un análisis ligeramente diferente. Si miraba la diferencia entre los resultados que un estudiante obtenía al principio del año escolar, en septiembre, y los conseguidos en el siguiente mes de junio, podía medir, con precisión, cuánto había aprendido a lo largo del año escolar. Y si miraba la diferencia entre las notas de un estudiante en junio y en septiembre siguiente, podía ver cuánto había aprendido el alumno durante el verano. En otras palabras, podía calcular, al menos en parte, cuánto de la diferencia en el rendimiento obedecía a las cosas que pasan durante el año escolar, y cuánto tenía más que ver con lo que pasa durante las vacaciones de verano.

Empecemos con los beneficios del año escolar. La siguiente tabla muestra cuántos puntos subieron las notas de los estudiantes desde el inicio de las clases, en septiembre, hasta su finalización, en junio. La columna "Total" representa el aprendizaje acumulado de un aula durante los cinco años de escuela primaria.

| Clase | 1er curso | 2° curso | 3er curso | 4° curso | 5° curso | Total |
|---|---|---|---|---|---|---|
| Baja | 55 | 46 | 30 | 33 | 25 | 189 |
| Media | 69 | 43 | 34 | 41 | 27 | 214 |
| Alta | 60 | 39 | 34 | 28 | 23 | 184 |

Ésta es una historia completamente diferente de la que sugería la primera tabla. A juzgar por el primer conjunto de resultados del examen, parecía que los niños con rentas más bajas de algún modo fallaban en el aula. Pero aquí vemos claramente que eso no es verdad. Mire la columna "Total". A lo largo de cinco años de escuela primaria, los niños más pobres "ganan" a los más ricos por una diferencia de 189 puntos a 184. Se quedan rezagados respecto a los niños de clase media sólo por un margen reducido y, de hecho, en un año, el segundo curso, aprenden más que los de clase media o alta.

Ahora vamos a ver qué pasa si miramos solamente la evaluación de las calificaciones en la prueba de lectura durante las vacaciones de verano:

| Clase | Antes de 2° | Antes de 3° | Antes de 4° | Antes de 5° | Total |
|---|---|---|---|---|---|
| Baja | -3.67 | -1.70 | 2.74 | 2.89 | 0.26 |
| Media | -3.11 | 4.18 | 3.68 | 2.34 | 7.09 |
| Alta | 15.38 | 9.22 | 14.51 | 13.38 | 52.49 |

¿Ve la diferencia? Mire la primera columna, que mide lo que pasa a lo largo del verano que sigue al primer curso. Los niños con mejor situación económica vuelven en septiembre y sus notas en lectura han subido más de 15 puntos. Los niños más pobres vuelven de las vacaciones y sus calificaciones en lectura han *caído* casi 4 puntos. Puede que los niños pobres aprendan más que los ricos durante el año escolar. Pero durante el verano se quedan atrás.

Ahora mire la última columna, que suma los progresos hechos durante el verano desde el primer grado hasta el quinto. Los niños pobres mejoran su lectura en 0.26 puntos. *Cuando se trata de habilidades de lectura, los niños pobres no aprenden nada fuera de la escuela.* Los niños ricos, en contraste, mejoran nada menos que 52.49 puntos. Prácticamente toda la ventaja que los estudiantes ricos les sacan a los pobres resulta de las diferencias en lo que los niños más privilegiados aprenden mientras *no* están en la escuela.

¿Qué vemos aquí? Una posibilidad muy real consiste en que éstas sean las consecuencias educativas de las diferencias de estilos de formación dentro de la familia que hablábamos en el capítulo de Chris Langan. Recordemos a Alex Williams, aquel niño de nueve años estudiado por Annette Lareau. Sus padres creían en el cultivo concertado. Lo llevaban a museos, lo matriculaban en programas especiales y lo enviaban a campamentos de verano, donde también recibía clases. Cuando se aburría en casa, tenía muchos libros que leer; y sus padres consideraban que era su responsabilidad mantenerlo activamente relacionado con el mundo que le rodeaba. No es difícil ver por qué Alex mejoraría en lectura y matemáticas a lo largo del verano.

¿Y Katie Brindle, la niña en la parte estrecha del embudo? No hay ningún dinero para enviarla al campamento de verano. Su mamá no la lleva a clases especiales ni hay libros por la casa que ella pueda leer si está aburrida. Probablemente su oferta de ocio en casa se reduzca a un televisor. Aun así, puede muy bien tener unas vacaciones maravillosas, haciendo nuevos amigos, jugando fuera, yendo a ver películas, disfrutando del tipo de despreocupación veraniega con que soñamos. Ninguna de esas cosas, sin embargo, le ayudará a mejorar sus habilidades matemáticas y de lectura, y cada día despreocupado que pasa en verano la va rezagando más respecto de Alex. Él no es necesariamente más inteligente que Katie. Sólo la supera en aprendizaje: ha pasado unos meses de estudio durante el verano mientras ella miraba la televisión y jugaba en la calle.

Lo que el trabajo de Alexander sugiere es que el debate educativo en Estados Unidos está obsoleto. Se dedica una enorme cantidad de tiempo a hablar sobre las ratios profesor-alumno, reescribir los planes de estudios, comprar un flamante computadora portátil a cada estudiante y aumentar indefinidamente el gasto en educación, de todo lo cual se presume que hay algo fundamentalmente erróneo en el funcionamiento de la enseñanza. Pero si volvemos a mirar la segunda tabla, que muestra lo que ocurre entre septiembre y junio, veremos que la escuela *funciona*. El único problema de la escuela, para los niños con fracaso escolar, es que no dura lo suficiente.

Alexander, de hecho, ha hecho un cálculo muy simple para demostrar qué pasaría si los niños de Baltimore fueran a la escuela durante todo el año. La respuesta es que, hacia el final de la escuela primaria, los niños pobres y ricos estarían prácticamente a la par en matemáticas y lectura.

De pronto las causas de la superioridad asiática en matemáticas se vuelven aún más obvias. Los estudiantes de las escuelas asiáticas no tienen largas vacaciones de verano. ¿Para qué? Las culturas que creen que el camino al éxito pasa por levantarse antes del alba 360 días al año no van a dar tres meses consecutivos de ocio a sus niños durante el verano. En Estados Unidos el año escolar dura, por regla general, 180 días. En Corea del Sur son 220 días. El año escolar japonés dura 243 días.

Una de las cuestiones formuladas por los examinadores en una reciente prueba de matemáticas hecha a estudiantes del mundo entero era cuántas de las preguntas de álgebra, cálculo y geometría cubrían materias que hubieran aprendido antes en clase. Entre alumnos japoneses del curso preuniversitario, la respuesta era el 92 por ciento. Éste es el valor de ir a la escuela 243 días al año: uno tiene más tiempo para aprender todo cuanto necesite..., y menos tiempo para desaprenderlo. Entre los estadounidenses, la cifra correspondiente era el 54 por ciento. En el caso de los estudiantes más pobres, Estados Unidos no tiene un problema de fracaso escolar; tiene un problema de vacaciones de verano, y ése es el problema que las escuelas KIPP intentan solucionar. Han decidido exportar las lecciones del arrozal al centro de las ciudades estadounidenses.

4.

—Empiezan las clases a las 7:25 —dice David Levin de los estudiantes de la Academia KIPP en el Bronx—. Hasta las 7:45 todos hacen un curso llamado "Aprendiendo a pensar". Luego dan 90 minutos de inglés, y otros 90 minutos de matemáticas cada día, excepto en quinto, que hacen dos horas de matemáticas al día. Luego, una hora de ciencias, otra de sociales, una hora de música al menos dos veces por semana, y después todos tienen, además, una hora y quince minutos de orquesta. Su jornada va desde las 7:25 hasta las 17:00 horas. Después de las cinco, hay grupos de tareas escolares, castigos que cumplir en el aula, equipos deportivos. Aquí hay niños desde las 7:25 hasta las 19:00. Si se toma un día normal, excluidos el almuerzo y el recreo, nuestros niños pasan de un 50 a un 60 por ciento más tiempo aprendiendo que el alumno de una escuela pública tradicional.

Levin estaba de pie en el vestíbulo principal de la escuela. Era la hora de comer y los estudiantes desfilaban silenciosamente en líneas ordenadas, todos con sus uniformes de la Academia KIPP. Levin paró a una muchacha que llevaba la camisa por fuera.

—Por favor, cuando tengas un momento... —le dijo, y terminó la frase haciéndole señas de que metiera por debajo la parte que sobresalía; luego prosiguió—. Los sábados vienen de 9:00 a 13:00. En verano, de 8:00 a 14:00.

Al decir verano, Levin se refería al hecho de que en KIPP se estudian tres semanas suplementarias en julio. Después de todo, sus alumnos son precisamente la clase de niños desfavorecidos que Alexander identificaba como rezagados al final de las largas vacaciones de verano, luego la respuesta de KIPP no podía ser otra que evitar unas vacaciones de verano demasiado largas.

—Al principio es difícil —reconoce—. Hacia el final del día están agitados. Una parte de ello es resistencia, y otra, motivación. Otra parte consiste en incentivos y recompensas, con elementos de mayor diversión. También hay una parte de disciplina a la vieja usanza. Todo entra en el cocido. Aquí hablamos mucho de coraje y autocontrol. Los niños saben lo que significan estas palabras.

Levin bajó por el pasillo hasta una clase de matemáticas de octavo grado y se quedó de pie en silencio, detrás de la última fila. Un alumno llamado Aarón estaba en el encerado intentando resolver un problema de la página de ejercicios para aprender a pensar que todos los alumnos están obligados a resolver cada mañana. El profesor, un hombre de treinta y tantos años con coleta llamado Frank Corcoran, estaba al lado, sentado en una silla. Sólo intervenía de vez en cuando para encauzar el debate. Era la clase de escena que se repite cada día en las aulas estadounidenses, pero con una diferencia: Aarón se mantuvo frente a la clase, trabajando solamente en aquel problema, durante *veinte* minutos. Metódicamente, con cuidado, con la participación de la clase, trabajando no sólo para obtener la respuesta, sino también para averiguar si había más de una vía para llegar a ella. Era como Renée intentando entender afanosamente, una vez más, el concepto de cuesta indefinida.

—Lo que se consigue dando más tiempo es una atmósfera más relajada —dijo Corcoran después de terminar la clase—. Me parece que el problema de la enseñanza de las matemáticas es que se enfoca como una cuestión de nadar o ahogarse. Todo es a bote pronto; y los niños que reaccionan primero son aquellos que resultan recompensados. De ahí viene la noción de que hay gente que sirve para las matemáticas y gente que no. Creo que ampliar el tiempo disponible le da al profesor la posibilidad de explicar las cosas, y a los niños más tiempo para sentarse y asimilar todo lo que se les explica repasando, haciendo las cosas a un paso mucho más lento. Parece contraintuitivo, pero haciendo las cosas a un ritmo más lento conseguimos avanzar mucho más. Hay mucha más retención de datos, mejor entendimiento de la materia; y todo ello me permite estar un poquito más relajado. Tenemos tiempo para jugar. Los niños pueden hacer cualquier pregunta que deseen y, si estoy explicando algo, no me siento apremiado por el tiempo. Puedo volver sobre una materia sin sentir la presión del plazo.

Tener tiempo suplementario daba a Corcoran la posibilidad de hacer de las matemáticas algo *significativo*. Así, sus estudiantes veían claramente la relación entre el esfuerzo y la recompensa.

De las paredes del aula cuelgan docenas de certificados del examen de Regentes del estado de Nueva York, como prueba de los honores de primera clase obtenidos por los alumnos de Corcoran.

—Teníamos una muchacha en esta clase —dijo Corcoran—. Era muy mala en matemáticas cuando estaba en quinto. Lloraba todos los sábados cuando hacíamos recuperaciones, pero lágrimas como puños —Corcoran también se emocionaba un poco al recordarlo y bajó la vista—. Hace un par de semanas recibimos un correo electrónico de ella. Está en la universidad y es un hacha como contable.

5.

La historia de la escuela milagrosa que transforma a los perdedores en ganadores es, por supuesto, demasiado familiar. Es una materia inspiradora de libros y películas hollywoodienses de corte sentimental. Pero la realidad de sitios como KIPP tiene mucho menos encanto. Para entender bien lo que significa disponer del 50 al 60 por ciento más de tiempo de aprendizaje como promedio, veamos un día típico en la vida de una estudiante del centro.

Esta estudiante se llama Marita. Es hija única de una familia monoparental. Su madre nunca fue a la universidad. Las dos comparten un apartamento de una habitación en el Bronx. Marita iba a una escuela parroquial en la misma calle donde vivía, hasta que su madre oyó hablar de KIPP.

—Cuando estaba en cuarto grado, yo y una amiga, Tanya, nos apuntamos a KIPP —dice Marita—. Me acuerdo de la señorita Owens. Ella me entrevistó, y por la forma en que hablaba, lo hacía parecer tan duro que pensé que iba a la cárcel. Casi lloro. Y ella tan campante diciendo: "Si no quieres firmar la solicitud, pues no la firmes". Pero allí estaba mi madre, así que firmé —explica Marita.

Aquel momento cambió su vida (téngase presente, al leer lo que sigue, que Marita tiene doce años).

—Me despierto a las 5:45 para empezar el día con tiempo —dice—. Me cepillo los dientes, me ducho. Si voy tarde, desayuno algo en la escuela. Lo normal es que me griten por tardar demasiado tiempo. Me encuentro con mis amigos Diana y Steven en la parada de autobús y tomamos el autobús número 1.

Despertarse a las 5:45 es habitual entre los alumnos de KIPP, sobre todo considerando las largas combinaciones de autobús y metro que exigen los desplazamientos a la escuela. En una ocasión, Levin entró en una clase de música de séptimo grado con setenta niños y pidió que le dijeran a mano alzada a qué hora se despertaban. Un puñado dijo despertarse después de las seis. Tres cuartos afirmaron que se despertaban antes de las seis. Y casi la mitad aseguró que ponía el despertador para antes de las 5:30. Un compañero de clase de Marita, un muchacho llamado José, dijo que a veces se despertaba a las tres o las cuatro de la mañana para terminar su tarea de la noche anterior y luego volvía a acostarse "para dormir otro poco".

Marita continuó:

Salgo de clase a las cinco de la tarde y, si no me entretengo, llego a casa más o menos a las cinco y media. Entonces saludo a mi madre sin perder mucho tiempo y comienzo mis tareas. Si ese día no tengo mucha tarea, tardo dos o tres horas, o sea, que para las nueve de la noche ya he terminado. Cuando tengo que hacer algún trabajo escrito, termino a eso de las diez o diez y media.

A veces mi madre me obliga a tomarme un descanso para cenar. Yo le digo que aún no he terminado, pero ella dice que también hay que comer, así que alrededor de las ocho me hace parar media hora para cenar. Luego vuelvo al trabajo. Cuando termino, mi madre suele querer que le cuente cómo me ha ido en la escuela, pero tengo que hacerlo rápido porque para las once debo estar acostada, así que preparo todo lo que necesito para el día siguiente y me meto en la cama. Le cuento todo lo que me ha pasado durante el día y, para cuando he terminado, ella está cayéndose de sueño, así que probablemente sean alrededor de las once y cuarto. Entonces me duermo y, a la mañana siguiente, vuelta a empezar. Estamos en el mismo cuarto, pero es un dormitorio enorme y puede dividirse en dos. Tenemos camas a los dos lados. Mi madre y yo estamos muy unidas.

Habla con la llaneza de los niños que no tienen ningún modo de saber cuán insólita es su situación. Tenía el horario de un abogado que quiere que lo hagan socio, o el de un médico residente. Sólo le faltaban las ojeras y la adicción al café, pero era demasiado joven para cualquiera de las dos cosas.

—A veces no me duermo a mi hora —siguió Marita—. Me duermo a las doce, por ejemplo, y al día siguiente por la tarde noto la modorra y me quedo traspuesta en clase. Pero tengo que despertarme porque, si no, me perderé la explicación. Una vez me quedé dormida en clase y el profesor me vio y me dijo: "¿Puedo hablar contigo después de clase?". Entonces me preguntó: "¿Por qué te quedabas dormida?". Yo le dije que porque me había acostado más tarde. Él contestó: "Tienes que acostarte antes".

## 6.

La vida de Marita no es la típica de una niña de doce años. Tampoco es necesariamente la que desearíamos para las niñas de doce años. Los niños, según nos gusta creer, deberían tener tiempo para jugar y soñar y dormir. Marita tiene responsabilidades. Se le pide que haga lo mismo que tuvieron que hacer los pilotos coreanos. Para tener éxito en su cometido, fue preciso que se desprendieran en parte de su propia identidad, porque el profundo respeto por la autoridad que recorre toda la cultura coreana sencillamente no funciona en la cabina. Marita ha tenido que hacer lo mismo, porque la herencia cultural que le habían dado tampoco se corresponde con sus circunstancias, no cuando las familias de clase media y alta usan los fines de semana y las vacaciones de verano para que sus hijos adelanten en su educación. Su comunidad no le da lo que ella necesita, así que ¿qué puede hacer? Renunciar a las tardes y a los fines de semana y a los amigos —a todos los elementos de su viejo mundo— por KIPP.

Aquí está Marita otra vez, aunque este pasaje es poco menos que desgarrador:

Cuando empecé quinto, tenía amistad con una de las chicas de mi antigua escuela y, siempre que salía de clase los viernes, me iba a su casa y me quedaba allí hasta que mi madre llegaba del trabajo. Mientras esperaba a mi madre, hacía los deberes en casa de mi amiga. A ella nunca le ponían deberes. Decía: "Por Dios, es viernes por la tarde". Tan pronto decía que ella también quería ir a KIPP como que era demasiado difícil y no quería ir allí ni loca. Yo le decía: "Todo el mundo dice que KIPP es difícil, pero una vez que te acostumbras, no es para tanto". Ella me dijo: "Es que tú eres muy lista". Yo dije: "No, listo es todo el mundo". A ella le intimidaba que no saliéramos hasta las cinco y que nos pusieran tantos deberes, pero yo le dije que tener tantos deberes nos ayudaba a andar mejor en las clases. Acabó diciéndome que no la sermoneara. Ahora todos mis amigos son de KIPP.

¿No es mucho pedir de un niño? Sí que lo es. Pero miremos las cosas desde la perspectiva de Marita. Para ella esta escuela es una mina. Sí, se levantará a las seis menos cuarto de la mañana, tendría que ir también los sábados y hacer tareas hasta las once de noche. Pero, a cambio, KIPP promete a estos niños atrapados en la pobreza una posibilidad de escaparse. Situará al 84 por ciento de ellos en el nivel de matemáticas exigible para su edad o por encima de él. Y, gracias a estos rendimientos, el 90 por ciento de los estudiantes consigue becas para prestigiosos centros privados en vez de limitarse a los institutos de medio pelo que le corresponderían en el Bronx. Y en virtud de su experiencia en el instituto, más del 80 por ciento de los graduados de KIPP pasarán por la universidad, y en muchos casos serán los primeros de sus familias en hacerlo.

¿Cómo no va a ser una mina? Todo lo que hemos aprendido en *Fueras de serie* nos dice que el éxito sigue un curso predecible. No es el más brillante quien tiene éxito. Si así fuera, Chris Langan estaría ahí con Einstein. Tampoco es el éxito una suma llana y simple de las decisiones y esfuerzos que emprendemos *motu proprio*. Más bien es un don. Nuestros fueras de serie se caracterizan por haber disfrutado de oportunidades... y haber tenido la fuerza y el ánimo de aprovecharlas. Para los jugadores de *hockey* y futbol nacidos en enero, es una probabilidad mayor de formar parte de la selección. Para los Beatles, fue Hamburgo. Para Bill Gates, el golpe de suerte fue nacer en el momento adecuado y recibir el don de una terminal informática en la escuela secundaria. Joe Flom y los fundadores de Wachtell, Lipton, Rosen y Katz aprovecharon varias circunstancias similares. Nacieron en el tiempo adecuado, de padres adecuados y con la identidad étnica adecuada, lo que les permitió adquirir una valiosa experiencia en el derecho de adquisiciones practicándolo durante veinte años antes de que se impusiera en el resto del mundo jurídico. Y lo que hizo Korean Air cuando por fin dio un giro a sus políticas fue dar a sus pilotos la oportunidad de trascender las limitaciones de su legado cultural.

Se trata de una lección tan simple, que resulta asombroso cuán a menudo se pasa por alto. Estamos tan seducidos por los mitos del mejor y el más brillante y el hombre hecho a sí mismo, que creemos que los fueras de serie brotan de la tierra tan naturalmente como los manantiales. Miramos a Bill Gates y nos maravillamos de vivir en un mundo que da a un chico de trece años la llave para convertirse en un empresario fabulosamente exitoso. Pero ésa es la lección incorrecta. En 1968 sólo había un chico de trece años al que nuestro mundo permitió acceder ilimitadamente a una terminal a tiempo compartido. Si un millón de adolescentes hubiera gozado de la misma oportunidad, ¿cuántos Microsofts más tendríamos hoy? Para construir un mundo mejor, es preciso que sustituyamos el patrón de los golpes de suerte y las ventajas arbitrarias que hoy determinan el éxito —como la suerte en la fecha de nacimiento y los avatares afortunados de la vida— por una sociedad que ofrezca oportunidades a todos. Si Canadá tuviera una segunda liga de *hockey* para aquellos niños nacidos en la segunda mitad del año, tendría el *doble* de estrellas adultas del *hockey*. Ahora multiplíquese este súbito florecimiento de talentos por cada campo y profesión. El mundo podría ser mucho más rico que éste con el que nos hemos conformado.

Marita no necesita una nueva escuela con hectáreas de campos de deportes y otras flamantes instalaciones. No necesita una computadora portátil, una clase con menos alumnos, un profesor con más doctorados ni un apartamento más grande. Tampoco necesita un CI más alto ni una mente tan rápida como la de Chris Langan. Todas esas cosas estarían muy bien, desde luego. Pero no van a lo importante. Marita solamente necesitaba una *oportunidad*. ¡Y menuda oportunidad ha tenido! Se la dio alguien que llevó al sur del Bronx un poquito de la cultura del arrozal y le explicó el milagro del trabajo significativo.

# UNA HISTORIA JAMAICANA

"QUIEN SAQUE ADELANTE UNA PROGENIE DE NIÑOS
DE COLOR NO TENDRÁ HIJOS ESCLAVOS".

1.

El 9 de septiembre de 1931, una joven llamada Daisy Nation dio a luz gemelas. Ella y su marido Donald eran maestros de escuela en una aldea llamada Harewood, parroquia de Saint Catherine, región central de Jamaica. Llamaron a sus hijas Faith y Joyce. Cuando le dijeron a Donald que había engendrado gemelas, se hincó de rodillas para encomendar sus vidas a Dios.

Los Nation vivían en una casita de campo edificada sobre terrenos de la iglesia anglicana de Harewood. La escuela estaba al lado. Era una especie de hórreo alargado sobre pilastras de cemento que había servido como granero. Algunos días, trescientos niños de distintas edades se agolpaban en su única aula; otros días no llegaban a dos docenas. Los niños leían en voz alta o recitaban las tablas de multiplicar. Escribían sobre pizarrines. Siempre que el tiempo lo permitía, las clases se daban al aire libre, bajo los mangos. Si los niños se desmandaban, Donald Nation recorría el aula chasqueando una correa a diestro y siniestro para restablecer el orden.

Era un hombre imponente, tranquilo y digno, y un gran amante de los libros. En su pequeña biblioteca había obras de poesía y filosofía y novelas de escritores como Somerset

277

Maugham. Todos los días leía el periódico a fondo, seguía cuanto ocurría en el mundo. Por las tardes, su mejor amigo, el archidiácono Hay, un pastor anglicano que vivía al otro lado de la colina, iba a visitar a Donald; y en la veranda de su casa los dos amigos *arreglaban* los problemas que aquejaban Jamaica. La esposa de Donald, Daisy, era de la parroquia de Saint Elizabeth. Su apellido de soltera era Ford, y su padre había poseído un pequeño supermercado. Era una de tres hermanas, y renombrada por su belleza.

A los once años, las gemelas obtuvieron becas para un internado llamado Saint Hilda, cerca de la costa septentrional. Era una vieja escuela privada anglicana que se había fundado para las hijas de los ingleses acomodados: de su clero, de sus terratenientes, de sus corregidores. Tras pasar por Saint Hilda, fueron aceptadas en el Colegio Universitario de Londres. No mucho tiempo después, Joyce fue a la fiesta de veintiún cumpleaños de un joven matemático inglés llamado Graham. Graham estaba en pie para recitar un poema, pero había olvidado los versos, y Joyce sufrió por él pese a que no lo conocía de nada. Joyce y Graham se enamoraron y se casaron. Emigraron a Canadá. Graham era profesor de matemáticas. Joyce se convirtió en escritora de éxito y psicóloga familiar. Tuvieron tres hijos y construyeron una hermosa casa sobre una colina, en el campo. Graham es mi padre; y Joyce Gladwell, mi madre.

## 2.

Ésta es la historia del camino de mi madre al éxito..., pero no es la verdadera historia. Tampoco es que sea una mentira en el sentido de que los hechos se hayan inventado. Pero es falsa como es falso narrar la historia de Bill Gates sin mencionar la computadora de Lakeside, o explicar la superioridad de los asiáticos en matemáticas sin aludir a la cultura del arrozal. Porque omite las muchas oportunidades de mi madre y la importancia de su legado cultural.

En 1935, por ejemplo, cuando mi madre y su hermana tenían cuatro años, un historiador llamado William M. MacMillan visitó Jamaica. MacMillan era profesor en la Universidad de Witwatersrand en Johannesburgo (Sudáfrica). Fue un adelantado a su tiempo: le concernían profundamente los problemas sociales de la población negra en las Antillas, y había venido al Caribe para levantar la misma bandera que había enarbolado en su país.

La primera entre las preocupaciones de MacMillan era el sistema educativo de Jamaica. La educación formal —si se podía llamar así a lo que pasaba en el hórreo que había junto a la casa de mis abuelos— sólo alcanzaba hasta los catorce años. Jamaica no tenía ningún instituto ni universidad pública. Aquéllos con inclinaciones académicas recibían clases complementarias del profesor jefe en sus años adolescentes; y si tenían suerte, llegaban a la escuela de Magisterio. Los que tenían más amplias ambiciones tuvieron que abrirse de algún modo el camino a la escuela privada como estación de paso a una universidad en Estados Unidos o Inglaterra.

Pero las becas eran pocas, esporádicas. El coste de la educación privada era prohibitivo para todos, exceptuando a unos pocos privilegiados. "El puente de las escuelas primarias" al instituto, como escribiría más tarde MacMillan en una crítica abrasadora de la forma en que Inglaterra trataba a sus colonias, titulada *Warning from the West Indies,* "es estrecha e insegura". El sistema escolar no hacía nada por las clases "más humildes". Y continuaba diciendo: "Si algo hacen estas escuelas, es profundizar y afilar las diferencias sociales". La advertencia a que aludía el título consistía en que, si el Gobierno no daba oportunidades a la gente, habría problemas.

Un año después de que MacMillan publicara su libro, una ola de disturbios y descontento azotó el Caribe, y acabó con la vida de 14 personas e hirió a 59 en Trinidad. Otras 14 resultaron muertas y 47 heridas en Barbados. En Jamaica, una serie de huelgas violentas paralizó el país, y se declaró el estado de emergencia. Presa del pánico, el Gobierno británico abrazó las recetas de MacMillan y, entre otras reformas, propuso una serie de becas para que los estudiantes "de toda la isla" con inquietudes y capacidades académicas pudieran ir a institutos privados. Las becas empezaron a concederse en 1941. Mi madre y su hermana gemela se presentaron al examen al año siguiente. Así fue como pudieron ir al instituto; si hubieran nacido dos, tres o cuatro años antes, nunca habrían recibido una educación plena. Mi madre debe el curso que tomó su vida a su año de nacimiento, a los desórdenes de 1937 y a W. M. MacMillan.

He descrito a Daisy Nation, mi abuela, como "renombrada por su belleza". Pero la verdad es que es un modo descuidado y condescendiente de describirla. Daisy era una fuerza de la naturaleza. El hecho de que mi madre y su hermana se fueran de Harewood a Saint Hilda fue cosa de mi abuela. Mi abuelo podría haber sido un hombre imponente y culto, pero era un idealista y un soñador. Se enterró en sus libros. Si tuvo ambiciones para sus hijas, carecía de la previsión y la energía para materializarlas. Mi abuela no. Saint Hilda fue idea de ella: algunas familias de la zona, más acomodadas, enviaban allí a sus hijas, y ella vio lo que significaba ir a una buena escuela. Sus hijas no jugaban con los demás niños del pueblo. Leían; y como el latín y el álgebra eran necesarios para el instituto, encargó al archidiácono Hay que las instruyera.

—Si le hubieras preguntado qué quería para sus hijas, habría dicho: "Sacarlas de allí" —recuerda mi madre—. No le parecía que el contexto jamaicano ofreciera lo suficiente. Y si la oportunidad estaba allí y se era capaz de aprovecharla, entonces para ella no había más límite que el cielo.

Cuando salieron los resultados del examen de solicitud de beca, resultó que sólo habían becado a mi tía. Mi madre se quedaba sin beca. Éste es otro hecho que omití en mi primera narración. Mi madre recuerda a sus padres de pie a la entrada, hablando. "No tenemos más dinero". Habían pagado la matrícula del primer curso, habían comprado los uniformes, habían agotado sus ahorros. ¿Qué harían cuando tuvieran que costear la matrícula del segundo curso de mi madre? Pues cualquier cosa menos enviar a una hija y no a la otra. Mi abuela se mostró firme. Las envió a las dos... y rezó. Al final del primer curso, resultó que una de las otras muchachas de la escuela había ganado dos becas, y se le cedió entonces la segunda a mi madre.

Cuando las gemelas alcanzaron la edad de ir a la universidad, mi tía obtuvo una de las llamadas "becas del Centenario", en alusión al hecho de que habían empezado a darse para conmemorar los cien años de la abolición de esclavitud en Jamaica. Se reservaban a los graduados en las escuelas públicas de primaria y, como medida del honor que los británicos rendían a la memoria de la abolición, cada año se concedía una beca del Centenario en toda la isla a su mejor estudiante de uno y otro sexo en años alternos. El año que mi tía entró en el concurso tocaba dárselo a una chica. Ella tuvo suerte. Mi madre no. Mi madre tuvo que afrontar los gastos del pasaje a Inglaterra, los de su alojamiento y manutención y la matrícula en la Universidad de Londres. Para hacerse una idea de la cuantía de su esfuerzo, el valor de la beca del Centenario que ganó mi tía probablemente equivaliera a la suma de los salarios anuales de mis abuelos. No había créditos para estudiantes, ni bancos que concedieran préstamos a maestros rurales.

—Si se lo hubiera pedido a mi padre —dice mi madre—, él habría contestado: "No tenemos dinero".

¿Qué hizo Daisy? Fue a la tienda de un comerciante chino en una localidad vecina. Jamaica tiene una población china muy considerable que ya desde el siglo XIX ha dominado la vida comercial de la isla. En el habla jamaicana, una tienda no es una tienda: es "la tienda de los chinos". Así que Daisy fue a "la tienda de los chinos" del Sr. Chance, que le prestó dinero. Nadie sabe cuánto, aunque se calcula en una suma enorme para la beneficiaria. Y nadie sabe por qué el Sr. Chance se la prestó a Daisy, a no ser, naturalmente, porque ella era Daisy Nation, que siempre había saldado con puntualidad sus deudas y había educado a los hijos del Sr. Chance en la escuela de Harewood. No siempre era fácil ser un niño chino en un patio de recreo jamaicano. Los niños jamaicanos se burlaban de los niños chinos. "Comeperros", los llamaban. Daisy era una figura amable y querida, un oasis entre aquella hostilidad. Puede que el Sr. Chance se sintiera en deuda con ella.

—¿Que si me contó sus planes? Ni siquiera se los pregunté —recuerda mi madre—. Ocurrió, sin más. Solicité el ingreso en la universidad y entré. Actué completamente convencida de que podía confiar en mi madre, sin comprender siquiera hasta qué punto tenía fe en ella.

Joyce Gladwell debe su educación universitaria a W. M. MacMillan, a la estudiante de Saint Hilda que le cedió su beca, al Sr. Chance y, sobre todo, a Daisy Nation.

3.

Daisy Nation era del extremo noroccidental de Jamaica. Su bisabuelo se llamaba William Ford. Era un irlandés que llegó a Jamaica en 1784 tras haber comprado un cafetal. No mucho después de su llegada, se compró una esclava y la tomó como concubina. Se había fijado en ella en el puerto de Alligator Pond (la Charca de los Caimanes), un pueblecito pesquero en la costa meridional. Ella era de la tribu igbo, procedente del oeste de África. Tuvieron un hijo, al que llamaron John. Era, en el lenguaje de la época, "un mulato"; era de color, y desde él todos los Ford de la comarca pertenecerían a la clase de color en Jamaica.

En el sur de Estados Unidos durante aquel mismo periodo habría sido sumamente insólito que un terrateniente blanco tuviera una relación tan pública con una esclava. Las relaciones sexuales entre blancos y negros se consideraban moralmente repugnantes. Se aprobaron leyes que prohibían el mestizaje, la última de las cuales no fue derogada por el Tribunal Supremo estadounidense hasta 1967. Un dueño de plantación que viviera abiertamente con una esclava negra habría sido condenado al ostracismo, y cualquier descendiente de su unión habría sido arrojado a la esclavitud.

En Jamaica las actitudes eran muy diferentes. El Caribe en aquellos años era poco más que una gigantesca colonia esclavista. Los negros decuplicaban con creces a los blancos en número. Había pocas, si es que había alguna, blancas casaderas en la isla, y, en consecuencia, la inmensa mayoría de varones blancos tenía amantes negras o morenas. Un dueño de plantación británico en Jamaica mantuvo un famoso diario en el que hace un recuento preciso de sus proezas sexuales, pues narra que se acostó con 138 mujeres diferentes en los 37 años que pasó en la isla, casi todas esclavas y, cabe imaginar, no siempre predispuestas. Los blancos consideraban a los hijos mulatos fruto de aquellas relaciones como aliados potenciales, un parachoques entre ellos y los enormes contingentes de esclavos en la isla. Las mulatas eran apreciadas como amantes, y sus hijos, a su vez algo más claros, podían ascender aún más lejos en la escala social y económica. Los mulatos rara vez trabajaban los campos. Vivían la vida mucho más fácil de quien trabaja en "la casa". Tenían muchas probabilidades de obtener su libertad. Tantas eran las amantes mulatas que recibían en herencia pingües fortunas testadas por terratenientes blancos, que el Legislativo de Jamaica llegó a aprobar una ley que limitaba estos legados a dos mil libras (que entonces era una enorme suma). Como escribió un observador del siglo XVIII:

> Cuando un europeo llega a las Antillas y se establece allí, o bien se instala en ellas por cierto tiempo, encuentra necesario proveerse de un ama de casa o una amante. La gama de opciones que se le presenta es variada: un negra, una *tawney*, una mulata o una *mestee*, cada una de las cuales puede comprarse por 100 o 150 libras esterlinas. [...] Quien saque adelante una progenie de niños de color no tendrá hijos esclavos, sino que aquellos padres que se lo puedan permitir los emanciparán enviándolos a Inglaterra, para que se eduquen allí desde los tres o cuatro años.

Éste era el mundo en que nació John, el abuelo de Daisy. A su padre lo habían desembarcado de un buque esclavista y él vivía en un país que más bien merecía el nombre de colonia penal, pero él era un hombre libre que había tenido acceso a la educación. Se casó con otra mulata, una mujer que era mitad europea y mitad arahuaca, que es la tribu indígena oriunda de Jamaica. Tuvieron siete hijos.

—Esta gente, la de color, tenía mucho estatus —afirma el sociólogo jamaicano Orlando Patterson—. Para 1826 ya disfrutaban de plenas libertades civiles. De hecho, en

Jamaica alcanzaron sus libertades civiles plenas al mismo tiempo que los judíos. Podían votar y hacer cualquier cosa que le estuviera permitida a un blanco, y ello en el contexto de lo que todavía era una sociedad esclavista.

"Su ideal era llegar a ser artesanos. No olvidemos que en Jamaica abundaban las plantaciones de caña, muy diferentes de los algodonales que predominaban en el sur de Estados Unidos. El algodón era una empresa predominantemente agrícola. Después de recogido, casi todo el proceso industrial se hacía en Lancashire o en el norte de Estados Unidos. El azúcar es un complejo agroindustrial. Hay que procesarlo recién cosechado, porque la caña comienza a perder sacarosa a las pocas horas de su recolección, sin dejar otra opción que tener la fábrica de azúcar allí mismo; y una planta azucarera requiere una amplia gama de ocupaciones: toneleros, caldereros, carpinteros... Y la mayor parte de aquellos empleos los desempeñaba la gente de color.

También se daba el caso de que las élites inglesas de Jamaica, a diferencia de sus equivalentes en Estados Unidos, tenían poco interés en el magnífico proyecto de edificar una nación. Sólo les interesaba hacer fortuna y volver a Inglaterra. No tenían ningún deseo de quedarse en la que consideraban una tierra hostil. Así que la tarea de construir una sociedad nueva, con las múltiples oportunidades que entrañaba, también recayó sobre la gente de color.

—Para 1850, el alcalde de Kingston [la capital jamaicana] era una persona de color —continúa Patterson—, igual que el fundador del *Daily Gleaner [El Espigador,* principal periódico de Jamaica]. Desde muy pronto empezaron a copar las profesiones liberales. Los blancos se ocupaban de sus negocios, de su plantación. Pero los médicos y los abogados eran gente de color. Éstas eran las personas que controlaban las escuelas. El obispo de Kingston era el clásico moreno. No serían la élite económica, pero eran la élite cultural.

El siguiente cuadro muestra un desglose de dos categorías de profesionales jamaicanos: abogados y miembros del Parlamento, a principios de los años cincuenta. La clasificación es según la etnia reflejada en el tono de la tez. "Blanca" se refiere a los completamente blancos o, dicho con más exactitud, a aquellos cuya parte de raza negra ya no es evidente. Los "aceitunados" están un escalón por debajo de éstos, y los "morenos claros", un peldaño por debajo de los aceitunados (aunque la diferencia entre estos dos tonos bien pudiera no ser fácil de identificar para un no jamaicano). Lo relevante es que en los años cincuenta los "negros" componían aproximadamente el 80 por ciento de la población jamaicana, quintuplicando en número a la gente de color.

| Etnia | Abogados (porcentaje) | Miembros del Parlamento (porcentaje) |
|---|---|---|
| China | 3.1 | |
| Indígena | - | |
| Judía | 7.1 | |
| Siria | - | |
| Blanca | 38.8 | 10 |
| Aceitunada | 10.2 | 13 |
| Morena clara | 17.3 | 19 |
| Morena oscura | 10.2 | 39 |
| Negra | 5.1 | 10 |
| Desconocida | 8.2 | |

Obsérvese la extraordinaria ventaja que le ha dado a la minoría de color un poquito de blancura. Tener un antepasado que hubiera trabajado en la casa y no en los campos, que hubiera conseguido derechos civiles plenos en 1826, que fuera valorado en vez de esclavizado, que tuviera oportunidad de desempeñar un trabajo significativo en vez de estar confinado en un cañaveral, marcaba una diferencia decisiva en el éxito ocupacional dos y tres generaciones más tarde.

En otras palabras, las ambiciones de Daisy Ford para sus hijas no habían nacido por generación espontánea. Fue heredera de un legado privilegiado. Su hermano mayor, Rufus, con quien se fue a vivir de niña, era profesor y hombre cultivado. Su hermano Carlos marchó a Cuba para volver más tarde a Jamaica, donde abrió una fábrica de ropa. Su padre, Charles Ford, fue comercial mayorista de productos. Su madre, Ann, era una Powell, otra familia de color y culta, en ascenso social: los mismos Powell de los que dos generaciones más tarde nacería Colin Powell. Su tío Henry poseía propiedades. Su abuelo John, hijo de William Ford y su concubina africana, terminó como predicador. No menos de tres miembros de la familia Ford ampliada obtuvieron becas Rhodes. Así como mi madre estaba en deuda con W. M. MacMillan, con los disturbios de 1937, con el Sr. Chance y con su madre Daisy Ford, estaba Daisy en deuda con Rufus y Carlos, y con Ann, Charles y John.

4.

Mi abuela era una mujer notable. Pero es importante recordar que la vía a un ascenso estable en que se embarcaron los Ford se abrió con un acto moralmente complicado: William Ford puso sus lascivos ojos en la bisabuela de mi bisabuela en un mercado de esclavos de Alligator Pond, y la compró.

Los esclavos no escogidos tenían vidas cortas e infelices. En Jamaica, a los dueños de plantaciones les parecía lo más normal del mundo exprimir al máximo posible el esfuerzo de sus propiedades humanas mientras éstas todavía fueran jóvenes —explotar a sus esclavos hasta que resultaran inválidos o muertos—, para limitarse luego sencillamente a adquirir otra remesa en el mercado. No tenían ningún problema de contradicción filosófica entre amar a los hijos habidos con esclavas al tiempo que pensaban en dichas esclavas como propiedades. William Thistlewood, el terrateniente que catalogó tan minuciosamente sus proezas sexuales, tuvo una relación de por vida con una esclava llamada Phibbah a la que, según todos los testimonios, adoraba, y que le dio un hijo. Pero para sus esclavos "de campaña", era un monstruo, cuyo castigo preferido para los que intentaban escaparse era lo que él llamaba "la dosis de Derby". Los fugitivos atrapados sufrían una cruel paliza, y a continuación se les frotaban las heridas abiertas con salmuera, zumo de lima y especias picantes. Otro esclavo defecaba en la boca del desdichado o desdichada, al que inmediatamente después se amordazaba por un tiempo entre cuatro y cinco horas.

Así pues, no es sorprendente que las clases menos morenas de Jamaica hicieran un fetiche de su piel más clara. Era su gran ventaja. Escudriñaban los tonos de la piel ajena y se sometían al juego del color de una forma a la postre tan despiadada como la de los blancos. Como escribió el sociólogo jamaicano Fernando Henriques:

> Si, como pasa a menudo, los niños de una misma familia presentaban tonos diferentes de color, los que presenten un tono ligeramente más claro serán favorecidos respecto de los demás. En la adolescencia, y hasta el matrimonio, los miembros más oscuros de la familia quedan al margen cuando los familiares de piel más clara reciben la visita de sus amigos. Se considera que un niño de piel más clara está mejorando el color de la familia y nada debe interponerse en

su camino al éxito, que pasa por otro matrimonio que todavía aclare más el color de la tez familiar. Una persona de piel clara intentará cortar las relaciones sociales que pudiera tener con parientes de piel más oscura [...] y los miembros más oscuros de una familia negra fomentarán los esfuerzos que sus familiares con piel más clara hacen por "pasar por" blancos. Las relaciones intrafamiliares sientan las bases para la manifestación pública de prejuicios raciales.

Mi familia no era inmune a todo esto. Daisy estaba excesivamente orgullosa del hecho de que su marido tuviera la piel más clara que ella. Pero ese mismo prejuicio se volvía contra ella:

—Daisy es bonita, sí —decía su suegra—, pero demasiado morena.

Uno de los parientes de mi madre (la llamaré tía Joan) también estaba en la parte alta de esta pirámide racial. Ella era "blanca y clara". Pero su marido era lo que en Jamaica se llama un *"injun"*, un hombre de tez oscura y cabello moreno pero liso, y sus hijas eran tan oscuras como su padre. Un día, después de haber muerto su marido, ella viajaba en tren para visitar a su hija, y en el mismo vagón conoció a un hombre de piel blanca por el que se interesó. Lo que pasó después es algo que la tía Joan sólo le contó a mi madre, años más tarde, abochornada de vergüenza: al apearse del tren, pasó de largo ante su hija, haciendo caso omiso de su propia carne porque no quería que un hombre con la piel tan blanca y tan deseable supiera que ella había dado a luz a una hija tan oscura.

En los años sesenta, mi madre escribió un libro sobre sus experiencias. Lo tituló *Brown Face, Big Master:* lo de "cara morena" se refería a ella misma; y el "amo grande" hace referencia, en dialecto jamaicano, a Dios. En cierto pasaje describe el tiempo en que mis padres acababan de casarse, cuando vivían en Londres y mi hermano mayor todavía era un bebé. Estaban buscando apartamento y, después de una larga búsqueda, mi padre encontró uno en las afueras de Londres. Al día siguiente de mudarse, sin embargo, la casera los echó.

—No me dijo usted que su esposa era jamaicana —le dijo a mi padre, enfurecida.

En su libro, mi madre describe su larga lucha para extraer algún sentido de esta humillación, reconciliar su experiencia con su fe. Al final se vio obligada a reconocer que la cólera no era una opción y que, como jamaicana de color cuya familia se había beneficiado durante generaciones de la jerarquía racial vigente, difícilmente podía reprochar a otros que tuvieran el impulso de dividir a la gente según el tono de su piel:

> Me quejé a Dios con tantas palabras: "Ahí estaba yo, ¡la herida representante de la raza negra en plena lucha por ser considerada libre e igual que los dominantes blancos!". Y a Dios le divirtió mi oración, no le sonó verdadera. Decidí intentarlo de nuevo. Entonces Dios me dijo: "¿No has hecho tú lo mismo? Acuérdate de éste, y de aquélla, de la gente que has tratado con ligereza o evitado o que te merecía menos consideración que otra sólo porque era diferente por fuera y a ti te avergonzaba que te identificasen con ellos. ¿No te alegras de no ser más morena? ¿No estás agradecida de no ser negra?". Mi cólera y mi odio contra aquella casera se desvanecieron. Yo no era mejor que ella, ni peor, en realidad. [...] Ambas éramos culpables de un pecado narcisista, del orgullo y la exclusividad por los que segregamos a algunas personas de nosotros.

No es fácil contestar con tanta sinceridad a la pregunta "de dónde venimos". Es más fácil mirar a Joe Flom y llamarle el más grande abogado de todos los tiempos, aun cuando sus logros individuales estén extremadamente entrelazados con su identidad étnica, su generación, las particularidades de la industria textil y los prejuicios de los bufetes del centro. Bill Gates podría aceptar su título de genio y dejarlo así. Pero demuestra un grado de humildad nada pequeño cuando mira hacia atrás en su vida y dice: "Tuve mucha suerte". Y así fue. El Club de Madres de la Academia Lakeside compró una computadora en 1968. Es imposible que un jugador de *hockey*, o Bill Joy, o Robert Oppenheimer, o en realidad cualquier otro fuera de serie, mire hacia abajo desde su pedestal y diga, sin mentir: "Todo esto lo hice solo". Al principio, las superestrellas de la abogacía, los genios de las matemáticas y los empresarios del *software* parecen situarse fuera de la experiencia ordinaria. Pero no lo están. Son producto de su historia y de su comunidad, de las oportunidades que tuvieron y la herencia recibida. Su éxito no es excepcional ni misterioso. Se cimienta en una red de ventajas y herencias, unas merecidas y otras no, unas ganadas con esfuerzo y otras mero producto de la fortuna; pero todas cruciales para hacerles ser lo que son. El fuera de serie, al final, no es fuera de serie en absoluto.

La bisabuela de mi bisabuela fue comprada en Alligator Pond. Aquel acto, a su vez, dio a su hijo, John Ford, el privilegio de una tez más clara que le ahorró una vida de esclavitud. La cultura posibilista que Daisy Ford abrazó y puso tan intensamente en práctica por el bien de sus hijas obedecía a las particularidades de la estructura social antillana. Y la educación de mi madre fue producto de los disturbios de 1937 y la laboriosidad del Sr. Chance. Éstos los regalos que la historia le hizo a mi familia; y si los recursos de aquel tendero, los frutos de aquellos disturbios, las posibilidades de aquella cultura y los privilegios de aquel tono de piel se hubieran extendido a otros, ¿cuántos más vivirían ahora una vida plena, en una hermosa casa en lo alto de una colina?

## Introducción
### El misterio de Roseto

John G. Bruhn y Stewart Wolf han publicado dos libros sobre sus trabajos en Roseto: *The Roseto Story* (Norman: University of Oklahoma Press, 1979) y *The Power of Clan: The Influence of Human Relationships on Heart Disease* (New Brunswick, N. J.: Transaction Publishers, 1993). Para conocer una comparación entre el Roseto de Valfortore (Italia) y el Roseto de Pensilvania (EE UU), véase Carla Bianco: *The Two Rosetos* (Bloomington: Indiana University Press, 1974). Roseto podría ser único entre los pueblos de Pensilvania en cuanto al grado de interés académico que ha suscitado.

## Capítulo I
### El efecto Mateo

Las fantasías de Jeb Bush en cuanto a su proclamada condición de hombre hecho a sí mismo se detallan en el libro de S. V. Dáte *Jeb: America's Next Bush* (Nueva York: Jeremy P. Tarcher/Penguin, 2007), especialmente sus páginas 80-81. Escribe Dáte:

> Tanto en su campaña de 1994 como en la de 1998, Jeb dejó claro que no pensaba pedir perdón por la riqueza de

su familia, que consideraba resultado de su propia valía y ética del trabajo.

—He trabajado muy duro para lograr lo que he alcanzado y estoy perfectamente orgulloso de ello —declaró a *The Saint Petersburg Times* en 1993—. No tengo ninguna sensación de culpa ni me siento ningún malvado.

Idéntica actitud mostró en el *show* de Larry King, de la CNN, en 1992:

—Creo que en general es una desventaja —dijo, respecto a ser hijo del presidente, en relación con las oportunidades de hacer negocio—, porque uno está limitado en cuanto a sus posibilidades de acción.

Este pensamiento no puede describirse de otra manera que como ilusorio.

Los Lethbridge Broncos, que jugaban el día que Paula y Roger Barnsley repararon por primera vez en el efecto de la edad relativa, eran un equipo *junior* de *hockey* sobre hielo que militó en la Liga Oeste entre 1974 y 1986, y la conquistó en la temporada 1982-83. Tres años más tarde pasarían a llamarse los Swift Current Broncos (de Saskatchewan). Véase http://en.wikipedia.org/wiki/Lethbridge_Broncos.

Para conocer una descripción del efecto de la edad relativa, véase: Jochen Musch y Simon Grondin: "Unequal Competition as an Impediment to Personal Development: A Review of the Relative Age Effect in Sport", publicado en *Developmental Review* 21, n° 2 (2001): 147-167.

Roger Barnsley y A. H. Thompson han *colgado* su estudio de la siguiente página web: http://www.socialproblemindex.ualberta.ca/relage.htm.

Las profecías autocumplidas se remontan a las literaturas de la Grecia y la India antiguas, pero el término fue acuñado por Robert K. Merton en *Social Theory and Social Structure* (Nueva York: Free Press, 1968). [Trad. esp.: *Teoría y estructura sociales,* México: Fondo de Cultura Económica, 1964].

Barnsley y su equipo diversificaron su investigación a otros deportes. Véase R. Barnsley, A. H. Thompson y Philipe Legault, "Family Planning: Football Style. The Relative Age Effect in Football", publicado en *International Review for the Sociology of Sport* 27, n° 1 (1992): 77-88.

Las estadísticas sobre el efecto de edad relativa en el beisbol provienen de Greg Spira, revista *Slate,* http://www.slate.com/id/2188866/.

A. Dudink, de la Universidad de Ámsterdam, demostró que la fecha de corte vigente para la Primera División de la liga inglesa de futbol propicia la misma jerarquía de edades que se aprecia en el *hockey* canadiense. Véase: "Birth Date and Sporting Success", *Nature* 368 (1994): 592.

Resulta interesante que en Bélgica la fecha de corte para el futbol solía ser el 1 de agosto; y por aquel entonces casi un cuarto de sus jugadores de élite nacían entre agosto y septiembre. Luego la Federación Belga de Futbol cambió la fecha al 1 de enero: al cabo de unos años, ya casi no había ningún jugador de futbol de élite nacido en diciembre; y un número aplastante de ellos había nacido en enero. Para saber más, véase Werner F. Helsen, Janet L. Starkes y Jan van Winckel: "Effects of a Change in Selection Year on Success in Male Soccer Players", *American Journal of Human Biology* 12, n° 6 (2000): 729-735.

Los datos de Kelly Bedard y Elizabeth Dhuey provienen de: "The Persistence of Early Childhood Maturity: International Evidence of Long-Run Age Effects", publicado en *Quarterly Journal of Economics* 121, nº 4 (2006): 1437-1472.

CAPÍTULO II
La regla de las 10,000 horas

La mayor parte del debate de la historia de Bill Joy proviene del artículo de Andrew Leonard en *Salon:* "BSD Unix: Power to the People, from the Code", de 16 de mayo de 2000, http://archive.salon.com/tech/fsp/2000/05/16/chapter_2_part_one/index.html.

Para conocer la historia del Centro Informático de la Universidad de Michigan, véase: "A Career Interview with Bernie Galler", profesor emérito en su departamento de Ingeniería Electrónica e Informática: *IEEE Annals of the History of Computing* 23, nº 4 (2001): 107-112.

Uno entre los muchos y maravillosos artículos redactados por Ericsson y sus colegas sobre la regla de las diez mil horas se debe a K. Anders Ericsson, Ralf Th. Krampe y Clemens Tesch-Römer: "The Role of Deliberate Practice in the Acquisition of Expert Performance", *Psychological Review* 100, nº 3 (1993): 363-406.

Daniel J. Levitin se refiere a las diez mil horas que se necesitan para conseguir el dominio en *This Is Your Brain on Music: The Science of a Human Obsession* (Nueva York: Dutton, 2006), p. 197. [Trad. esp.: *El cerebro y la música,* Barcelona: RBA, 2008].

El desarrollo de Mozart como prodigio se trata en Michael J. A. Howe: *Genius Explained* (Cambridge University Press,

1999), p. 3. [Trad. esp.: *Fragmentos de genio: las extrañas hazañas de los idiotas sabios,* Madrid: Alianza Editorial, 1994].

Harold Schonberg está citado en John R. Hayes: *Thinking and Learning Skills,* vol. 2: *Research and Open Questions,* editado por Susan F. Chipman, Judith W. Segal y Robert Glaser (Hillsdale, N. J.: Lawrence Erlbaum Associates, 1985).

Sobre la excepción ajedrecística a esta regla, el gran maestro Bobby Fischer, véase Neil Charness, Ralf Th. Krampe y Ulrich Mayr en su ensayo "The Role of Practice and Coaching in Entrepreneurial Skill Domains: An International Comparison of Life-Span Chess Skill Acquisition", *The Road to Excellence: The Acquisition of Expert Performance in the Arts and Sciences, Sports and Games,* editado por K. Anders Ericsson (Hillsdale, N. J.: Lawrence Erlbaum Associates, 1996): pp. 51-126, especialmente la p. 73.

Para leer más sobre la revolución del tiempo compartido, véase Stephen Manes y Paul Andrews: *Gates: How Microsoft's Mogul Reinvented an Industry — And Made Himself the Richest Man in America* (Nueva York: Touchstone, 1994).

Philip Norman escribió la biografía de los Beatles *Shout!* (Nueva York: Fireside, 2003). [Trad. esp.: *Gritad Beatles,* Barcelona: Ultramar, 1982].

Las reminiscencias de John Lennon y George Harrison sobre los principios del grupo en Hamburgo están tomadas de *Hamburg Days,* por George Harrison, Astrid Kirchherr y Klaus Voorman (Surrey: Genesis Publications, 1999). La cita es de la p. 122.

Robert W. Weisberg habla de los Beatles —y calcula las horas que pasaron practicando— en "Creativity and Knowledge: A Challenge to Theories", en *Handbook of Creativity,* ed. Robert J. Sternberg (Cambridge University Press, 1999): 226-250. [Trad. esp.: *Creatividad: el genio y otros mitos,* Barcelona: Labor, 1987, 1989].

La lista completa de la gente más rica de la historia fue compilada por la revista Forbes y puede consultarse en http://en.wikipedia.Org/wiki/Wealthy_historical_figures_2008.

La referencia a C. Wright Mills en la nota a pie de página viene de *The American Business Elite: A Collective Portrait,* publicado en *Journal of Economic History* 5 (diciembre de 1945): 20-44.

La persecución de Bill Hewlett por Steve Jobs viene descrita en Lee Butcher, *Accidental Millionaire: The Rise and Fall of Steve Jobs at Apple Computer* (Nueva York: Paragon House, 1987).

CAPÍTULO III
El problema de los genios, Parte 1

El episodio de "1 contra 100" en el que aparece Chris Langan se emitió el 25 de enero de 2008. Leta Hollingworth, mencionada en la nota al pie, publicó su historia de "L", en *Children Above 180 IQ* (Nueva York: World Books, 1942).

Entre otras valiosas fuentes sobre la vida y la época de Lewis Terman cabe citar: Henry L. Minton, "Charting Life

History: Lewis M. Terman's Study of the Gifted", en *The Rise of Experimentation in American Psychology,* ed. Jill G. Morawski (New Haven: Yale University Press, 1988); Joel N. Shurkin, *Terman's Kids* (Nueva York: Little, Brown, 1992); y May Seagoe, *Terman and the Gifted* (Los Altos: Kauffman, 1975). El debate a cuenta de Henry Cowell proviene de Seagoe.

La exposición por Liam Hudson de las limitaciones de las pruebas de CI puede encontrarse en *Contrary Imaginations: A Psychological Study of the English Schoolboy* (Middlesex: Penguin Books, 1967), cuya lectura es un placer absoluto.

El estudio de la Facultad de Derecho de Michigan "Michigan's Minority Graduates in Practice: The River Runs Through Law School", escrito por Richard O. Lempert, David L. Chambers y Terry K. Adams, aparece en *Law and Social Inquiry* 25, n° 2 (2000).

La refutación de Terman por Pitirim Sorokin fue publicada en *Fads and Foibles in Modern Sociology and Related Sciences* (Chicago: Henry Regnery, 1956). [Trad. esp.: *Achaques y manías de la sociología moderna y ciencias afines,* Madrid: Aguilar, 1957].

CAPÍTULO IV
El problema de los genios, Parte 2

Véase Kai Bird y Martin J. Sherwin, *American Prometheus: The Triumph and Tragedy of J. Robert Oppenheimer* (Nueva York: Knopf, 2005).

Robert J. Sternberg ha escrito extensamente sobre inteligencia práctica y materias similares. Para conocer un buen relato no académico, véase *Successful Intelligence: How Practical and Creative Intelligence Determine Success in Life* (Nueva York: Plume, 1997). [Trad. esp.: *Inteligencia exitosa: cómo una inteligencia práctica y creativa determina el éxito en la vida,* Barcelona: Paidós Ibérica, 1997].

Como debería ser obvio, me gustó el libro de Annette Lareau. Lo recomiendo vivamente, pues yo me he limitado a perfilar su argumento sobre las niñeces desiguales, que expone en su *Unequal Childhoods: Class, Race, and Family Life* (Berkeley: University of California Press, 2003).

Otra excelente argumentación de las dificultades que entraña centrarse únicamente en el CI es la de Stephen J. Ceci, *On Intelligence: A Bioecological Treatise on Intellectual Development* (Cambridge, Massachusetts.: Harvard University Press, 1996).

Para leer una evaluación tan apacible como crítica del estudio de Terman, véase "The Vanishing Genius: Lewis Terman and the Stanford Study", por Gretchen Kreuter, publicado en *History of Education Quarterly* 2, n° 1 (marzo de 1962): 6-18.

## Capítulo V
## Las tres lecciones de Joe Flom

La historia definitiva de Skadden, Arps y la cultura de la adquisición forzosa se la debemos a Lincoln Caplan, *Skadden: Power, Money, and the Rise of a Legal Empire* (Nueva York: Farrar, Straus, y Giroux, 1993).

La necrológica de Alexander Bickel salió en el *New York Times* de 8 de noviembre de 1974. La transcripción de su entrevista es del proyecto de historia oral del Comité Judío Americano, que está archivado en la Biblioteca Pública de Nueva York.

Erwin O. Smigel escribe sobre los viejos bufetes de zapato blanco de Nueva York en *The Wall Street Lawyer: Professional Organization Man?* (Bloomington: Indiana University Press, 1969). Sus preferencias particulares en cuanto a empleados se enumeran en la p. 37.

La aniquilación económica afrontada por los abogados de la parte baja de la escala social en tiempos de la Depresión la explora Jerold S. Auerbach en *Unequal Justice: Lawyers and Social Change in Modern America* (Oxford: Oxford University Press, 1976), p. 159.

Las estadísticas de la fluctuante tasa de natalidad en Estados Unidos durante el siglo XX pueden encontrarse en http://www.infoplease.com/ipa/A0005067.html.

El impacto del "pozo demográfico" lo explora Richard A. Easterlin en su *Birth and Fortune: The Impact of Numbers on Personal Welfare* (University of Chicago Press, 1987). El peán de H. Scott Gordon a las circunstancias de los niños nacidos en un pozo demográfico se canta en la p. 4 de su arenga presidencial a la Western Economic Association durante su reunión anual en Anaheim (California) en junio de 1977, "On Being Demographically Lucky: The Optimum Time to Be Born", sobre la suerte demográfica o el mejor momento para nacer. Citado en la p. 31.

Para leer la historia definitiva del ascenso de los abogados judíos, véase Eli Wald, "The Rise and Fall of the WASP
and Jewish Law Firms", *Stanford Law Review* 60, n° 6 (2008):
1803.

La historia de los Borgenicht se la contó Louis a Harold
Friedman, que la publicó bajo el título *The Happiest Man:
The Life of Louis Borgenicht* (Nueva York: G. P. Putnam's
Sons, 1942).

Para saber más sobre las diversas ocupaciones de los
inmigrantes a América de los siglos XIX y XX, véase Thomas
Kessner, *The Golden Door: Italian and Jewish Immigrant
Mobility in New York City 1880–1915* (Nueva York: Oxford
University Press, 1977).

El libro de Stephen Steinberg *The Ethnic Myth: Race,
Ethnicity, and Class in America* (Boston: Beacon Press, 1982)
incluye un brillante capítulo sobre los inmigrantes judíos en
Nueva York con el que tengo una deuda impagable.

La investigación de Louise Farkas formaba parte de su
tesis doctoral, leída en el Queen's College: "Occupational
Genealogies of Jews in Eastern Europe and America, 1880-
1924" (Nueva York: Queens College Spring Thesis, 1982).

## Capítulo VI
### Harlan (Kentucky)

Harry M. Caudill escribió sobre Kentucky, de su belleza y de
sus problemas, en *Night Comes to the Cumberlands: A Biography
of a Depressed Area* (Boston: Little, Brown, 1962).

El impacto de la explotación hullera en el condado de Harlan se examina en "Social Disorganization and Reorganization in Harlan County, Kentucky", por Paul Frederick Cressey, en *American Sociological Review* 14, n° 3 (junio de 1949): 389-394.

La sangrienta y complicada contienda entre Turner y Howard se describe, junto con otras enemistades en Kentucky, en la maravillosamente entretenida *Days of Darkness: The Feuds of Eastern Kentucky,* de John Ed Pearce (Lexington: University Press of Kentucky, 1994), p. 11.

Los mismos choques los evalúa, desde una perspectiva antropológica, Keith F. Otterbein en "Five Feuds: An Analysis of Homicides in Eastern Kentucky in the Late Nineteenth Century", *American Anthropologist* 102, n° 2 (junio de 2000); 231-243.

El ensayo de J. K. Campbell "Honour and the Devil" figura en el volumen de J. G. Peristiany (ed.), *Honour and Shame: The Values of Mediterranean Society* (Chicago: University of Chicago Press, 1966).

Buenas descripciones del linaje irlandés-escocés del *backcountry* sureño —así como una guía fonética del habla de la zona— se pueden encontrar en el monumental estudio de David Hackett Fischer de la temprana historia estadounidense, *Albion's Seed: Four British Folkways in America* (Oxford University Press, 1989), p. 652.

La alta criminalidad en el Sur, y la naturaleza específica de los asesinatos allí, las analiza John Shelton Reed en *One South: An Ethnic Approach to Regional Culture* (Baton Rouge: Louisiana State University Press, 1982). Véase, en particular, el capítulo 11, "Below the Smith and Wesson Line".

Para saber más de las raíces históricas del temperamento sureño y el experimento del insulto realizado en la Universidad de Michigan, véase *Culture of Honor: The Psycology of Violence in the South*, por Richard E. Nisbett y Cohen Dov (Boulder, Colorado: Westview Press, Inc., 1996).

El estudio de Raymond D. Gastil sobre la correlación entre la "meridionalidad" y la alta criminalidad en Estados Unidos, "Homicide and a Regional Culture of Violence", se publicó en *American Sociological Review* 36 (1971): 412–427.

Cohen, con Joseph Vandello, Sylvia Puente y Adrian Rantilla, trabajó en otro estudio sobre la brecha cultural entre el norte y el sur de Estados Unidos: ""When You Call Me That, Smile!". How Norms for Politeness, Interaction Styles, and Aggression Work Together in Southern Culture", *Social Psychology Quarterly* 62, n° 3 (1999): 257-275.

CAPÍTULO VII
Teoría étnica de los accidentes aéreos

El Consejo Nacional de Seguridad en el Transporte, organismo federal que investiga los accidentes de la aviación civil, publicó el informe correspondiente al avión de Korean Air siniestrado en su vuelo n° 801: NTSB/AAR-00/01.

Mi nota a pie de página sobre el accidente de Harrisburg se lo debe todo al análisis que hace Charles Perrow en su clásico: *Normal Accidents: Living with High Risk Technologies* (Nueva York: Basic Books, 1984).

La estadística de siete errores por accidente fue calculada por el Consejo Nacional de Seguridad en el Transporte en un estudio titulado *A Review of Flightcrew- Involved Major Accidents of U. S. Air Carriers, 1978 Through 1990* (Estudio de seguridad NTSB/SS-94/01, 1994).

El mortificante diálogo y el análisis del siniestro del Avianca 052 pueden leerse en el informe del Consejo Nacional de Seguridad en el Transporte AAR-91/04.

El estudio de Ute Fischer y Judith Orasanu sobre las dificultades de comunicación debidas a intimidación cultural, *Cultural Diversity and Crew Communication,* se presentó en el L Congreso Astronáutico de Ámsterdam, celebrado en octubre de 1999. Es publicación del Instituto Estadounidense de Aeronáutica y la Astronáutica.

El diálogo entre el malhadado comandante de Air Florida y el primer oficial se cita en un segundo estudio de Fischer y Orasanu, "Error-Challenging Strategies: Their Role in Preventing and Correcting Errors", producido como parte del XIV Congreso trienal de la Sociedad Ergonómica Internacional y la XLII Reunión Anual de la Asociación de Ergonomía y Factores Humanos en San Diego (California), en agosto de 2000.

El impacto inconsciente de la nacionalidad sobre el comportamiento fue calculado formalmente por Geert Hofstede y perfilado en *Culture's Consequences: Comparing Values, Behaviors, Institutions, and Organizations Across Nations* (Thousand Oaks, California: Sage Publications, 2001). El estudio de las plantas de fabricación francesas y alemanas que cita en la p. 102 se debe a M. Brossard y M. Maurice: "Existe-t-il un modèle universel des structures d'organisation?", publicado en *Sociologie du Travail* 16, n° 4 (1974): 482-495.

La aplicación de las dimensiones de Hofstede a los pilotos de líneas aéreas es obra de Robert L. Helmreich y Ashleigh Merritt en "Culture in the Cockpit: Do Hofstede's Dimensions Replicate?", *Journal of Cross-Cultural Psychology* 31, n° 3 (mayo de 2000): 283-301.

Véase el análisis cultural que Robert L. Helmreich hace del choque de Avianca, "Anatomy of a System Accident: The Crash of Avianca Flight 052", *International Journal of Aviation Psychology* 4, n° 3 (1994): 265–284.

El carácter indirecto del habla coreana en comparación con la estadounidense fue observado por Ho-min Sohn, de la Universidad de Hawai, en su ponencia "Intercultural Communication in Cognitive Values: Americans and Koreans", publicada en *Language and Linguistics* 9 (1993): 93-136.

## Capítulo VIII
### Arrozales y exámenes de matemáticas

Para leer más sobre la historia y las complejidades del cultivo del arroz, véase Francesca Bray, *The Rice Economies: Technology and Development in Asian Societies* (Berkeley: University of California Press, 1994).

La lógica de los números asiáticos en comparación con los occidentales la analiza Stanislas Dehaene en *The Number Sense: How the Mind Creates Mathematics* (Oxford: Oxford University Press, 1997).

Graham Robb, *The Discovery of France* (Nueva York: W. W. Norton, 2007).

La sorprendentemente segura y tranquila vida del pueblo !kung se detalla en el capítulo 4 de *Man the Hunter,* editado por Richard B. Lee e Irven DeVore, con la colaboración de Jill Nash-Mitchell (Nueva York: Aldine, 1968).

El año laboral del campesinado europeo es un cálculo de Antoine Lavoisier citado por B. H. Slicher van Bath en *The Agrarian History of Western Europe, A. D. 500-1850,* trad. de Olive Ordish (Nueva York: St. Martin's, 1963). [Trad. esp.: *Historia agraria de Europa Occidental (500-1850),* Barcelona: Edicions 62, 1981].

| Actividades | Días | Porcentaje |
|---|---|---|
| Ara y siembra | 12 | 5.8 |
| Siega | 28 | 13.6 |
| Acopio de paja | 24 | 11.7 |
| Trilla | 130 | 63.1 |
| Otras labores | 12 | 5.8 |
| Total | 206 | 100.0 |

El fatalismo de los proverbios del campesinado ruso lo contrasta con la confianza que reflejan los chinos R. David Arkush en su artículo "If Man Works Hard the Land Will Not Be Lazy — Entrepreneurial Values in North Chinese Peasant Proverbs", *Modern China* 10, n° 4 (octubre de 1984): 461-479.

La correlación entre la media nacional de calificaciones obtenidas en el TIMSS y su persistencia en responder al sondeo adjunto a la prueba se ha evaluado en *Predictors of National Differences in Mathematics and Science Achievement of Eighth Grade Students: Data from TIMSS for the Six-Nation Educational Research Program,* un estudio realizado por Erling

E. Boe, Henry May, Gema Barkanic y Robert F. Boruch en el Centro de Investigación y Evaluación de Políticas Sociales de la Graduate School of Education de la Universidad de Pensilvania. Revisado el 28 de febrero de 2002. La gráfica comparativa de los resultados puede verse en la p. 9.

Los resultados de los exámenes TIMSS a lo largo de los años pueden consultarse en la página web del Centro Nacional Estadounidense de Estadísticas Educativas, http://nces.ed.gov/timss/.

El estudio de Priscilla Blinco "Task Persistence in Japanese Elementary Schools" puede leerse en Edward Beauchamp (ed.), *Windows on Japanese Education* (Nueva York: Greenwood Press, 1991).

## Capítulo IX
### La mina de Marita

Un artículo en *New York Times Magazine* firmado por Paul Tough, "What It Takes to Make a Student" (26 de noviembre de 2006), examina el impacto de las políticas gubernamentales de integración universal, los motivos de la brecha educativa y el impacto de centros como KIPP.

*School's In: The History of Summer Education in American Public Schools* (Nueva York: Peter Lang, 2002), de Kenneth M. Gold, es una historia insospechadamente fascinante de las raíces del año escolar americano.

El estudio de Karl L. Alexander, Doris R. Entwisle, y Linda S. Olson sobre el impacto de las vacaciones de verano titulado "Schools, Achievement, and Inequality: A Seasonal Perspective", publicado en *Education Evaluation and Policy Analysis* 23, n° 2 (verano de 2001): 171-191.

Muchos de los datos comparativos entre naciones que he facilitado proceden de Michael J. Barrett "The Case for More School Days", publicado en la *Atlantic Monthly* en noviembre de 1990: p. 78.

## Epílogo
### Una historia jamaicana

William M. MacMillan narra cómo llegó a superar sus miedos en el prefacio a la segunda edición de su *Warning from the West Indies: A Tract for Africa and the Empire* (Reino Unido: Penguin Books, 1938).

Las proezas sexuales y los horrorosos castigos infligidos por la clase blanca dirigente de Jamaica los detalla Trevor Burnard en su *Mastery, Tyranny and Desire: Thomas Thistlewood and His Slaves in the Anglo-Jamaican World* (Chapel Hill: University of North Carolina Press, 2004).

Esta clase social de color intermedio, presente en las Antillas y ausente en América del Sur, la describe Donald L. Horowitz en su artículo "Color Differentiation in the American Systems of Slavery", *Journal of Interdisciplinary History* 3, n° 3 (invierno de 1973): 509-541.

Las estadísticas sobre población y empleo entre las diferentes clases de color presentes en la Jamaica de los años cincuenta están tomadas del ensayo de Leonard Broom "The Social Differentiation of Jamaica", publicado en *American Sociological Review* 19, n° 2 (abril de 1954): 115-125.

Las diferencias de color dentro de una misma familia las explora Fernando Henriques en "Colour Values in Jamaican Society", *British Journal of Sociology* 2, n° 2 (junio de 1951): 115-121.

Las experiencias de Joyce Gladwell como negra en el Reino Unido proceden de *Brown Face, Big Master* (Londres: Inter-Varsity Press, 1969). Es un libro maravilloso, que recomiendo vivamente, aunque, como cabe imaginarse, no soy imparcial.

# AGRADECIMIENTOS

Me satisface decir que *Fueras de serie* se conforma a su propia tesis. Ha sido en grandísima medida un esfuerzo colectivo. Los trabajos de Richard Nisbett, como parece ocurrir siempre, me sirvieron de inspiración. Leer *Culture of Honor* puso en marcha mucho del pensamiento que condujo a este libro. Gracias, profesor Nisbett.

Como también parece suceder siempre, obligué a mis amigos a criticar varios esbozos del original. Y ellos accedieron, como siempre, para hacer de *Fueras de serie* un libro infinitamente mejor. Muchas gracias a Jacob Weisberg, Terry Martin, Robert McCrum, Sarah Lyall, Charles Randolph, Tali Farhadian, Zoe Rosenfeld y Bruce Headlam. Stacey Kalish y Sarah Kessler hicieron el poco lucido trabajo de investigar y comprobar mis afirmaciones. Suzy Hansen obró su habitual magia editorial. David Remmick me agració con la liberación de mis tareas en *The New Yorker*. Henry Finder, mi redactor jefe en este rotativo neoyorquino, me salvó de mí mismo y me recordó cómo pensar. Siempre lo hace. Llevo tanto tiempo trabajado con Henry, que ahora tengo lo que me gusta llamar mi "buscador interno". Se trata de una voz autocorrectora que, desde dentro de mi cabeza, me aporta el privilegio de la sabiduría de Henry incluso cuando él no está presente. Ambos buscadores —el interno y el externo— resultaron inestimables.

Bill Phillips y yo hemos sido dos hasta ahora, y estoy muy agradecido por haberme aprovechado una vez más de su capacidad para convertir en oro todo lo que toca. Gracias, Bill. Pronto seremos tres. Will Goodlad y Stefan McGrath (de Penguin Inglaterra), y Michael Pietsch y —sobre todo— Geoff Shandler (de Little, Brown) supervisaron el original de principio a fin. Mi reconocimiento también al resto del equipo de Little, Brown: a Heather Fain, Heather Rizzo y Junie Dahn. Mi compatriota canadiense Pamela Marshall es una maga de la palabra. No puedo imaginarme publicar un libro sin ella.

Dos palabras finales de reconocimiento. Tina Bennett, mi agente, ha estado conmigo desde el principio. Su juicio es tan profundo y atento; y ella, tan alentadora e indefectiblemente sabia, que, cuando me acuerdo de todo lo que ha hecho por mí, me siento tan afortunado como un jugador de *hockey* nacido el 1 de enero.

Pero sobre todo estoy reconocido a mis padres, Graham y Joyce. Éste es un libro sobre el significado del trabajo; y que el trabajo puede ser significativo me lo enseñó mi padre. Todo cuanto hace —desde la ecuación matemática más compleja a cavar el huerto— lo aborda con alegría, resolución y entusiasmo. Mis recuerdos más tempranos de mi padre son de verle sentado ante su escritorio, trabajando, y comprender que aquél era un hombre feliz. Yo no lo sabía entonces, pero ése es uno de los regalos más preciosos que un padre puede hacer a su hijo. Mi madre, por su parte, me enseñó cómo expresarme; me enseñó la belleza de la claridad y la sencillez. Ha leído cada línea de este libro, y ha intentado guiarme con arreglo a aquella norma. Mi abuela Daisy, a quien dedico este libro, dio a mi madre el don de una oportunidad. Mi madre ha hecho lo mismo por mí.

# ÍNDICE TEMÁTICO

gripe, epidemia de *(1918)*, 145
Groves, Leslie, 106, 107
Guatemala, 211, 212
Guerra Mundial, Primera, 79, 145, 146, 149
Guerra Mundial, Segunda, 105, 139, 146

H. B. Claflin & Co., 152
Haar, Charles, 124
*Happiest Man, The* (Borgenicht), 156 n., 302
Harlan (Kentucky), 169
Harlan (Kentucky), condado de, 169-172, 176, 179, 182, 190:
   impacto de la explotación hullera en el, 303
Harrisburg (Pensilvania), central nuclear de, 191 n., 304
Harrison, George, 55, 297
Harvard, Universidad de, 87-89, 90 n., 95, 103-105, 117:
   facultad de Derecho de la, 124, 128
   *Law Review*, 124
Hatfield-McCoy, enemistad entre los clanes, 172
Hay, archidiácono, 278, 280
Hay, Don, 24
Helm, Darren, 24, 28
Helmreich, Robert, 214, 217, 306
Henriques, Fernando, 288, 310
herencia social, 184 n.
Hewlett, Bill, 72, 298
Hewlett-Packard, empresa, 72

hibernación humana, 241, 242, 245
*hockey*, 23-25, 63:
   fechas de nacimiento de los jugadores de, 28-35, 37-41, 49, 50, 55, 69, 71
   liga nacional de, 30
Hoeflin, Ronald K., 77 n.
Hofstede (Geert), 210, 305:
   dimensiones de, 210-214, 228, 306
Hollingworth, Leta Stetter, 78 n., 298
Holy Cross, 87-89, 95
hombre hecho a sí mismo, el, 26, 127, 275, 293
Hong Kong, notas en matemáticas, 211, 235, 237 n., 254, 255 n.
Howard-Turner, enemistad entre los clanes, 170-172, 182, 303
Howe, Gordie, 23
Howe, Michael, 48, 296
Hudson, Liam, 86, 90, 93, 94, 299
Hyderabad, riqueza en, 64

IBM (International Business Machines), 70, 210
IDP (índice de distancia al poder), 212-217, 225
immigrantes, 126, 127, 129, 160:
   británicos, 169, 175, 176 n.
   escoceses-irlandeses en Kentucky, 169, 175
   irlandeses, 149, 155
   italianos, 149, 155